유쾌한 이코노미스트의 스마트한 경제 공부

유쾌한 이코노미스트의 스마트한 경제 공부

| 홍춘욱 지음 |

원더박스

이코노미스트를 만든 책, 이코노미스트가 읽은 책

책 이야기를 본격적으로 풀기에 앞서, 이코노미스트라는 직업이 어떤 것인지 그리고 어떻게 이 일을 하게 되었는지부터 간단하게 소개해 볼까 한다. 1969년에 태어나 대구에서 살다가 1987년 대학 입학과 함께 상경해 이후로는 계속 서울에 거주하고 있는 직장인이다. 아주 평범한 직장인은 아니다. 금리나 환율 같은 중요한 경제 변수를 전망하고 분석하는 다소 특수한 직업인 이코노미스트로 일하고 있으니까. 학부에서는 역사학을 전공했고, 경제학 석사학위와 경영학 박사학위를 받았다. 이 책까지 모두 6권의 책을 쓰고 외서 2권을 우리말로 옮겼으니, 한편으로는 전문적인 작가의 길을 걷고 있기도 하다.

물론 별스러운 이력은 아니다. 업계에서 이름 있는 이코노미스트들은 대개 개인 저서를 가지고 있으며 다들 박사학위를 취득한다. 경제는 정해진 대로 흘러가지 않는다. 경제에 영향을 미치는 변수도 무척 다양하고 복잡하다. 끊임없이 경기 변동에 촉각을 곤두세우고 새로운 이론을 공부해야 한다. 어쩌면 업계에 자리 잡은 시니어 이코노미스트들은 반쯤 개인사업자라고도 할 수 있겠다. "회사에서 꼬박꼬박 월급 받는 사람에게서 사업가적 기질을 찾는 게 말이 되냐?"라고 반문할 수도 있겠다. 하지만 내 생각에 이 직업은 몇몇 측면에서 프로야구 선수와 비슷한 성격을 지니고 있다.

이코노미스트와 프로야구 선수

먼저 회사에 매여 월급을 받는 입장이지만 우리나라에서 가장 유연한 노동시장에 속해 있으며 이직이 매우 잦다는 점에서 프로야구 선수와 비슷하다. 여기서 '유연하다'는 표현은 양면의 뜻을 지닌다. 회사는 이코노미스트가 월급 값을 못한다고 생각하면 가차 없이 해고할 수 있다. 한편 이코노미스트 역시 다른 회사에서 더 많은 돈을 주거나 더 나은 기회를 제공한다고 생각하면 언제든 일터를 옮길 수 있다.

1993년 직장 생활을 시작한 이후 경제연구소부터 증권사, 은행, 연기금에 이르기까지 다양한 회사에서 일했다. 자의로 옮긴 경우도 있고, 회사에서 더 이상 나를 필요로 하지 않아서 어쩔 수 없이 옮긴 경우도 있다. 이렇듯 '유연한' 노동시장에서 계속 일하기 위해서는 끊임없이 공부하는 수밖에 도리가 없다. 직장을 다니면서 대학원에 진학해 박사학위를 취득한 것도 꾸준히 노력하지 않으면 금방 도태되는 이코노미스트라는 직업을 가진 탓이었다. 프로야구 선수들이 시즌이 아닌 기간에도 끊임없이 개인 훈련을 하는 모습이 연상되지 않는가?

특급 프로야구 선수들이 억대 연봉을 버는 것처럼, 최고의 이코노미스트들 역시 대한민국 1퍼센트에 드는 높은 연봉을 받는다. 마찬가지로 구단에 처음 입단한 선수들은 연봉이 매우 낮듯, 이코노미스트 일을 막 시작한 RA(리서치 어시스턴트)는 대부분 업계 최저 수준의 연봉에 만족해야 한다. 게다가 RA는 매일같이 새벽에 나와 밤늦게 퇴근하는 장시간 노동에 시달리며, 심지어 휴일에도 출근하는 일이 흔하다.

여기서 잠깐 시니어 이코노미스트의 하루 일과를 한번 살펴보자. 나는 매우 이른 시간, 보통 6시 전후에 회사에 도착한다. 전날 미국이나 유럽에서 발표된 중요한 경제지표를 점검하기 위해서다. 예를 들어 '미국 고용보고서'처럼 주요 경제지표가 발표되는 날에는 토요일 아침부터 출근해 보고서 내용을 꼼꼼히 훑어보고 거기에 담긴 내용이 가져올 파장을 정리한 자료를 발간한다.

6시에 출근해서 자료를 작성한 다음 7시 50분 회의에서 발표한다. 국민연금이나 우정사업본부 같은 중요한 기관투자자들에게 직접 자료를 들고 가서 일일이 설명할 수는 없으므로, 그 일을 맡고 있는 법인 영업 마케터들에게 내가 작성한 자료의 주된 내용을 잘 정리해 전달해야 한다. 아침 회의를 마치면 8시가 넘는다. 커피 한잔할 여유가 생기지만 자리를 오래 비울 수는 없다. 아침에 발간한 자료에 대한 문의 전화나 이메일이 올 수 있기 때문이다. 또 금융시장이 열리는 9시부터는 어떤 중요한 이슈가 부각되는지도 점검해야 하고, 중요한 기관투자자들을 대상으로 발표할 프레젠테이션 자료를 만드는 일 등을 시작한다. RA들은 이 자료를 복사하고 제본하며, 나아가 다른 부서에 전달하는 역할까지 수행해야 한다.

행운인가, 실력인가

그러나 이코노미스트와 프로야구 선수 사이에는 결정적인 차이가 존재하는데, 바로 '행운'의 측면이다. 프로야구 선수는 하루하루 치열하게 뛰고 냉정한 평가를 받는다. 타율이나 방어율과 같은 성적표가 숫자로 딱딱 찍히기 때문에, 한두 시즌은 운으로 어떻게 해볼 수 있을지 모르지만 결국은 실력으로 승부해야 한다. 반면 이코노미스트를 평가하는 일은 매우 어렵다.

최근 국제통화기금이나 한국은행의 경제 전망 보고서를 비판하는 사람들이 많은 데에서도 쉽게 알 수 있듯, 세상의 이코노미스트들은 미래를 예측하는 일을 주 업무로 삼고 있으면서도 적중 확률이 무척 낮다. 국제통화기금이나 한국은행 모두 연초에는 낙관적인 경제 전망을 내놓고 나서 여름쯤 슬쩍 전망을 하향 조정하는 일을 5년 넘게 반복하고 있다. 그러다 보니 "대체 이코노미스트가 하는 일이 뭐냐?"라고 반문하는 이들이 점점 늘어날 수밖에.

어쩌면 이코노미스트의 경제 전망은 적중했을 때도 문제다. 잘 알려지지 않은 어떤 이코노미스트가 매우 이례적인 경제 전망을 발표하고 또 이 주장이 기가 막히게 맞아 떨어졌다고 해보자. 그는 순식간에 금융시장의 스타로 떠받들어지고, 그의 한 마디 한 마디는 매우 큰 파급력을 지니게 된다. 그러나 시간이 지날수록 이 이코노미스트의 전망이 자주 틀리는 것을 발견한 시장 참가자들은 점점 그의 전망을 외면하고, 결국 그는 떠밀리듯 업계를 떠나고 만다.

이 이야기의 주인공은 1987년 10월 발생한 미국 주식시장 대폭락 사태, 즉 블랙 먼데이를 예측했던 일레인 가자렐리다. 그녀는 1987년

9월 9일 CNN에 출연해서 "증시 대폭락이 임박했다."라고 예측했고, 실제로 4일 후부터 주가가 하락하기 시작해 10월 19일에는 하루 동안 20퍼센트 이상 폭락하면서 일약 스타로 떠올랐다. 가자렐리는 엄청난 연봉을 받으면서 대형 투자은행으로 스카우트되었지만, 그 뒤로는 내놓는 전망마다 빗나가면서 결국 업계를 떠났다. 이후 시장 참가자들은 어떤 전망이 들어맞은 이유가 행운의 결과인지, 아니면 실력의 결과인지를 냉정하게 따지려는 태도를 더욱 강하게 품기 시작했다.

이렇게 장황하게 이코노미스트의 성공과 실패를 떠드는 이유는 다른 게 아니라, 사회에는 이런 종류의 직업이 생각보다 많음을 말하고 싶기 때문이다. 경영자들은 인정하려 들지 않겠지만, 기업의 성공이 가장 대표적인 사례 아닐까? 히트작을 내놓는다거나 품질 좋은 상품을 출시한다고 기업이 모두 성공하던가? 당장 공전의 히트를 기록한 '허니버터칩'만 봐도, 이 제품을 개발한 회사보다 재빨리 카피 제품을 내놓은 기업이 더 높은 성과를 기록하지 않았나. 요컨대, 자본주의 사회는 어디에나 치열한 경쟁이 존재하고 대부분의 시장 참가자가 매사 열심히 노력하고 있지만, 성공은 상당 부분 운에 의해 좌우되곤 한다.

독서로 단련한 '관점 취하기' 기술

사실 처음부터 이코노미스트가 되겠다는 생각은 없었다. 고향을 떠나 서울로 유학 올 때에는 역사학자가 꿈인 평범한 학생이었다. 그렇지만 내가 대학에 진학하던 1987년은 민주화 운동이 절정에 이르던 때였고, 시대의 흐름이 나의 인생도 바꿔 놓았다.

역사학자를 꿈꾸던 조용한 '범생이'가 학생운동에 뛰어든 계기는 아마도 독서의 영향이었을 것이다. 어려서부터 무수히 많은 책을 읽었지만 그간 단 한 번도 접한 적 없던 사실을 대학에 와서야 알았기 때문이다. 특히 광주 민주화운동을 기록한 황석영 작가의 책 『죽음을 넘어 시대의 어둠을 넘어』를 처음 읽었을 때는 밤새 한숨도 잘 수 없었다. 책의 구체적인 묘사가 생생한 이미지로 전달되어 온몸에 전율이 흘렀다.

이 대목에서 잠깐 고백하자면, 나는 유혈이 낭자한 영화를 잘 보지 못한다. 어려서부터의 독서 습관 덕에 '관점 취하기'가 너무 잘 되기 때문이다. 여기서 '관점 취하기'란 간단하게 말해, 김건모의 노래 〈핑계〉 가사처럼 '입장 바꿔 생각해 보는 일'이다. 사실 이 용어는 하버드 대학교 교수 스티븐 핑커의 책 『우리 본성의 선한 천사』에서 처음 접했다. 핑커는 "독서는 관점 취하기의 기술"이라고 강조한다. 독서를 통해 저자의 관점을 공유할 수 있을 뿐만 아니라 저자의 마음속으로 들어가서 잠시나마 그의 태도와 반응을 공유하기 때문이다. 따라서 독서를 많이 할수록 점점 더 상상력이 풍부해지고, 나아가 다른 사람의 경험을 간접적으로나마 공유함으로써 다층적인 사고를 할 수 있는 기반이 만들어진다.

가령 마녀사냥을 당한 피해자의 이야기를 읽을 때 독서를 많이 한 사람들은 '불타는 장작을 밀어내려고 필사적으로 애쓰는 여자'라는 대목을 읽는 것만으로도 머릿속에 생생한 이미지를 떠올릴 수 있다. 나아가 그의 이마에 맺힌 땀방울을 묘사하기에 이르면 읽는 이의 마음은 더욱 다급해진다.

이런 식의 읽기 습관이 배어 있던 내게 황석영의 책은 총체적 충격이었다. 이따금씩 등장하는 당시의 사진은 더욱 가슴을 미어지게 만들었다. 피를 철철 흘리며 끌려가는 남편을 울면서 따라나서는 젊은 아내의 사진, 총에 맞아 죽은 아빠의 영정을 꼭 끌어안은 아이의 사진 앞에서 나는 대성통곡했다. 내가 그때 광주에 있었다면 어떻게 했을까? 잘 알지도 못하면서 나는 왜 야당에 표를 몰아주는 전라도 사람들을 손가락질했나? 수많은 생각이 머리를 가득 채웠다.

1980년 5월 광주에 관한 독서 경험은 나를 뿌리부터 바꿔 놓았다. 그 후 모든 일을 반대 입장에서도 바라보기 시작했다. 이제껏 제도권 교육에서 접하지 못했던 '반대편' 주장과 이론들을 공부할 필요가 있었다. 일단 학교 수업에 관심이 멀어졌고, 대신 막 출판금지 상태에서 풀려난 책들을 미친 듯이 읽어 댔다. 여러 사회주의 서적 중에서 마르크스의 『자본론』은 지금까지 일부 구절이 기억날 정도로 파고들었다. 물론 학점은 아수라장이 되었다.

그러나 5월 광주를 연상시키는 1989년 봄 천안문 광장 학살을 목도한 후 나는 열병에서 벗어났다. 이 역시 '입장 바꿔 생각해 보기'에서 비롯했다. 즉, 한국의 독재정권이 아무리 싫고 부당하다고 해도, 그 반대편에 있는 생각이 언제나 정의는 아니라는 것. 결국 세상에는 절대적인 선도 절대적인 악도 없음을 다시 확인한 셈이다. 이처럼 어떤 이데올로기를 접해도 잠시 경도될지언정 머지않아 다시 균형을 잡게 되는 나의 습성 역시 독서가 준 선물이다.

이코노미스트의 서재에서 살아남은 책들

결국 나의 모든 이력은 독서에서 출발했다고 볼 수 있다. 자세한 내용은 1부에서 곧바로 펼쳐지니까 여기서는 건너뛰자. 어쨌든 1999년 블로그를 개설한 이후 지금껏 운영할 수 있었던 것도 읽은 책의 내용을 다른 사람과 나누고 싶은 욕망 덕분이었다. 나아가 '제대로 된' 책을 찾아 읽는 방법을 일러 주고 싶은 마음에서 이 책을 쓰기에 이르렀다.

경제 경영 분야에서 인기를 끈 책의 상당수가 음모론에 입각해 세상을 해석한다. 이런 종류의 책들은 어떤 사건의 배후에는 음모의 주재자들이 존재하며, 이들의 의도와 행동에 따라 사건이 발생한다는 식으로 이야기를 끌어간다. 물론 '이야기' 자체만 보면 무척 재미있다. 그렇지만, 이런 식의 이야기는 두 가지 커다란 허점이 있다. 하나는 사실에 전혀 부합하지 않는다는 점, 또 하나는 음모를 꾸미는 사람 마음속에 들어가지 않는 이상 미래를 예측할 방법이 없다는 점이다.

유태인 음모론을 예로 들어 보자. 유태인들이 세계 금융을 장악하고 있다고 믿는 사람들은 2008년 글로벌 금융 위기는 유태인들이 자신의 이익을 극대화시키는 과정에서 벌어진 일로 받아들인다. 그런데 2008년 9월 파산하면서 세계 금융시장을 나락으로 몰아넣은 리먼브라더스는 물론 JP 모건에 인수되어 사라진 베어스턴스가 모두 유태인 소유 투자은행이었다는 사실은 쏙 빼놓는다. 뿐만 아니라, 음모론자들이 항상 투자해야 할 자산으로 떠받드는 금 가격도 글로벌 금융 위기 당시 폭락했으나 이 역시 절대 거론하지 않는다.

물론 음모론에 가까운 책들이 베스트셀러가 되는 현실을 독자의 탓으로 돌리는 것은 잘못이다. 왜냐하면 나를 포함한 경제 전문가들이 일반 대중도 충분히 이해할 수 있을 만큼 쉬운 책을 집필하고 그 내용에 관해 활발히 소통해 왔다면 이런 상황을 미연에 방지할 수 있었을 것이다. 솔직히 대중의 마음을 사로잡으면서도 경제학적인 지식을 충실히 전달해 주는 책은 매우 드물다. 경제만큼 전문가와 독서 대중의 거리가 먼 분야도 드물 것 같다.

도서 시장 상황이 이러하니, 책을 많이 읽는 사람일수록 지뢰도 많이 만나기 마련. 보통 내가 읽은 경제 서적의 거의 대부분은 헌책방으로 팔려 나간다. 드물게 살아남아 내 서재에 자리를 차지하고 앉은 책들은 어떻게 보면 '지금의 나를 만든' 상당히 괜찮은 책들이라고 할 수 있다. 23년 넘게 이코노미스트로 일한 현장의 전문가가 먼저 읽고 감히 추천할 만하다고 여기는 책들을 모았다. 그저 책의 목록을 만드는 데 그치지 않고 그 안에 담긴 내용이 어떤 면에서 도움을 주는지 맥락까지 제시하려 노력했으니 경제에 관해 관심을 갖기 시작한 독자들에게는 일종의 참고서 역할도 할 수 있지 않을까 생각해 본다.

끝으로 국민연금을 떠나 증권사로 옮기는 짧은 휴가 동안 책을 2권이나 집필한 일 중독자 남편을 지켜보느라 맘고생이 심했을 아내 이주연에게 고맙다는 말을 전하고 싶다. 초고를 읽고 보완해야 할 부분을 이야기해 준 큰아들 채훈, 초등학교에 입학해서 몸과 마음이 힘들 텐데도 저녁마다 아빠에게 웃음을 선사해 준 막내아들 우진, 마지막으로 건강 때문에 좋아하는 산책도 자주 나서지 못하시는 어머님과 사랑하는 두 동생에게 감사의 인사를 드린다.

차례

| 1부 | 이 책들이 나를 만들었다
——————————————— 역사학도를 경제학자로 이끈 질문과 답

| 2부 | 이코노미스트와 함께하는 경제 공부

──────── 기초부터 고급 단계까지 경제 지식 파노라마

| 3부 | 먹고 읽고 사랑하라

———————————————— 경제 넘어 세상 보는 눈을 밝히는 책들

1부

이 책들이 나를 만들었다

: 역사학도를 경제학자로 이끈 질문과 답

어려서부터 읽은 책이 몇 권이냐는 질문을 가끔 받는데, 뭐라 답하기가 퍽 곤란하다. 워낙 책을 많이 읽어 일종의 속독법을 터득한 터라 난이도가 낮은 책, 특히 소설이나 수필 종류는 앉은 자리에서 서너 권을 쉽게 읽는다. 거기에다 잡지나 만화 등까지 포함한다면 읽은 양이 수직 상승할 것이다. 그래서 총 몇 권을 읽었는지 정확하게 헤아리기는 거의 불가능해 보인다.

다만 최근 3~4년을 돌이켜보면, A4 한 장 분량이 넘는 독서평을 남긴 책이 1년에 50여 권 정도 되니, 연간 적어도 150권 이상 읽는 것은 분명해 보인다. 왜냐하면 블로그에는 기본적으로 '괜찮은 책'의 서평만 올리기 때문이다. 마음에 안 드는 책을 거론하지 않는 이유는 우선 저자가 나에게 좋지 않은 감정을 가질 수 있고, 다른 이유는 안 그래도 작은 독서 시장에 나쁜 영향을 줄까 봐 걱정해서다. 보통 서평을

나의 독서론

쓰고 싶은 책보다 그냥 읽다 덮는 책이 훨씬 많으니 적어도 매년 150권은 읽었다고 보면 무리가 없겠다.

그나마 국민연금에 일했던 지난 3~4년은 내 인생에서 책을 가장 적게 읽은 시기이니, 40대 중반에 이르는 동안 읽은 책이 대략 6000권 이상은 된다고 할 수 있겠다. 여기에 잡지나 만화, 여러 장르 소설까지 포함하면 못해도 1만 권 이상을 읽어 왔으리라.

대체 언제 그렇게 책을 읽느냐고? 책 읽는 시간을 따로 내기 힘든 사람들은 이렇게 해보자.

첫째, 언제나 가방에 책을 한두 권 넣어 가지고 다닌다. 약속한 시간에 정확히 사람을 만나는 경우는 사실 드물다. 너무 일찍 도착하거나 혹은 상대가 피치 못할 사정으로 늦는 일이 다반사. 이때 스마트폰을 들여다보는 대신 책을 읽는 것이다. 약속 장소에 도착했더니 상대방이 책을 읽고 있으면 호감도가 상승할 가능성도 있다. 자연스럽게 책을 화제로 이야기를 시작할 수도 있으니, 여러 모로 좋다.

둘째, 대중교통을 이용한다. 예전에는 나도 차를 몰고 출퇴근했지만, 2012년 국민연금 기금운용본부로 직장을 옮긴 후부터는 지하철이나 버스를 주로 이용하고 있다. 이렇게 BMW(Bus, Metro, Walking의 합성어)를 이용하면 돈도 절약될 뿐만 아니라 이동 시간 중에 책을 읽을 수 있다는 장점이 있다. 마음의 양식도 쌓고 돈도 아낄 수 있을 뿐만 아니라, 건강에도 좋다!

셋째, 텔레비전 시청 시간을 제한한다. 나는 아예 텔레비전을 치워버렸다. 이렇게까지 하기는 어려우면 텔레비전 보는 시간을 정해 놓고 생활해 보자. 예를 들어 9시 이전에만 본다거나, 아니면 토요일 오후에만 본다거나 하는 식으로 말이다. 처음 텔레비전을 끈 다음에는 할 일이 없어서 어쩔 줄 모르지만, 조금만 지나면 책 읽기를 즐기는 가족들 모습을 발견할 수 있을 것이다.

마지막으로, 재미있는 책을 읽는다. 사실 이 책을 쓰게 된 이유다. 수많은 독서 관련 서적이 나오고 또 가이드북도 많지만, 너무 엄숙주의로 흐르는 것 같아 답답한 마음을 금할 수 없다. 고전이나 혹은 명사의 필독서로 꼽히는 책들을 술술 읽을 수 있으면 무엇보다 좋겠지만, 이건 아주 극소수에게만 가능한 일이라고 생각한다. 이런 추천 서적의 대부분은 '유명하지만 아무도 안 읽는 책' 범주에 속한다.

내가 책을 고르는 기준

그렇다면 책을 어떻게 고르면 좋을까? 내가 가진 첫 번째 원칙은, '베스트셀러를 제일 먼저 배제한다'는 것이다. 물론 베스트셀러 중에 좋은 책도 간혹 있다. 그러나 수십 년 동안 관찰해 보니 베스트셀러는 크게 세 종류로 분류할 수 있었다.

첫 번째는 유명인사의 책. 1990년대 중반 출판계를 휩쓸었던 유명 기업인들 중에서도 김우중 전 대우그룹 회장의 책 『세계는 넓고 할 일은 많다』가 가장 대표 사례이다. 물론 재미있는 책임에 분명하다. 그러나 나는 이런 책을 거의 읽지 않는다. 내가 40대 중반까지 살아보니 그리고 수많은 역사서를 읽으면서, 사회에서의 '성공'은 본인의 노력이나 능력보다는 '운'에 굉장히 많은 부분 의지한다는 점을 깨달았기 때문이다.

나만 해도 그렇다. 1980년대 중반에 대학에 입학했기에 전설적인 투수 최동원의 방어율과 비슷한 학점을 가지고도 한국을 대표하는 경제연구소 연구원으로 입사할 수 있었다. 당시는 한국 자본주의의 전성기로, 일자리에 비해 공급되는 대학생 수는 턱없이 부족한 시절이었다. 게다가 나는 역사학을 전공했고 경제와도 별다른 연관이 없었음에도 선배의 추천과 간단한 면접만으로 연구원에 일자리를 얻을 수 있었다.(물론 내가 그 연구소를 나올 때 상사가 좋은 직장으로 옮길 수 있게 추천까지 해주었으니 적어도 그곳에서 나는 괜찮은 연구원이었다고 생각한다.)

더 큰 운은 좋은 부모를 만났다는 것이다. 일단 집에 천 권이 넘는 장서가 있었으며, 교육자 집안에서 자란 어머니는 책 읽는 게 인생에서 가장 큰 도락임을 체득한 독서가였다. 따라서 나는 초등학교 입학

전에 이미 한글은 물론 간단한 한자를 읽고 쓸 수 있게 되었다. 눈만 뜨면 책을 읽고 있는 집안 분위기 속에서, 매일 무릎에 앉혀서 책을 읽어 주는 부모님 아래서 글을 못 깨치는 게 더 이상할 게다. 결국 내가 독서가가 된 것도 상당 부분 행운의 결과다.

그나마 독서는 환경이나 운을 떠나서 따라 하기 지극히 쉬운 종류의 활동이다. 그러나 사업이나 창작 등 모방이 현격히 어려운 분야의 성공담에 귀를 기울일 필요가 있을까? 그 시간에 차라리 자기가 잘 알고 있는 분야의 책을 더욱 깊게 파고, 나아가 주류와 다른 의견을 제시하는 책들을 찾아보는 편이 더 낫다고 생각한다.

두 번째 유형은 대중매체에 대대적으로 소개된 책들이다. 물론, 언론이나 방송에 소개된 책이 다 쓸모없다는 이야기는 아니다. 특히 얼마 전 원작 소설과 영화가 함께 히트를 치면서 미디어의 영향력을 여실히 보여 준 『마션』은 정말 재미있게 읽었다. 그렇지만 경험상 이런 건 예외에 속한다. 사람마다 좋아하는 책이 다르기 마련인데 미디어는 다수에게 같은 책을 읽으라고 압박한다. 게다가 방송이나 언론에서 소개하는 책은 유행을 심하게 타는 편이다. 당장 지금 작년 방송에서 소개했던 책 중에 생각나는 게 있는가? 독자에게 필요한 책보다는 새롭고 트렌디한 쪽으로 기우는 게 미디어의 속성이다.

마지막 유형은 마케팅이 만들어낸 베스트셀러다. 대형 출판사의 전문적인 마케터들이 비용을 쏟아 부으며 공 들인 성공물이 여기에 해당한다. 앞의 두 유형과도 연결되는 경우가 많다. 이렇듯 '작업'의 기운이 역력한 책들은 내게 그다지 큰 흥취를 주지 않는다. 일단 내용이 너무 단순하다. 한두 가지 주장만으로 이야기를 풀어 가는 경우가 많기 때문이다. 그러나 몇 가지 간단한 주장만으로 해명될 수 있는 일이 세상에는 별로 없다. 공부를 하면 할수록 세상은 매우 복잡한 곳이며, 특히 평면적인 설명으로 설득되기에는 너무나 다양한 부분들의 유기적 복합체임이 분명해진다.

이렇게 이야기하고 나니 걱정이 하나 있다. "그럼 베스트셀러는 모두 피해야 할까요?"라는 질문이 나올 차례인데, 나로서는 "아니요."라고 답할 수밖에 없기 때문이다. 정말 좋은 책이라서 베스트셀러 자리에 오른 책도 드물지만 존재한다. 제래드 다이아몬드의 『총 균 쇠』가 가장 대표적이다. 물론 이 책이 베스트셀러가 된 데에는 다소 황당한 요소가 하나 끼어들었다. 바로 '서울대학교 도서관 대출 1위 도서'라는 내용을 언론에서 대대적으로 보도했던 것. 그래도 핵심은 오랫동안 『총 균 쇠』가 좋은 책이라는 입소문이 번졌고, 또 이 과정에서 광범위한 공감대를 형성했다는 것이리라. 그러나 다시 문제는, 이런 종류의 베스트셀러가 매우 희소하다는 사실이다.

쉬운 책부터 읽어라

일단 베스트셀러를 피하고 나면, 대체 어떤 책부터 읽어야 할까? 그 답은, 쉬운 책부터 읽자. 서점이나 도서관에 가서 어렵게 느껴지는 책이 아닌 쉽게 느껴지는 책부터 차근차근 읽으라는 것이다. 모 작가가 강력하게 권하는 전략인 '고전 읽기'는 절대적으로 피해야 할 독서 전략이라고 생각한다. 고전은 기본적으로 오래된 책이기 때문이다. 인간의 말은 항상 변하기 마련이다. 말과 함께 생각도 변한다. 당시에 유명했던 책들은 그때의 주류 생각과 주된 글 스타일로 쓰였다. 오래

된 책일수록 현재의 스타일과 다르기 때문에 그것만으로도 책 읽는 사람에게 스트레스를 준다. 이런 스트레스는 책 읽는 능력과 의지를 떨어뜨리는 결과를 초래한다. 이런 문제를 피하기 위해 고전을 새로 출간할 때에는 '개작'에 가까운 작업과 번역을 거쳐, 현대적인 언어로 탈바꿈하는 게 대부분이다. 다시 말해 고전이라고 해서 정말 예전 그 저자의 글이라고 생각해서는 안 된다는 이야기다.

따라서 책을 많이 읽는 습관을 가지지 않은 사람들은 괜히 어깨에 힘 들어간 추천 도서나 베스트셀러 리스트에 오른 책을 고집하지 말고, 자신이 흥미를 가지고 있고 또 잘 알고 있는 분야에서 쉬운 책을 골라 읽는 게 최선이라고 생각한다. 예를 들어, 자기가 공학 계열 전공을 가지고 있다면 최근 이슈가 되고 있는 '알파고'를 다룬 책들을 읽는 식이다. 카이스트의 글쟁이로 손꼽히는 김대식 교수의 책을 읽으면서 학부에서 배웠던 인공지능에 관해 알아보고, 더 나아가 구글이 어떻게 해서 인터넷 검색 시장을 장악하게 되었는지 배우는 것도 매우 즐거운 경험이 될 것이다.

이렇게 자기가 관심 있는 분야의 쉬운 책을 골라 읽다 보면 점점 글 읽는 속도가 빨라진다. 좋은 소설이나 에세이를 읽는 것도 괜찮은 방법이다. 재미있는 소설은 머릿속에서 끝없는 상상의 나래를 펼칠 '시작점' 역할을 하기 때문이다. 나에게는 황석영의 『장길산』이 이런 역할을 했다. 책의 주인공인 장길산과 그의 연인 묘옥, 그리고 봉순이의 러브스토리에 일단 전율했고 그들을 갈라 놓은 비정한 운명에 눈물 흘렸던 기억이 선하다. 소설은 흥미롭고 다양한 이미지를 떠올리는 계기를 손쉽게 제공한다.

물론 소설만 이런 역할을 수행하는 게 아니다. 나는 얼마 전에 읽은 아툴 가완디의『어떻게 죽을 것인가』에 나오는 다양한 환자들 사례를 통해서도 마음속에 수많은 그림을 그릴 수 있었다. 이렇듯 책의 내용을 이미지로 전환시키는 일, 즉 상상을 자극하는 일은 왜 중요한가? 그것은 바로 인간의 두뇌를 더욱 다양한 방향으로 발전시키는 계기를 제공하기 때문이다. 세계적인 석학 스티븐 핑커는 그의 역작『우리 본성의 선한 천사』에서 다음과 같이 독서가 인간 세상에 끼친 공을 설명한다.

> 나는 인도주의 혁명의 개시를 거든 외생적 변화로서 쓰기와 읽기 능력의 성장이 제일 유력한 후보라고 생각한다. (…)
>
> 독서는 '관점 취하기(perspective-taking)'의 기술이다. 당신의 머릿속에 다른 사람의 생각이 들어 있다면, 당신은 그 사람의 관점으로 세상을 보는 셈이다. 당신이 직접 경험할 수 없는 장면과 소리를 접하는 것은 물론, 그의 마음속으로 들어가서 잠시나마 그의 태도와 반응을 공유한다. (…) 당신은 타인의 관점을 취함으로써 그도 당신과 굉장히 비슷하지만 같지는 않은 어떤 일인칭, 현재 시제, 지속적인 의식의 흐름이라는 것을 떠올린다. 남의 글을 읽는 버릇을 통해서 남의 생각 속으로, 나아가 그의 기쁨과 고통 속으로 들어가는 버릇을 갖게 된다고 말해도 지나친 비약은 아닐 것이다. 칼을 뒤집어서 얼굴이 흙빛이 된 남자. 불타는 장작을 밀어내려고 필사적으로 애쓰는 여자. 200번째 채찍질에 몸부림치는 남자. 이런 사람들의 관점으로 잠시나마 들어가 본다면, 우리가 그런 잔인한 짓을 누구에게든 꼭 가해야 하는가 하는 의문을 검토할 수밖에 없을 것이다.
>
> 타인의 관점을 취하는 것은 다른 방식으로도 사람들의 믿음을 바꿀

수 있다. 외국인, 탐험가, 역사학자의 눈으로 세상을 본다는 것은 당연시되던 규범을('원래 그렇게 하는 거야.') 명시적인 관찰로('그것이 현재 우리 부족의 방식이야.') 바꾸는 것이다. 이런 자의식은 그 관행을 다른 방식으로 할 수는 없는지를 자문하게 되는 첫 단계이다. (…)

독자를 편협한 관점에서 벗어나게 만드는 문해력의 힘은 사실적인 글에만 국한되지 않는다. (…) 사실적인 픽션도 그 나름대로 독자의 감정 이입을 확장시킨다. 자신과는 처지가 다른 사람들의 생각과 감정으로 끌어들이는 것이다.

—『우리 본성의 선한 천사』, 314~316쪽

　독서를 해야 하는 이유를 이보다 더 잘 설명한 글을 보지 못했다. '독서는 관점 취하기의 기술'이라는 것. 다른 사람의 관점을 취함으로써 자신의 과거 판단에 대해 의문을 제기하고, 더 나아가 현실 속에 자신이 봉착한 문제를 다시 고민하게 만들어 주는 것이다. 따라서 처음에는 쉬운 책, 그리고 특히 잘 쓰인 소설이나 에세이를 읽음으로써 쉽게 상상하고, 다른 사람의 관점을 취하는 훈련을 쌓는 게 필요하다고 본다.

이제 계통을 밟아 나갈 차례

이런 도입 단계를 거치고 나면, 다음부터는 책을 고르고 읽는 게 훨씬 쉬워진다. 바로 '계통'을 쌓아 나가는 작업을 거치면 된다. 즉, 어떤 분야의 전문가들이 쓴 개설서 혹은 도입서를 차근차근 읽는 것이다.

예를 들어 경제학에 대해 공부하려는 독자가 있다면, 보통은 제일 먼저 '경제 교과서'를 읽으라는 권유를 접할 것이다. 그런데 교과서는 학교에서 스승의 강의와 함께 공부하는 책이기에, 초보자가 혼자서 읽는 데에는 적합하지 않다. 이런 어려움을 덜어 주기 위해서 전문가가 쓴 도입서가 필요하다. 나는 경제학 책을 제대로 계통에 따라 읽으려는 독자들에게 『오영수 교수의 매직 경제학』을 첫 책으로 권하곤 한다 (이 책은 절판되었고, 최근 『30일 역전의 경제학』이라는 개정판이 출간되었다). 이 책은 경제학 교과서에 담겨 있는 다양한 지식을 매우 쉬운 방식으로 풀이해 준다는 점에서 매우 큰 장점을 지니고 있다.

물론 개설서 한 권으로는 부족하다. 『오영수 교수의 매직 경제학』은 매우 많은 것을 이야기해 주지만 경제 분야에 대한 모든 의문이 풀릴 만큼은 아니기 때문이다. 아니, 오히려 이 책은 새로운 의문을 제기하는 출발점 역할을 할 뿐이다. 그럼 다음 단계를 어떻게 밟아야 하는가?

그 답은 간단하다. 많은 개설서나 교과서에서 자주 인용하는 책을 선택하는 것이다. 즉 책 끝에 붙어 있는 참고 서적 리스트를 살펴보고 겹치는 책들을 찾아 읽는다. 폴 크루그먼의 『불황의 경제학』이 경제학 개설서의 참고 문헌에 반복적으로 등장하고 있다면, 다음으로 이 책을 읽어 보는 것이다.

그리고 어떤 저자의 책이 마음에 들 경우 그 저자의 책들을 모두 구해 읽어 보는 것도 하나의 방법이다. 내 경우 대학에 들어가자마자 황석영이 쓴 책을 죄다 구해 읽었는데, 단 한 권도 실망한 게 없었다(반면 최근에 나온 책들은 하나같이 실망스러웠다). 특히 월남전을 다룬 장편소설 『무기의 그늘』은 『장길산』에 못지않은 걸작이라 생각한다.

왜 저자의 계통을 밟으라고 이야기하느냐면, 결국 이름값만큼 중요하고 믿을 만한 '지표'가 없기 때문이다. 세상에는 나를 포함해 수많은 저자가 있지만, 극소수 저자들만이 '읽을 만한 책'을 제공한다. 이건 슬프지만 사실이다. 독서는 누구나 도전할 수 있는 '재능'이라는 점에서 참 평등하지만, 글쓰기는 아무에게나 주어지는 재능이 아니다. 좋은 작품을 쓴 작가, 특히 두 권 이상 좋은 책을 쓴 극소수 작가는 다음번에도 괜찮은 작품을 내놓을 가능성이 높다. 그러니 책을 고르는 가장 쉬운 방법 중 하나가 '이름'을 보는 것일 수밖에.

이런 식으로 어떤 저자의 전작을 찾아 읽고 그의 생각을 충분히 이해한 다음에 할 일은 이 저자의 반대편에 서 있는 호적수의 책을 찾아보는 것이다. 노벨상까지 받은 저명한 경제학자이면서 학계에서 싸움닭으로 유명한 폴 크루그먼은 최근 역사학자 니얼 퍼거슨과 매우 격렬한 논쟁을 벌인 바 있다. 아무리 크루그먼의 책을 좋아하더라도 한 번쯤 반대편의 목소리를 들어 볼 필요가 있다. 어떤 이슈에 대해 보다 폭넓게 이해하고 싶다면 자기가 좋아하는 사람의 이야기만 들어서는 한계가 있기 마련이다.

물론 이런 식으로 호적수를 찾아 읽기 힘든 경우도 있다. 그럴 때에는 논문이나 보고서를 읽는 편이 훨씬 유용할 수도 있다. 나한테는 국제결제은행(BIS)에서 발간하는 보고서들이 이런 역할을 담당한다. 금융시장 참가자로서 아무래도 크루그먼 같은 케인스주의 경제학자들 주장에 동조하기 쉬운데, 국제결제은행의 깐깐한 보고서와 논문은 나로 하여금 균형감을 잡는 데 큰 도움을 준다.

이상과 같은 독서 전략은 경제학에만 적용되는 게 아니다. 나는 파이낸스(이하 '재무') 분야에서 박사학위를 받았기에 경영학자들의 책과 논문도 많이 읽었는데, 지금까지 설명한 방식이 꽤 효과가 있었다. 예를 들어 『재무의 이해』(로버트 머튼 외) 같은 교과서를 한 권 본 다음, 참고 문헌에 이름이 자주 나온 유명한 재무학자의 책이나 논문을 읽어 나가는 것이다. 가령, '대리인 이론'의 선구자라 할 수 있는 하버드 대학 석좌교수 마이클 젠슨이 쓴 1970년대의 고전적인 논문을 먼저 읽고 나서 그의 후속 논문들을 찾아서 읽어 나갔더니 이해하기도 쉽고 또 그의 생각이 어떻게 변해 왔는지도 알 수 있었다.

독서의 즐거움 공유하기

아무튼 이런 식으로 개설서의 참고 문헌과 작가를 중심으로 책을 읽어 나가면 점점 더 고급 단계에 진입하게 된다. 마지막 '고급' 단계는 직접 글을 쓰는 것이다. 쉽게 이야기해, '관점 취하기'의 즐거움을 남들과 공유하는 것이다.

나는 1999년부터 개인 홈페이지를 운영하다 2010년부터 네이버에 블로그를 개설해서 매년 50여 편 이상 서평을 올리고 있는데, 이게 무척 재미있다. 일단 글을 쓰는 순간 자기가 읽은 책에 관한 생각을 정리할 수 있으며, 나아가 남에게 자신의 생각을 전달하는 과정에서 책 읽는 동안 생각하지 못했던 곳까지 상상의 날개가 펼쳐진다.

물론 글을 쓰는 것이 쉬운 일은 아니다. 특히 남에게 자기 글을 공개하기가 부담스러운 사람도 많을 것이다. 그러면, 우선은 블로그에 '자기만 보기'로 설정해서 글을 써라. 그러다 조금씩 맘에 드는 글부터 이웃들에게 공개하는 식으로 범위를 넓혀 보라. 가슴을 할퀴는 쓴

소리가 댓글로 달릴 수도 있지만, 뭐 어쩌겠는가? 빅토르 위고나 스티븐 킹 같은 거장들조차 비평가들로부터 말 못할 질책을 받았는데, 우리 같은 범인들이 어찌 쓴소리를 피해갈 수 있으랴.

평가에 대해서는 마음을 편하게 먹자. 그래도 읽어 줬으니까 하는 말이고, 안티도 '관심'의 또 다른 표현이라고 생각하면 그만이다. 그 안티들조차 내 편으로 만들 글을 쓰자고 마음먹고 조금씩 분량을 늘려라. 그러다 보면 어느 날 나처럼 출판을 생각해 보라는 권유를 듣는 날이 올지도 모른다. 물론 필연적으로 일어나는 수순 같은 건 아니다. 다만, 꾸준히 독서의 단계를 높여 가다 보면 어떤 종류든 따라오는 보너스가 있을 거라 기대하며 편한 맘으로 즐겨 보도록 하자.

이제 본격적으로 내가 경제학자의 길을 가게 된 과정과 그 여정에서 만난 인생의 책들을 살펴볼 텐데, 노파심에 마지막으로 한 마디만 덧붙이고 시작할까 한다. 앞에서도 말했지만, 경제학 서적만큼 전문가와 대중 사이에 거리감이 큰 분야도 없다. 음모론을 다룬 책들이 경제 경영 부문 베스트셀러 상위권에 자주 포진하지만, 적어도 플로어의 전문가들에게 그 책들은 판타지처럼 치부된다. 이러한 간극을 극복하는 데 도움이 되는 책들을 우선적으로 선택했기 때문에 여기에 소개한 책들만이 경제 공부를 위한 필수 서적이라고 말할 수는 없다. 영 마음에 들지 않는 대목을 분명히 가지고 있지만, 대중성에 점수를 주고 고른 책도 있기 때문이다. 대중성과 내용이라는 두 마리 토끼를 잡은 책은 경제학 분야에서도 매우 희귀하며, 그런 책만 골랐다가는 이 책의 출간을 기약할 수 없기에 어쩔 수 없이 타협한 부분도 있음을 이해해 주기 바란다.

chapter 1

문자중독자의 어린 시절

『대망』

나는 어려서부터, 아니 기억이 나는 첫 순간부터 책을 잡고 있었다. 양친 모두 어마어마한 문자 중독이었던 덕이다. 당연히 집에 책이 넘쳐났다. 그럼에도 초등학교 2학년이 되었을 무렵 집에 읽을 책이 떨어졌다. 그때부터 주변에 있는 도서관에서 책 사냥을 시작했다. 특히 집에서 버스로 다섯 정거장 떨어진 곳에 위치한 유진어린이도서관은 최고의 사냥터였다. 개관한 지 얼마 되지 않았기에 새 책과 신간이 가득했다. 어린 딸 유진을 사고로 잃은 부모가 딸을 기리고자 신축 건물을 지어 어린이 도서관을 만들었다고 한다.

 나는 거의 매일 유진도서관을 들락거렸다. 얼마나 자주 갔던지 사서 선생님들에게 맛난 것도 많이 얻어먹었다. 언젠가는 버스비가 없어 다섯 정거장을 걸어서 찾아간 날도 있었다. 내 인생 두 번째의 사랑은 책이었음이 분명한 것 같다. 첫 번째 사랑은 물론 부모님이다.

중학교에 진학하고도 독서열은 식지 않았다. 어마어마한 시행착오를 겪었을 뿐. 당시 한국 사회를 덮친 무협소설 열풍에 넘어가고 만 것이다. 특히 대만의 무협소설 작가, 와룡생과 고룡의 소설에 빠져든 것은 치명적이었다. 일단 이 두 작가는 일종의 '공장장'들이라 어마어마한 양을 집필했다. 게다가 둘 다 필력이 얼마나 좋은지, 한번 책을 잡으면 빠져나올 방법이 없었다. 지금 중학교 시절을 돌이켜 보면 열심히 읽었던 무협소설밖에 생각나지 않는다.

아마 부모님은 참 의아하셨을 것 같다. 매일 밤늦게까지 도서관에서 공부하다 오는데 왜 성적이 그 모양 그 꼴인지 말이다. 오랜 비밀을 책을 통해 공개하자니 왠지 죄송스러운 마음이 들지만, 뭐 어쩌겠는가? 같은 문자중독자로서 그 함정을 피해 가기란 결코 쉽지 않았음을 부모님도 이해하시리라 믿을 뿐.

일본에 대한 이해와 큰 시야를 선물한 책

이러한 '흑역사'의 배경에 역사소설 『대망』이 있다. 장장 20권이 넘는 대하소설을 초등학생 때 독파하고 말았으니, 광활한 무협소설의 세계로 들어가는 데 심리적 진입 장벽이 있을 리 없었다. 그만큼 『대망』은 흥미진진한 작품이자, 특히 내게는 크나큰 영향을 미친 책이다.

『대망』은 도쿠가와 이에야스를 중심으로 도요토미 히데요시, 오다 노부나가 등이 일본 전국시대의 난세를 평정하고 통일을 이루어 내기까지의 파란만장한 역사를 다룬 야마오카 소하치의 대하소설이다.●

이 책 덕분에 일본 전국시대와 에도시대에 관한 이해가 깊어졌다. 일본이라고 하면 무조건 반감을 가지기 쉽지만, 일본에 반사적으로 적용하는 색안경을 벗고 바라볼 필요가 있지 않을까? 일본 전국시대를 종식시키고 에도 막부를 연 창업 군주 도쿠가와 이에야스는 앞서 일본 전역의 패권을 차지한 지배자 도요토미 히데요시의 조선 출병에 맞서 반대 의사를 표명했으며, 단 한 명의 군사도 조선에 파병하지 않는 등 일관되게 히데요시의 반대편에 섰다. 그리고 그 덕분에 확보한 자금력과 싱싱한 병사를 기반으로 히데요시가 죽은 후, 도요토미 가문을 멸망시키고 새롭게 일본의 지배권을 확보하는 데 성공했다.

그는 정권을 잡은 후 조선에 통신사 파견을 부탁했고, 임진왜란 때 일본에 끌려갔던 수많은 조선 백성을 돌려보내는 등 꾸준히 평화 기조를 유지했다. 나아가, 그의 후계가 정권을 잡은 250년 동안의 도쿠가와 막부 내내 조선과 일본은 단 한 차례의 군사적 갈등도 없이 역사상 가장 평화로운 시기를 보냈다. 이런 사실을 알고도 일본 사람이라는 이유만으로 도쿠가와 이에야스를 무조건 싫어하는 게 온당한 일일까?

즉, 『대망』은 나에게 '큰 시야'를 선물했던 셈이다. 어떤 집단, 혹은 어떤 민족에게 '레떼르' 하나 붙여서 한 방향으로 몰아붙여서는 안 된다는 교훈을 얻었다고 할까?

● 국내에는 『대망』(동서문화사)과 『도쿠가와 이에야스』(솔)라는 제목으로 출간되어 있다. 동서문화사의 『대망』은 각기 다른 세 작가의 대하소설로 구성되어 있다. 1부는 야마오카 쇼하치 「도쿠가와 이에야스 천하통일기」, 2부는 요시카와 에이지 「도요토미 히데요시 천하쟁취기」, 3부는 시바 료타로 「사카모토 료마 메이지유신 성공기」이다. 그중 1부(세트1)이 도쿠가와 이에야스를 다룬 이야기로, 솔에서 출간된 『도쿠가와 이에야스』와 같은 작품이다.

한자가 눈에 익자 신문 읽기로

참고로 『대망』을 읽으려는 독자들에게 권하고 싶은 팁이 하나 있는데, 반드시 인명사전을 만들라는 것이다. 예를 들어 도쿠가와 이에야스의 어릴 때 이름은 '다케치요'였다가 나중에는 '모토야스'로 개명하고, 장년이 되어서야 '이에야스'라는 이름을 갖게 된다. 성도 태어날 때에는 '마쓰다이라'였는데, 나중에 '도쿠가와'로 개명한다. 따라서 아무 생각 없이 『대망』을 읽어 내렸다가는 정말 크게 망하게 된다. 누가 누군지 헷갈리는 순간 책의 내용을 따라갈 수 없기 때문이다.

인명사전과 함께 병행하면 효과 좋은 방법 하나만 더 추가하자면, 위키피디아 같은 인터넷 사이트를 이용해서 일본 전국시대 주요 무장의 세력권을 표시한 지도를 다운받는 것이다. 예를 들어, 도쿠가와 이에야스의 본거지는 현재의 나고야에서 가까운 '미카와(三河)' 지방이었다가, 나중에는 현재 도쿄 시의 중심지구인 '에도(江戸)'로 옮겨 간다. 이런 지리적 정보를 꿰면 도쿠가와 이에야스가 왜 오다 노부나가와 협력할 수 있었으며, 나아가 도요토미 히데요시에게 저항하면서도 멸망당하지 않은 이유를 파악할 수 있을 것이다.

나 역시 『대망』을 읽기 위해 인명사전을 만들었는데, 처음에는 다케치요라는 이름도 그렇게 낯설더니 나중에는 등장인물 200여 명의 이름을 술술 외고, 급기야 일본 지도를 그려 각 다이묘의 쌀 산출량을 기입하는 지경에 이르렀다(쌀 산출량이 곧 사무라이 보유 숫자와 연결되기 때문). 이런 작업은 후에 여러 가지 파생 효과를 일으켰다. 우선, 한자에 대한 흥미가 높아졌고, 그것이 나아가 신문 읽는 습관으로 이어졌다. 당시 한국의 신문은 한자가 그득했기 때문에 한자를 모르면 신문을 읽기 쉽지 않았다. 어린 초등학생이 한자로 가득한 일간지를 읽고 있는 것이 꽤 재미있는 풍경이었는지, 주변 어른들이 "내용은 알고 보니?" 하고 묻는 경우도 참 많았다. 또 이런 질문에 막힘없이 술술 대답하면 과자 하나라도 사주려 했다. 그 재미 때문에라도 신문을 더 꾸준히 읽다 보니 결국 오랜 습관으로 남았다.

특히, 일본발 외신 보도는 거의 빠짐없이 읽었다. 학교에 일본 신문이 꽤 많기도 했고, 『대망』을 읽으면서 얻은 한자 지식 덕분에 일본 신문을 읽는 게 별로 어렵지 않았기 때문이다. 우리와 마찬가지로 일본 역시 대부분의 단어, 특히 정치 및 경제 관련 단어는 한자어라서 기본 조사(한글의 '~의'에 해당되는 'の'가 대표적이다)만 조금 익혀도 충분히 일본 신문을 읽을 수 있었다.

신문은 진실을 이야기하는가

물론, 신문 읽기가 좋은 영향만 미치지는 않았다. 나는 신문, 그것도 전국적인 일간지에 실린 기사는 '진실'을 담고 있다고 철석같이 믿고 있었기에 대학에 진학한 후 엄청난 충격을 받았다. 대표 사례가 부천 경찰서 성고문 사건이었다. 고등학생 시절 집에서 받아 보던 중앙 일간지는 피해자인 권인숙을 '간첩질하기 위해서 자신의 몸을 이용한 몹쓸 종자'라는 식으로 몰아갔고, 치를 떨면서 신문 양면을 가득 채운 기사를 읽었던 기억이 선명하다. 이 기사를 읽고서 나는 운동권은 인간쓰레기나 다름없고, 더 나아가 자신의 순결조차 마음대로 이용하는 사이코패스라는 인식을 갖게 되었다.

그러나 사건의 전말은 이렇다. 서울대 의류학과 4학년 권인숙은 1985년 4월경 경기도 부천시의 가스배출기 업체(주식회사 성신)에 '허명숙'이라는 가명을 써서 위장 취업을 했다. 대학생 신분을 숨기고 공장에 취업했다는 뜻이다. 지금은 이해가 잘 되지 않겠지만, 1980년대 중반 우리나라 대학 진학률은 10퍼센트 전후에 불과했으며 4년제로만 범위를 좁히면 5퍼센트 내외에 불과했다. 대학생들은 사회의 최상위 레벨 지식인이라 할 수 있었고, 대학만 졸업하면 사실상 좋은 기업에 취직할 기회가 열려 있었다. 그런 상황에서 공장에 그것도 저임금 일자리에 취직했으니 '위장 취업'이라는 표현으로 그의 행동을 묘사한 것이다.

그러나 예쁘장한 서울대생이 공장에서 일하는데 어찌 들통 나지 않을 수 있으랴. 결국 1986년 6월 4일, 위장 취업을 위해 주민등록증을 위조한 혐의로 부천경찰서로 연행되었다. 권인숙은 관련 사실을 모두 시인했으나, 부천경찰서 조사계 문귀동 형사는 그해 봄 인천에서 벌어졌던 대규모 시위(5.3 사태) 관련자의 행방을 캐묻기 시작했다. 그는 수갑이 뒤로 채워져 저항이 불가능한 상태인 권인숙을 자신의 성기로 추행하며 고문을 자행했다.

권인숙이 용기를 내 성고문 사실을 폭로하고 고소했지만 검찰은 가해자에 대한 불기소 결정을 내렸다. 대한변협이 재정신청을 냈으나 서울고등법원은 "이유 없다."라며 기각했다. 반면 권인숙은 공문서 변조와 사문서 위조 등으로 1년 6개월을 선고받았고, 공안 당국과 대부분의 언론은 "성을 혁명의 도구로 이용하는 운동권"으로 그녀를 매도했다. 87년 6월 민주화 항쟁 이후인 1988년 2월이 되어서야 대법원은 재정신청을 받아들였다. 결국 문귀동은 1988년 4월 구속되어 6월에 징역 5년을 선고받았다. 사건 발생 2년 만의 일이었다.

사건의 내막을 대학에 진학해서야, 그리고 특히 87년 6월 항쟁 이후에야 알게 된 나의 심정이 어떠했을지 짐작이 가는가? 동네방네 다니면서 '순결조차 혁명운동에 바친 못된 X'라고 떠들고 다닌 것이 너무나 부끄러웠고, 이 부끄러움은 왜 내가 그런 주장을 일방적으로 수용했는가에 대한 반성으로 이어졌다. 이후 나는 한국에서 나온 신문 기사를 액면 그대로 받아들이지 않게 되었다. 또 해외 언론에 대한 번역 기사는 원문을 한 번이라도 확인하려는 태도를 지니게 되었다.

chapter 2

대학 가기 정말 어렵네!

『장길산』

역사소설과 무협소설에 빠져 있던 고등학교 생활의 전환점은 2학년 1학기 말이었다. 일단 한 학기만 더 보내면 고3이라는 위기감이 엄습했고, 반 등수가 30등 아래로 내려가면서 사실상 대학 진학이 어려워졌다는 선생님의 질책도 전환점을 만드는 계기가 되었다. 무엇보다 아버지 사업이 어려워져 빚쟁이들에게 시달리기 시작한 것이 위기감에 불을 질렀다.

지금은 돌아가셨지만, 아버지는 전형적인 경상도 남자였다. 머리가 비상하고 말씀도 청산유수였으나, 결정적인 약점이 하나 있었으니 바로 불같은 성격이었다. 기분 좋을 때에는 너무 유머러스하고 에너지가 넘쳐 가족 모두를 숨이 넘어가도록 웃기는 재주가 있으셨지만, 그 기분 좋은 날이라는 게 너무 짧았다. 젊어서 성공한 사람이 가진 교만에 1980년대 중반의 건설업 불경기까지 겹치자 아버지의 사업은 추풍낙엽처럼 무너져 내렸다. 경기가 나빠지면 어떻게든 평상시에 쌓아 놓은 인덕과 인맥으로 해결하고 버텨야 하지만, 아버지는 그게 안 되는 분이었다. 결국, 마지막 순간 사채까지 끌어 쓰며 버티고 버티다 망해 버린 게 1985년의 일이었다.

더 큰 문제는 계속 빚쟁이에게 시달리던 어머니가 급기야 쓰러지고만 것이었다. 매일 새벽에 일어나 함께 운동하던, 그리고 같이 다니면 사람들이 "누나니?" 하고 묻던 어머니의 젊고 건강한 모습은 마흔 살여름 쓰러지신 그날 이후 다시는 볼 수 없었다. 지금도 어머니에게 전화가 오면 가슴이 두근거릴 정도로 많은 병원 생활을 경험해야 했다.

드디어 독서의 내공이 성적으로

다시 학교 이야기로 돌아가 보자. 내신 성적은 이미 돌이킬 수 없을 정도로 망가졌고, 철석같이 믿고 있던 부모님의 지원 가능성이 허공으로 날아가 버린 상황에서 내가 대학에 진학하는 길은 단 하나였다. 학력고사를 아주 잘 봐서 어떻게든 장학금을 받는 것. 이런 현실이 나에게 '출구 없는 선택'을 강요했고, 위기의 순간 그 동안의 기나긴 독서 이력이 힘을 발휘하기 시작했다.

어마어마한 독서량과 한자 실력이 합쳐지니, 일단 국어와 사회 교과는 문제가 없었다. 그리고 과학 교과에서도 물리 정도만 힘들 뿐, 생물이나 지구과학 등은 금방 성적을 올릴 수 있었다.

웃지 못할 에피소드도 있었다. 유례없이 문제가 어렵게 출제되었던 3학년 1학기 생물 시험에서 나 혼자 만점을 받은 것이다. 엄청 혼났다. 선생님 입장에서 하위권을 전전하던 학생이 전교에서 유일하게 만점을 받는 일은 커닝과 운이 조화를 이루지 않으면 일어날 수 없는 사건이니까. 결국 양호실에서 치러진 재시험에서도 만점을 받고 난 다음에야 오해를 풀었고, 그 뒤 생물 선생님은 나의 든든한 후원자가 되어 주셨다.

문제는 수학과 영어였다. 대체 몇 년 만에 잡아 보는 교과서며 참고서인지 기억도 나지 않는 상황. 결국 할 수 있는 것은 기초적인 내용의 복습뿐이었다. 그래도 수학은 쉬웠다. 행렬이나 함수는 개념도 어렵지 않았고 또 일부는 중학교에서 공부했던 가락이 있었다. 영어는 마지막까지 말썽이었다. 단어가 뒷받침되어야 해석이고 뭐고 가능할 텐데, 첩첩산중이라고 할까?

그래도 영어 한 과목 때문에 학력고사를 포기할 수는 없었다. 울며 겨자 먹기로 공부한 지 1년이 흐른 3학년 여름의 어느 날, 기적 같은 일이 벌어졌다. 모의고사를 보는데, 긴 영어 지문이 나오는 독해 문제를 거의 다 맞혔던 것이다. 긴 지문 속에 모르는 단어가 적어도 다섯개, 열 개 넘게 있었지만 이상하게도 전체적인 맥락이 다 이해되었던 그 경험이란! 지금이야 책을 여러 권 번역할 정도로 영어 책이나 논문을 편하게 읽지만, 그때는 영어 지문만 봐도 부르르 떨릴 정도로 고통 받고 있었기에 그 경험은 정말 기적 같았다.

이런 일이 가능했던 이유 역시 독서 이력에 있을 거라 생각된다. 영어 지문이라는 게 결국은 역사적인 사건에 대한 기록이거나 문학 작품의 일부이기에, 내가 이미 읽었던 이야기와 겹치는 게 엄청 많았던 것이다.

이 시기에 황석영의 소설 『장길산』을 읽은 후 시작된 역사에 대한 관심이 큰 도움이 되었다. 아예 공부하지 않아도 한국사는 늘 만점을 받았기 때문이다. 아니, 다른 공부를 하다가 힘들면 한국사 공부를 하곤 했다. 한국사 공부는 나에게 일종의 취미 생활이었기 때문에, 잠시 한국사 공부를 하면 기력이 생기면서 다른 공부를 할 힘이 생겼다.

하나의 의문이 이끈 사학과 진학

결국 나는 1986년 말, 서울 어느 명문대의 사학과 합격증을 받아들 수 있었다. 내가 어떻게 사학과에 갈 수 있었는지 돌이켜 보면, 부모님의 지극한 뒷바라지가 첫째이겠지만 책에서 원인을 찾아 본다면 『장길산』을 빼놓을 수 없을 것이다.

『장길산』은 조선 후기 조정에서 청나라 정벌(이하 '북벌')을 위한 군사를 양성한다고 입으로만 외치고 사실은 백성의 불만을 억누르기에 여념 없던 시절 태어난 가상의 인물 장길산이 '반란'의 횃불을 치켜드는 과정을 서술한 무려 10권짜리 대하소설이다. 이 책의 장점은 뛰어난 디테일에 있다. 사학계에서 이뤄진 다양한 실증 연구를 토대로 조선시대의 사회상을 구체적으로 묘사하는 한편 관과 결탁한 부패한 양반들, 거대한 궁방전을 경영하며 백성 등골을 휘게 만드는 전주 이씨 일가붙이의 끝없는 탐욕을 보여 줌으로써 조선이 필연적으로 멸망할 수밖에 없는 존재임을 실감나게 써 내렸다.

그럼에도 불구하고 나로서는 의문이 해결되지 않았다. 저렇게 끝도 없는 학정을 이어간 허약한 나라가 어떻게 500년 넘는 기간 동안 유지될 수 있었단 말인가? 특히 같은 기간 나폴레옹과 넬슨을 비롯한 전설적인 장군들에게 단련된 유럽의 '전쟁 기계'들이 동양을 정복하러 오기 전에 왜 멸망하지 않았는가? 한편으로는, 우리는 일본 제국주의 지배를 받기 이전에 스스로 일어날 기회가 없었는가?

고등학교 도서관에 있는 책들이야 뻔했기에, 그다음 탐사는 대구 두류도서관으로 이어졌다. 그러나 체제를 잡지 않고 마구잡이로 책을 읽어 댄 고등학생이 읽을 만한 논문이라는 것은 존재하지 않았다. 역사학계를 대표하는 학술지인 『진단학보』나 『백산학회보』 등을 읽어 봤지만, 이건 무슨 다른 나라 말을 읽는 기분이랄까?

답은 분명해 보였다. 이 의문을 풀고 싶으면 대학에, 특히 역사학회에 꾸준히 논문을 게재하는 교수들이 가르치는 학교에 가는 게 가장 쉬운 길이라는 것. 물론 부모님은 이 선택에 결사반대 입장이었다. 취업이 잘 되는 경제나 경영을 전공하거나, 법학과에 진학해서 사법고시를 보라고 절절하게 설득하셨다.

물론 틀린 말 하나 없었다. 그러나 나는 그때 청춘이 안겨 준 선물, 즉 '근거 없는 낙관론'에 빠져 있었다. 부모님에게는 대학에 보내 주기만 하면 알아서 학비를 충당하겠다고 당당하게 선언하고, 내 평생 부모님 말씀을 잘 들었으니 한 번만 내 말도 들어 달라고 부탁드렸다. 자식 이기는 부모 없다는 말처럼, 부모님은 결국 나의 고집에 항복했고 나는 보무도 당당하게 서울로 유학 올 수 있었다.

chapter 3

사회주의에 불타오르다

『사람아 아, 사람아!』

여러 어려움을 딛고 서울에 있는 대학 진학에 성공했지만, 고난은 이 때부터 시작이었다. 일단 과외가 금지되어 있던 시기여서 학비와 하숙비를 모두 아르바이트로 벌어야 했다. 학교 자판기의 커피와 프림, 물을 보충하는 일부터 시작해서 서점에서 책을 포장하고 판매하는 일까지 별의 별 일을 다 했다.

그러나 육체적 경제적 어려움보다 더 힘겨웠던 것은 1987년 민주화와 함께 찾아온 사회주의 관련 서적의 유행과 압도적인 영향력이었다. '조선이 탐관오리의 탐욕과 전주 이씨 일가의 횡포에도 어떻게 500년이나 유지될 수 있었는가'라는 고민은 마르크스가 주창한 '사적 유물론'에 일거에 날아가 버렸기 때문이다.

마르크스가 준 충격

이야기를 쉽게 풀기 위해 마르크스의 역사관을 아주 간단히 추려 보자. 마르크스주의 역사관은 기본적으로 '생산성의 지속적인 개선'이라는 단선적인 가정을 깔고 간다. 다시 말해, 인류가 지구에 출현했던 초기에 비해 최근으로 올수록 생산성이 높아진다. 원시 공산제에 비해 고대 노예제의 생산성이 더 높고, 또 고대 노예제에 비해 중세 봉건사회의 생산성이 더 높아지는 식으로, 역사가 단선적으로 발전해 간다는 주장을 하고 있다.

먼저 원시 공산제는 신석기 혁명(대략 1만 3000년 전부터 시작) 이전의 사회를 뜻한다. 정해진 곳에 머무는 대신 정처 없이 이동하면서 채취한 곡물이나 사냥한 짐승을 나눠 먹던 시절이다. 즉, 골고루 배고픈 시절이었다고 할 수 있다. 그러나 신석기 혁명이 시작된 이후, 고대 노예제가 시작되면서 인류의 오랜 이동은 끝이 난다. 마르크스에 따르면 고대 노예제는 '노예'가 생산의 주역으로 부각되는 시기이며, 역사적으로 보면 고대 그리스와 로마가 여기에 해당한다.

중세 봉건제는 장원 경제가 중심이 되며 영주-농노제도를 기반으로 한다. 농노는 자신의 자유를 일정 부분 포기하는 대신(고대 노예보다는 자유로웠다), 영주에게 자신의 안전을 보장 받는 식의 계약 관계가 주를 이루는 사회라고 묘사된다. 대신 고대 노예제에 비해 중세 봉건사회는 인신의 구속이 상대적으로 자유로운 덕분에 생산성이 이전보다는 더 높은 것으로 간주된다.

마지막으로 중세 봉건사회는 자본주의로 대체되나, 이후 필연적으로 사회주의 사회로 이행하게 된다고 주장한다. 생산수단(공장이나 토지 등)은 소수의 손에 집중되는 반면, 사회의 대다수를 차지하는 근로자들은 이 과정에서 소외되기 때문에 필연적으로 공산혁명이 발생한다는 것.

이상과 같은 마르크스의 역사 이론은 역사학을 배우고 있던 학생들에게 큰 충격으로 다가왔다. 봉건사회는 자본주의로 필연적(!)으로 넘어갈 수밖에 없으며 자본주의 역사는 멸망할 운명이라는 마르크스의 주장은 신선하기도 했지만 무엇보다 그때까지 사회를 지배하던 이데올로기에 대한 일종의 '반격 논리'를 제공했던 것이다.

당시 사회주의 관련서가 그토록 넘쳐난 데에는 대부분 한국 정부가 원인을 제공했다고 생각한다. 앞의 부천경찰서 성고문 사건 사례에서 보듯, 대학 들어오기 전 받았던 편향적인 일방통행식 반공 교육의 부작용이 무엇보다 컸다. 특히 간첩단 사건으로 포장되었던 수많은 사건들이 재심 결과 무죄로 판명 난 것이 결정적인 영향을 미쳤다. 여기에 노태우 정부가 적극적으로 추진했던 북방 외교도 한몫했다. 대만과 단교하고 중국과 수교하는 상황에서 사회주의 관련 서적을 무조건 금기시하는 게 사실상 불가능한 세상으로 변해 버렸던 것이다.

그런데 왜 이렇게 어려운 걸까

나는 사회주의 관련 서적에 한때 몰입했었지만 금방 지쳐 버리고 말았다. 크게 두 가지 이유에서였다. 우선, 마르크스주의 책들이 너무 어려웠다. 동녘에서 펴낸 조성오의 『철학에세이』 정도가 그나마 읽을 만했을 뿐, 대부분은 난이도가 너무 높았다. 수천 권 책을 읽고 대학에 들어온 내가 이 정도였으니 얼마나 많은 학생들이 어려움을 겪었을지 대략 짐작이 갈 것이다.

왜 그렇게 사회주의 관련 책이 어려웠을까? 일단 마르크스를 비롯한 사회주의 창시자들이 글을 어렵게 썼다. 김수행 교수가 번역한 『자본론』을 읽어도 고통은 마찬가지였다. 김수행 교수가 마르크스주의 경제학의 대가로 인정받았음을 감안할 때, 마르크스 자신이 일단 책을 어렵게 썼던 것 같다.

또 다른 문제는, 일어 번역본을 가지고 재번역했다는 것이다. 영어나 독일어로 쓰인 책을 바로 번역해도 어려울 판인데, 일본어로 번역된 것을 다시 한국어로 번역했으니 이 과정에서 많은 오역이 난무할 수밖에 없었다.

그리고 무엇보다 사회주의 이론이 현실에 잘 부합하지 않았다. 사회주의 이론가들에 따르면 '자본주의가 성숙하면 노동 계급의 성장에 의해 자본주의가 무너진다'고 이야기하지만, 반대로 무너진 것은 사회주의 국가들이었다. 1989년 6월의 천안문 사건,* 그리고 1990년 이후 동유럽 사회주의 국가들의 붕괴는 어떻게 보면 가장 중요한 '역사의 검증'이라는 느낌을 받았다.

특히 1989년 6월 천안문에서 벌어진 대학살은 1980년 5월 광주를 떠올리게 했다. 당시 피바다가 된 천안문 광장에서 탱크를 저지하던 한 청년의 모습을 보면서 매우 마음이 아팠고, 그간 공부했던 사회주의 이론에 대한 미련을 버리는 계기가 되기도 했다. 천안문 대학살 이

●   1989년 6월 4일 민주화를 요구하며 베이징 천안문 광장에서 연좌시위를 벌이던 학생, 노동자, 시민 들을 계엄군을 동원해 탱크와 장갑차로 해산시키면서 많은 사상자를 냈다.

후 발간된『사람아 아, 사람아!』는 사회주의로 치장된 지옥, 중국 문화대혁명 당시 사람들이 얼마나 처참한 고통을 당했는지 여실히 보여 준다.

2010년 이 책의 저자 다이허우잉이 상하이의 자택에서, 그간 자신이 원고료를 모아 물심양면 학업을 도와 주던 고향 출신 학생의 손에 피살된 소식은 매우 충격이었다. 범인은 시장을 보기 위해 집을 비운 사이 물건을 훔치러 들어왔다가 그녀가 돌아오자 놀란 나머지 우발적으로 범행을 저질렀다는 것이다. 오랜 기간 쌓아 왔던 신뢰를 몇 푼 안 되는 돈에 무너뜨려 버리는 황금만능의 사회, 오늘날 중국의 현실을 보여 주는 가슴 아픈 사례라고 할까?

유토피아가 만든 지옥도

다이허우잉은 1938년 3월, 중국 안후이성의 시골에서 3남 5녀 중 차녀로 태어났다. 1960년 상하이 화둥사범대학 중문학과를 졸업하고 상하이작가협회 문학연구소에 배속되어 문예평론 활동을 시작한다. 1966년 문화대혁명이 시작되고 혁명전사로 활동했으나, 1968년 '검은 시인'으로 불리던 원지에를 심문하다가 비극적 사랑에 빠진다. 둘은 함께 반동으로 몰려 수난을 당했으며, 결국 원지에는 1971년 자살하고 만다. 다이허우잉은 요동치던 시대의 비극적 사랑을 그녀의 처녀작『시인의 죽음』에서 소설화하며 작가의 길에 들어선다.[1]

1980년대 초『사람아 아, 사람아!』를 발표하는데 중국 문단으로부터 집중적인 비판을 받지만 해외에서는 오히려 더욱 유명해져 세계 8

개 국어로 번역 출간된다. 우리나라에도 신영복 교수 번역으로 출간되어 많은 독자의 사랑을 받았다. 이후 상하이 대학, 푸단 대학에서 교수로 재직했으며, 58세 피살되어 생을 마감한다.

> "나는 인간의 피와 눈물의 흔적을 썼고, 비틀려진 영혼의 고통스런 신음을 썼고, 암흑 속에서 솟아오른 정신의 불꽃을 썼다. '영혼이여, 돌아오라!'고 외치며 무한한 환희와 더불어 인간성의 회복을 기록했다."

저자 후기에 적힌 문장이다. 『사람아 아, 사람아!』는 문화대혁명 기간 동안 자신이 경험한 치열한 삶과 상처를 바탕으로 하고 있다. 1991년 이 책을 읽으면서 얼마나 울었는지 모른다. 민중을 위해 혁명을 일으킨다는 이들이 사람 목숨을 헌신짝처럼 생각하는 일, 그리고 그 혁명가들이 홍위병의 위협 앞에서 아비를 반동분자라고 매도하고 심지어 아내를 매국노라고 고발하는 일이 일상처럼 벌어지는 지옥도 앞에서 얼마나 인간이 저열한 존재인지를 깊게 깨우쳤다.

개인주의자로서의 나를 깨닫다

물론 1980년대 당시 독재 정권에 저항했던 모든 운동가들을 폄하하는 것은 아니다. 지금도 만나는 수많은 선배와 동기들은 힘든 시기를 살아가면서 같이 고민했던 공통분모가 있기에 그렇게 가까워질 수 있었으니까. 다만 나는 1989년 천안문 사건과 1991년 『사람아 아, 사람아!』를 통해 '개인주의자'로서의 자신을 깨달았다고 하겠다.

어릴 때 나는 '국민교육헌장'을 매일같이 읽었다. 전문을 한 번에 다 외웠다고 신동 취급을 받은 적도 있었다. 그 첫 마디는 이렇게 시작된다. "우리는 민족 중흥의 역사적 사명을 띠고 이 땅에 태어났다." 그럼, 장애를 가지고 태어나 사회의 보살핌을 평생 받아야 하는 사람들은 어떻게 하나? 민족의 중흥에 이바지 못하니 태어나지 말았어야 하나? 그리고 내가 태어나기 전에 이미 결정된 그 의무를 굳이 실행할 이유가 있나?

내게는 사회주의 사상이나 정부가 요구했던 국민교육헌장의 정신이나 모두 한가지로 보였다. 즉, 집단주의적 사상이다. 사회 구성원은 어떤 가치를 달성하는 데 모두 매진해야 하며, 이런 요구를 벗어나는 일은 '반역' 혹은 '불온'으로 치부된다. 그러나 앞서 부천서 성고문 사건이 보여 주듯, 한쪽 말만 듣는 사회가 얼마나 야만스러운지 우리는 잘 알고 있다. 만일 사회 구성원들이 마땅히 따라야 할 '가치'라는 게 어떤 일방의 편향적인 정보에 의해 결정된 것이라면?

사회는 그렇게 단순한 어떤 가치나 사상으로 판단되고, 또 사람을 구분할 만큼 쉬운 곳이 아니다. 대단히 중층적이며 복잡한 곳이다.

> 신문기사처럼 몇 문장으로 쉽게 설명하기 어려운 일이 참으로 많다. 그래서 흔히들 생각하는 것과 달리 냉정한 '팩트' 집합으로 보이는 신문기사보다 주관적 내면고백 덩어리로 보이는 문학이 실제 인간이 저지르는 일들을 더 잘 설명해줄 때가 많다. 작가는 최소한 자기 자신이라는 한 인간의 심층적 내면세계를 관찰해서 쓰기 때문이다. 물론, 좋은 작가일 경우의 이야기이지만 말이다.
>
> —『개인주의자 선언』, 155쪽

최근 『개인주의자 선언』을 읽으며 문유석 판사가 한 이 말에 전적으로 동의했다. 인간의 구체적인 그리고 복잡한 심층 세계는 어떤 개혁가(마오쩌둥 같은)의 말 한 마디로 설명될 수 없으며, 소설가의 생생한 서술적인 묘사를 통해서 더 잘 이해될 수 있다고 본다.

지금에 와서 돌이켜 보면, 대학 시절 사회주의 사상에 심취했던 것이 완전히 허공을 짚은 일은 아니었다는 생각이 든다. 왜냐하면 일체의 권위에 저항하고 의문을 던지는 습관을 가지게 되었으니까. 즉, 어떤 주장을 들으면 "다른 편의 의견은 어때?"라고 묻는 까칠한 태도를 지니게 되었고, 이는 이후에도 이야기하겠지만, 금융시장의 이코노미스트로 일하는 데 큰 도움을 준 요소라 할 수 있다.

chapter 4

경제학 바다에서 만난
또 하나의 질문

『당신이 경제학자라면』

1993년 봄 대학을 졸업했을 때 나에게는 크게 두 가지 대안이 존재했다. 하나는 사학과 대학원에 진학해서 오래전부터 가지고 있던 꿈, 즉 조선이 그 기나긴 세월 망하지 않고 버틸 수 있었던 이유에 대해 공부해 보는 것이었고, 다른 하나는 사회로 진출해서 먹고사는 문제를 해결하는 것이었다.

고민 끝에 내린 결론은 경제학과 대학원 진학이었다. 위의 두 가지 대안을 버무린 것이라고나 할까? 대학원에 진학함으로써 경제사를 공부할 수 있으며, 다른 한편으로는 경제학 학위를 딴 후에 호구지책을 상대적으로 쉽게 해결할 수 있을 테니 말이다.

이런 이유로 진학한 대학원 과정은 내 예상과 전혀 다른 결과를 안겨 주었다. 역사에 대한 관심으로 진학했다가 정작 경제학의 바다에 풍덩 빠져 버렸다. 특히 대학원 세미나 수업을 통해 접한 노동경제학의 고전이자 마이클 피오르의 1979년작 『떠돌이(Birds of Passage)』가 내게 큰 인상을 남겼다. 이 책은 제목이 시사하듯, 미국 노동시장에 존재하는 특유의 차별, 즉 백인 노동자들과 이주노동자들 사이에 존재하는 유무형의 차별을 다루고 있다.

이른바 '분단 노동시장'이라고 부르는 현상이다. 노동시장이 백인 및 고학력 위주의 1차 노동시장과 유색 인종 및 비숙련공 위주의 2차 노동시장으로 나뉘는, 다시 말해 백인들은 동일한 능력을 가지고 있더라도 높은 임금을 받는 반면, 흑인을 비롯한 유색 인종은 지속적으로 낮은 임금을 받는 상황을 의미한다. 이런 현상은 사람들이 합리적으로 기대하고 또 이성적으로 행동한다고 주장하는 이른바 신고전파 경제 이론으로 도저히 설명이 되지 않는다.

왜 시장에서 비합리적 차별이 지속되는가?

노벨경제학상 수상자 밀턴 프리드먼은 미국 메이저리그의 예를 들어 '인종 차별이 소멸될 수밖에 없다'고 주장한다. 그는 메이저리그에서 처음으로 흑인 선수를 경기에 내보냈던 LA 다저스의 사례를 즐겨 든다. 아무리 인종을 차별하기 좋아하는 사람이라 할지라도 야구 시합에서 '패배의 쓴잔'을 계속 맛보면 결국 피부색을 가리지 않고 재키 로빈슨처럼 뛰어난 선수를 경기에 기용하게 된다는 이야기다. 한마디로 말해 시장경제에 존재하는 강력한 경쟁의 압박은 인종차별을 일삼는 기업을 파산시키는 '징벌'을 가할 것이기에, 경제 내 차별은 오래 가지 못할 것이라는 주장이다.

그러나 프리드먼의 주장은 사실과 다르다. 세인트루이스 연방준비 은행이 최근 발표한 보고서에 따르면[2] 2013년 말 기준 부부가 모두 대졸자인 미국 가정의 중간소득은 백인이 9만 4,351달러로 가장 높았고, 아시아계 9만 2,931달러, 히스패닉계 6만 8,379달러, 흑인 5만 2,147달러 순이었다. 미국 근로자 연봉은 피부색이 좌우하고 있었다.

특히 아래 도표에 나타난 것처럼, 흑인 대졸자의 중간소득은 지난 20년간 오히려 감소했다. 1992년 흑인 대졸자의 중간소득은 5만 9,300달러였지만 2013년에는 7,000달러가량 줄어든 5만 2,147달러에 불과했다. 반면에 백인 대졸자들의 중간소득은 1992~2013년 18 퍼센트, 아시아계는 30.9퍼센트나 늘어났다.

이런 현상은 인종에 상관없이 능력 있는 인재를 구해 쓰고 또 그 인

〈도표 1〉 1992년과 2013년 사이 인종별 소득(중간값) 변화

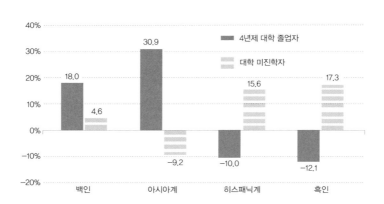

유쾌한 이코노미스트의 스마트한 경제 공부

재의 몸값이 싸다면 기업에 더 도움이 되는 일이라는 밀턴 프리드먼의 주장과 대조된다. 이야기야 그럴듯해 보이지만, 현실은 그렇지 않은 셈이다. 특히 사람들의 일시적인 '편견'이 문제였다면 시간이 흐름에 따라 해소되어야 하지만, 실제는 딴판이었다는 데 문제의 심각성이 있다.

미국 노동시장의 현실 그리고 이를 둘러싼 논쟁을 보면서, 나는 한국 내 외국인 노동자 문제에 주목하게 되었다. 대체 어떤 요인 때문에 우리는 그들에게 낮은 임금을 지불하며 또 여러 면에서 차별적인 대우를 하는가?

문제는 정보의 비대칭성

석사 과정을 밟으며 내가 찾은 답은 바로 '정보 비대칭'이었다. 정보 비대칭이란, 거래의 양측이 가진 정보가 동일하지 않은 상황을 일컫는다. 이런 상황을 잘 보여 주는 가장 대표적인 사례가 중고차 매매다. 중고차 시장에서는 출시한 지 1년도 안 된 새 차가 헐값에 팔리는 것을 쉽게 목격할 수 있다. 왜 중고차 시장에서는 자동차의 품질에 따라 가격이 적절하게 책정되지 않고 신차에 비해 급격한 가격 하락을 겪는가?

세계적인 석학 조지 애커로프는 1970년 이에 대해 매우 설득력 있는 답을 제시했다.[3] 다름이 아니라, 개인들로서는 어떤 중고차가 좋은지 혹은 나쁜지 도무지 알 방법이 없기 때문이라는 것이다. 예를 들어 잔고장도 없고 연비도 좋은 차를 몰고 다닌 사람 입장에서는 좋은 값에 차를 팔고 싶지만, 중고차를 매수하려는 사람은 그런 정보를 믿을 수 없기에 일단 가격을 '후려친다'.

이런 관행 때문에 사고도 없고 연비도 좋은 차를 가지고 있는 사람은 당연히 중고차 시장에 차를 내놓기보다 주변 지인에게 차를 팔 것이다. 상대방 역시 기꺼이 중고차 시장보다 높은 가격에 차를 인수하려 들 것이다. 지인에게 나쁜 차를 비싼 값에 팔 경우 주위 사람들에게 욕먹고 평판이 바닥에 떨어질 게 뻔한데 그런 위험을 무릅쓰면서 차를 팔 사람은 별로 없기 때문이다.

이 상황에서 최대 피해자는 좋은 차를 보유하고 있지만 주변에 차를 구입하려는 의사를 지닌 지인이 많지 않은 사람이다. 또 다른 피해자는 적정한 값에 괜찮은 중고차를 구입하려는 사람이다. 그는 좋은 차라면 얼마든지 높은 가격에 구입할 의사를 가지고 있지만, 중고차 시장에서는 정확한 상태를 알 수 없는 차를 싼 가격에 구입할 수밖에 없다.

이와 같은 중고차 시장의 문제를 해결할 방법은 무엇일까? 가장 쉬운 방법이 최근 몇몇 중고차 업체들이 도입한 '품질보증제'다. 예를 들어 차량 구입 이후 최소 6개월 이내의 기간에 발생하는 차량 고장에 대해 전액 실비로 보상하거나, 차를 다시 판매 가격에 구입해 주는 것이다.

그렇다면 이를 고용시장에도 적용해 구직자가 기업에게 자신이 뛰어난 인재임을 알릴 수도 있지 않을까? 그 대표적인 제도가 '인턴십'이다. 6개월 또는 1년 정도 함께 일한 후 채용하면, 그 직원이 정말 뛰어난 인재인지 아닌지를 걸러 낼 수 있다. 그러나 여기에도 한 가지 문제가 있는데, 바로 '무임승차'의 가능성이다. 일자리를 찾는 젊은이들을 인턴으로 고용해 짧게는 수개월 길게는 심지어 수년 간 뼈 빠지게 부려먹은 후 정식으로 고용하지 않는 등의 악덕 행위를 하는 기업을 만날 수 있다. 일본에서 유행했던 이른바 '블랙기업'들이 일삼는 이런 행태를 우려해 구직자가 애초에 인턴십을 기피하는 경향을 지니게 될 수도 있다.[4]

정보의 비대칭 문제를 해결하는 또 다른 방법이 바로 '비용을 들이는 신호'다. 이름이 조금 이상하지만, 실제 우리 삶에서 너무나 자주 목격되는 일들이다. 대표적으로, 마음에 드는 이성을 만났을 때 직접적으로 '마음에 든다!'고 말하기보다 좋은 음식점에서 맛난 음식을 사주는 게 더 효과적인 경우가 많다. 이성에게 '당신을 만나는 데 이 정도의 지출은 아무것도 아닙니다.'라는 뜻을 효과적으로 전달할 수 있기 때문이다.

노동시장에서는 교육에 대한 투자가 가장 대표적인 사례다. 예를 들어 명문대를 나온 학생은 부모로부터 뛰어난 머리를 물려받았을 뿐만 아니라 성실하게 공부했을 것으로 기대된다. 따라서 기업들은 명문대를 졸업한 성적 좋은 인재를 선호한다. 그리고 반대편 학생들의 입장에서도 마찬가지다. 머리가 좋지 않고 성실하지 않은 학생이 대학에 진학하는 것은 투자의 성과 측면에서 높은 수익을 기대하기 힘든 일일 것이다. 따라서 좋은 대학에 진학한 학생은 스스로 교육 투자의 성과가 뛰어난 사람이라는 '판단'을 내렸을 가능성이 높다.

문제는 이주노동자들에게 이 방식을 적용하기 어렵다는 점이다. 우리가 동남아시아 출신의 외국인 노동자를 채용할 때, 그가 명문 국립대를 나왔는지 혹은 초등학교도 제대로 나오지 못한 문맹자인지는 별로 중요하지 않다. 왜냐하면 우리가 그의 학력 수준 혹은 지적 수준을 검증할 방법이 없기 때문이다. 특히 인터넷도 없던 예전에는 무슨 수로 그의 학력 수준을 검증할 수 있겠는가?

이상과 같은 '정보 비대칭' 상황에서 최선의 대응은 중고차의 값을 후려치듯, 임금을 깎는 것이다. 그리고 이런 과정이 점점 진행되다 보면 한국에 오는 외국인 근로자들도 학력 좋은 사람보다는 그렇지 않은 사람들 위주로 구성될 가능성이 높다. 결국 지속적으로 '차별적인 임금' 시스템이 강화된다. 쉽게 이야기해 "외국인 근로자들은 무식해."라거나 "외국인들은 기술 습득에 시간이 오래 걸려." 같은 이야기들이 기업의 구인 담당자들 사이에서 상식처럼 퍼지게 되는 것이다.

이를 미국 노동시장에 적용해 보면, 흑인들이 지속적으로 저임금을 수령하는 이유를 알 수 있다. 1863년 미국 노예해방 선언 이후 흑인을 비롯한 유색인종에 대한 편견이 심하던 1965년 이전 상황을 생각해 보자. 마틴 루터 킹 목사를 비롯한 인권운동가들의 노력 덕분에 최소한의 평등이라도 확보되기 이전, 흑인들은 버스 좌석에서부터 학교까지 사회 전 영역에서 심한 차별을 받고 있었다. 이런 상황에서 제대로 교육이 이뤄질 리 없으며, 또 교육이 이뤄졌다 해도 그 성과를 누리기는 더욱 힘들었을 것이다. 결국 기업에게 흑인은 생산성이 낮은 (교육 수준이 낮은) 노동력으로 간주되었을 것이며, 또 흑인들 역시 교육에 대한 열의를 보이지 않음으로써 이런 편견을 더욱 강화시켰으리라 짐작된다.

1960년대 후반의 흑인 인권운동 결과로 민주당 존슨 대통령이 민권법을 통과시키고 미국의 대학들이 흑인을 비롯한 유색인종의 입학을 더 수월하게 만들었지만 이미 형성된 프레임은 크게 변화하지 않았던 셈이다. 1993년 이후 인종별 대학 진학자 수의 흐름을 보여 주

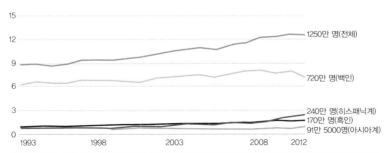

〈도표 2〉 인종별 대학 진학자(18~24세 대학 진학자 수, 1993~2012년)
　　　　출처: 퓨리서치, 미국 인구조사국의 연간 인구 서베이 데이터 가공

* 미국에서 18~24세 인구 중 대학 진학자 수는 1993년 860만 명에서 2012년 1250만 명으로 증가. 백인은 1993년
  620만 명에서 720만 명으로 소폭 증가, 히스패닉계는 72.8만 명에서 240만 명으로 3배 이상 급증, 흑인은 89.7만
  명에서 170만 명으로 1.8배 증가에 그침.

는 〈도표2〉를 보더라도, 흑인보다는 히스패닉계와 아시아계가 대학
진학자 수의 증가 흐름을 주도한 것을 알 수 있다.[5] 그리고 대학 진학
률의 급격한 증가를 주도했던 두 집단이 앞에서 보았듯 대졸자의 소
득 증가도 주도했던 것을 상기할 필요가 있다.

　결국 흑인들에게 미국 노동시장은 밀턴 프리드먼이 이야기했던 '메
이저리그'가 아닌 한국과 비슷한 이주노동자 시장이라고 볼 수 있다.
기업들이 정보 비대칭을 해결하기 위해 낮은 임금을 제시하고, 이에
맞춰 구직자들도 자신의 몸값을 올리려는 노력을 중단하는 악순환이
빚어지는 셈이다.

효과적인 선택 설계

이런 문제를 해결하기 위해서는 결국 정부의 역할이 중요해질 수밖에 없다. 기업과 가계, 그리고 학교가 모두 자신의 단기적인 이익을 극대화하기 위해 행동한 결과 발생한 문제를 해결하기 위해서는 정부가 나서지 않을 수 없기 때문이다. 이와 관련해 유명한 베스트셀러 『넛지』의 한 대목이 떠오른다.

『넛지』의 저자 리처드 탈러와 캐스 선스타인은 음식을 맘대로 골라서 먹을 수 있는 대학 식당 이야기를 들려준다. 식당 메뉴 오른편에 제일 먼저 위치한 음식이 그날 가장 잘 팔리는 메뉴가 된다는 것. 왜냐하면 일단 식당에 들어온 학생들은 배가 고픈 상태인 데다, 오른손잡이가 월등하게 많기 때문에 제일 오른편 앞에 위치한 메뉴가 뭐든 가장 잘 팔린다는 이야기다. 그리고 사람들이 앞의 학생이 고른 메뉴를 편하게 따르는 경향이 있다는 것도 이런 현상을 부추긴다.

이런 현상을 역으로 이용하면 긍정적인 방향으로 '넛지'를 가할 수 있다. 넛지(nudge)는 어떤 선택을 금지하거나 그들의 경제적 인센티브를 크게 변화시키지 않고 사람들을 예상 가능한 방향으로 변화시키는 것이다. 다시 말해 대중들이 적극적인 의사 판단 없이 자동 모드(auto mode)로 행동할 때 선택 설계자의 의도대로 움직이는 상황을 의미한다.

즉, 흑인을 비롯한 유색인종에게 가해지는 유무형의 차별을 극복하고 진정한 기회의 균등을 부여하기 위해서는 효과적인 선택 설계, 즉 넛지가 필요하다는 이야기다. 물론 매우 어려운 일이지만, 현재 상태로 내버려두는 것은 흑인 등 유색인종에 대한 차별이 더욱 심화되고 더 나아가 사회 불안정성을 심화할 가능성이 높다는 점에서 반드시 고려되어야 할 미국의 최대 현안 중 하나가 아닐까 싶다.

팀 하포드의 효율임금 가설

지금까지의 이야기 진행만 보면 이 대목에서 마이클 피오르나 조지 애커로프의 책을 추천해야 하지만, 안타깝게도 소개하고 싶은 이들 저자의 책이 한국에 번역되어 있지 않아 대신 오늘 주제와 연관을 맺고 있는 흥미로운 책『당신이 경제학자라면』을 추천한다.

이 책의 저자 팀 하포드는『경제학 콘서트』시리즈를 통해 일약 세계적인 베스트셀러 작가로 떠올랐으며, 어려운 경제 이론을 쉬운 말로 전달하는 데 탁월한 강점을 지니고 있다. 특히 그의 2014년 최신작『당신이 경제학자라면』은 노동시장에 존재하는 차별이 어떻게 지속되는지 그 유래를 포드 자동차 사례를 통해 쉽게 설명한다.

> 질문: 어째서 불필요한 임금 인상이 비용을 절감할 수 있다는 거죠?
> 답: 그 답은 포드사의 이직률에 있습니다. 일당 5달러의 정책을 도입하기 전 해인 1913년, 포드 공장에는 5만 명 이상의 노동자가 필요했지만 고용된 사람은 1만 3,500명에 불과했습니다. 수만 명의 사람들이 회사를 그만두는 통에 이를 대체해야 했던 겁니다. 노동자의 평균 근속 기간은 3개월밖에 되지 않았습니다. (…) 근원적인 문제는 포드사의 노동자들이 일에서 느끼는 불행감이 크다는 사실이었습니다. 시간은 길고 작업은 지루했으며 임금은 형편없었습니다. 그래서 노동자

들은 게으름을 피우거나 무단결근을 하고, 작업 현장에서 관리자와 말다툼을 벌이기도 하며 심지어 생산라인을 고의로 방해하는 행위까지 했습니다. (…) 포드가 '높은 임금' 정책을 채택한 후 세 가지 효과가 나타났습니다.

첫 번째, 생활수준이 나아진 노동자들이 안정된 가정생활을 영위하고 가족을 잘 먹일 수 있게 되었습니다. (…) 두 번째, 노동자들은 포드사에 감사함과 의무감을 느끼는 듯했습니다. 따라서 자동차 만드는 일에 훨씬 더 적극적으로 임했습니다. 세 번째, 포드의 일당 5달러 정책은 노동자들에게 갑자기 잃을 것이 많이 생겼음을 의미했습니다. (…) 따라서 노동자들에게는 열심히 일하고 지시를 따라야 할 이유가 충분했습니다. (…) 그리고 진짜 성공은 노동생산성의 극적인 향상에서 나타났습니다. 포드는 노동자들에게 높은 임금을 지급했지만, 훨씬 더 많은 것을 얻었습니다.

—207~209쪽

멋진 스토리이지만 한 가지 의문이 떠오를 것이다. 포드 공장에 취업하지 못한 사람들은 어떻게 될까? 그 답은 바로 '구조적 실업'이다.

질문: 잘되었네요. 하지만 이 이야기와 포드가 '실업을 발명했다'는 이야기와 무슨 상관이 있나요?

답: 포드가 일당 5달러 정책을 시행하는 순간, 포드의 노동자들은 더 이상 일자리를 쉽게 옮길 수 있는 시장, 즉 고전학파의 교과서에 나오는 [가격 기능이] 완전한 노동시장에 있지 않았습니다. 대신에 포드의 노동자들은 심하게 불완전한 노동시장의 운 좋은 쪽에 있었습니다.

(…) 하지만 효율임금은 수요와 공급이 균형을 이루는 수준보다 높기 때문에 문제가 됩니다. (…) 즉 상업적인 논리를 고려할 때, 정확히 효율임금은 더 많은 구직자와 더 적은 일자리를 의미하게 됩니다.

—209~211쪽

즉, 운 좋게 포드 공장에 취직한 사람은 1차 노동시장의 일원으로 멋진 인생을 보낼 가능성이 높아지지만 이런 일자리가 시장에 많이 있을 리가 없다. 따라서 '포드 때문에 눈높이가 올라간' 근로자들은 포드 혹은 그에 준하는 임금과 안정성을 제공하는 직장에 들어가기 위해 기꺼이 더 많은 시간을 들여서 직장을 찾으려 노력할 것이다. 그리고 이런 선택을 한 사람 중에서 운 좋은 일부를 제외한 대부분의 사람은 실업자 혹은 2차 노동시장의 일원으로 살아야 한다.

앞에서 이주노동자들에게 제시되는 일자리가 2차 노동시장의 저임금 직무밖에 없는 이유를 '정보 비대칭'에서 찾았다면, 팀 하포드는 효율임금에서 찾는 셈이다. 참고로 효율임금에 대해 조금 더 설명하자면, 포드사가 제공했던 일당 5달러짜리 일자리처럼 고임금의 일자리를 제공받은 근로자들은 더 높은 생산성을 발휘함으로써 고임금을 '효율적인 임금'으로 바꿔 버린다. 즉, 근로자의 생산성만큼 임금이 지급된다는 경제학의 일반적인 이론과 반대로, 받은 임금 만큼 근로자들이 생산성을 발휘한다는 주장이라 할 수 있다. 포드 자동차의 사례처럼, 인간의 적극적인 의지만큼 중요한 생산성 결정 요인이 없기에 이 주장은 어느 정도 설득력을 지니는 게 사실이다.

그러나 효율임금 가설이 항상 들어맞는 것은 아니라는 점은 알아 둘 필요가 있다. 당장 한국의 자동차 업종 근로자들은 대단히 높은 임

금을 받고 있음에도 불구하고, 해외 공장의 저임금 근로자들에 비해
월등히 낮은 생산성을 기록하고 있는 게 대표적인 반증이 될 것이다.[6]
한국 자동차 업종 근로자들의 행태에 대해 이야기하려면 책 한 권으
로도 모자라니, 이 정도에서 마무리하자.

대중들이 쉽게 읽을 수 있는, 그리고 제대로 된 경제 경영 서적이
부족한 한국 출판계의 사정을 감안할 때 팀 하포드의 책은 매우 귀한
선물이다.

chapter 5

한국이 일본처럼 된다고?

『대침체의 교훈』

1993년 말 아버지가 돌아가신 후 모 경제연구소에서 일하기 시작했다. 아직 대학원을 마치기 전이라 결과적으로는 사학과 졸업 학력밖에 없는 내가 경제연구소 연구원이 될 수 있었던 이유는 단 하나, 당시 우리나라 경제가 역사상 최고의 호황을 누리고 있었기 때문이다.

연구원 면접을 보러 갔을 때 내가 받은 질문은 "컴퓨터는 좀 할 줄 아나?"가 전부였고 "예, 할 줄 압니다."라고 대답하는 순간 이미 합격이 확정되었다. 물론 출근한 다음부터는 꽤 힘든 나날이 이어졌지만, 사실상 집안의 가장이 된 나는 그 이상의 어려움이 닥쳐도 다 해낼 기세였다. 시키면 제일 먼저 일을 해내고, 또 제대로 해내지 못하면 배워서라도 다시 해내려는 자세를 지니고 있었으니, 이런 태도를 지닌 신입 직원을 미워할 상사는 세상에 거의 존재하지 않는다.

연구소에 입사해서 가장 열심히 분석했던 대상은 바로 일본 경제였다. 당시 일본 경제는 4년째 심각한 불황의 늪에 빠져 있었고 더 나아가 한국 경제가 1960년대 이후 일본과 비슷한 형태로 발전하고 있었기에, 일본의 현재 모습이 곧 한국의 미래 모습이라고 생각하는 사람이 많았기 때문이다. 당시 가장 인기를 끌었던 분석 틀은 바로 '복합 불황'이었다.

복합 불황이란 간단히 말해 금융과 실물 부문이 동시다발적인 불황에 처해 있어서 경기 불황이 장기화된다는 이야기다. 그렇지만 이는 "경제가 성장해야 위기에서 탈출할 수 있다."라는 주장과 별반 다를 게 없다. 중요한 것은 일본이 어떻게 하다 이런 심각한 불황에 빠져들었고, 또 계속되는 경기부양 노력에도 불구하고 왜 경제가 회복되지 않느냐였다.

1996년 연구소를 떠나 증권사로 자리를 옮긴 다음에도 이 고민은 풀리지 않았고, 어쩌면 나에게 가장 중요한 숙제 역할을 했다. 그러던 중 읽은 『대침체의 교훈』은 나에게 아주 큰 감동을 주었다. 이 책의 저자 리처드 쿠는 1989년 일본 버블 붕괴와 1929년 미국 대공황을 다양한 측면에서 비교함으로써 일본 경제가 장기 불황을 겪고 있는 원인을 설명한다.

어떻게 마이너스 성장을 피했나

간단하게 1989년 일본과 1929년 미국의 유사성을 살펴보자. 가장 큰 공통점은 주식과 부동산 시장에 거품이 형성되었고, 이 거품이 중앙은행의 금리 인상을 계기로 붕괴되었다는 점이다. 특히 가계와 기업이 돈을 빌려 자산을 매입했기 때문에, 대출이 부실화되는 과정에서 금융기관이 엄청난 손실을 입어 연쇄적으로 격렬한 신용 경색 현상이 전개되었다는 게 가장 유사한 부분이다. 기업과 가계가 부채를 축소하기 위해 노력하는 과정에서 투자와 소비가 줄어듦으로써 경제 전반에 디플레이션 압력이 높아진 것도 공통점이라 하겠다.

리처드 쿠가 『대침체의 교훈』을 통해 기여한 부분은 두 나라의 공통점보다는 차이점을 부각시킨 데 있다. 주목할 만한 사실은 〈도표3〉에 나타난 것처럼, 1989년 이후 일본 경제가 1930년대 미국과 달리 만성적인 마이너스 성장의 늪에 빠져들지 않았다는 것이다. 그렇다면 일본은 어떻게 대공황의 늪에서 탈출할 수 있었을까?

리처드 쿠는 그 이유를 재정 정책의 차이에서 찾는다. 여기서 잠깐 기업과 가계가 부채를 급격히 축소할 때 디플레이션 압력이 높아지는

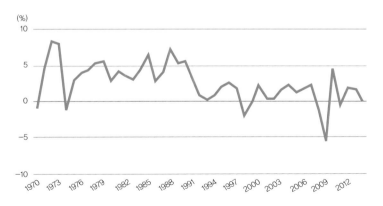

〈도표 3〉 1970년 이후 일본의 실질 경제성장률 추이
출처: theGlobalEconomy.com

1부 이 책들이 나를 만들었다

이유를 살펴보자. 기업이나 가계가 주식이나 부동산 등의 자산을 매입하는 과정에서 빚을 많이 낸 경우, 자산 가격의 폭락은 곧바로 가계와 기업의 대차대조표를 훼손시킨다. 간단하게 말해, 보유한 자산의 가치가 급격히 줄어들면서 급격히 부채 비율이 상승하는 것이다.

〈도표4〉는 가계와 기업이 보유한 토지와 주식의 가치가 얼마나 떨어졌는지를 보여 주는데, 1989년 이후 일본인의 자산 1,500조 엔(한화 1경 5000조 원＝한국 GDP의 13배 전후)이 허공으로 사라진 것을 알 수 있다. 예를 들어, 5억짜리 집에 살다 하루아침에 가격이 폭락해 2억짜리 집에 살게 된 가정이 예전처럼 소비를 할 수 있을까? 더 나아가 그 집을 구입할 때 주택담보 대출을 3억 받았다면? 아마 밤에 잠도 오지 않을 것이다. 가계야 계속 돈을 벌어 갚아 나간다고 쳐도, 기업이 이런 지경에 빠지면 어떻게 될까?

〈도표 4〉 자산 가격 하락이 1500조 엔의 부를 소멸시켰다
출처: 노무라종합연구소, 「국민 계정 연간 보고서」, 『대침체의 교훈』에서 재인용.

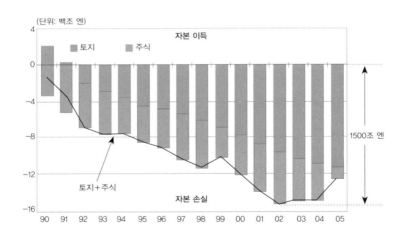

유쾌한 이코노미스트의 스마트한 경제 공부

제일 먼저 신용 평가 회사들이 신용 등급을 강등할 것이며, 더 나아가 은행을 비롯한 금융기관들이 서둘러 대출을 상환하라고 요구할 것이다. 물론 일부 기업은 이런 요구에 응할 수 있겠지만, 대부분의 기업은 대출을 상환하지 못하면서 연쇄 도산이 발생할 수밖에 없다. 이처럼 일본 금융기관도 부실화되어 기업과 가계에 대한 추가적인 대출이 사실상 불가능한 지경이 되었다.

보유한 자산의 가치가 하락하는 가운데, 금융기관이 빚을 갚으라고 독촉하는 상황이 찾아오자 일본 기업과 가계는 동일한 행동을 했다. 즉, 지출을 줄이는 한편 열심히 빚을 갚았던 것이다. 그러나 아무도 소비를 안 하고 저축만 늘리면 경제가 제대로 돌아갈 리 없다. 경제성장이 마이너스를 기록하고, 다시 가계와 기업의 소득은 더욱 줄어드는 악순환이 발생했다.

〈도표5〉가 이 같은 일본의 상황을 잘 보여 준다. 1998년 7월 말 일본 시중 은행의 전체 자산은 761조 엔(1998년 명목 GDP 489조 엔)이며 민간 부문의 신용(대출)은 592.1조 엔을 차지하고 있었다. 그러나 가계와 기업이 빚을 갚는 데 열중한 결과, 2006년 7월 은행의 총자산은 799조 엔(2006년 명목 GDP 548조 엔)으로 비슷했지만, 민간 부문의 신용은 493조 엔으로 급감했다. 즉 8년 전에 비해 무려 99조 엔(원화 기준 1000조 원)이나 줄어든 셈이다.

이럴 때 항상 나오는 이야기가 '빚이 줄어들면 좋은 것 아니냐?'인데, 누군가에게 부채는 다른 누군가에게는 자산이라는 점을 잊어서는 안 된다. 경제가 제대로 돌아가려면 적당한 수준의 부채가 필요하며, 특히 기업들의 투자를 위해서는 부채가 반드시 필요하다. 기업의 투자가 줄면 고용도 함께 줄어들고, 경제 전체의 소비마저 둔화된다는 사실을 꼭 기억하자.

이 같은 상황을 그냥 내버려 뒀다면 일본 경제는 1929년 미국 꼴이 났을 것이다. 그러나 일본 자민당 정부는 1929년 미국 후버 대통령과 다른 정책을 펼쳤다. 1998년 7월 공공 부문의 신용(대출)은 133조 엔이었는데, 2006년 7월에는 2배 이상 늘어난 266조 엔으로 팽창했다. 다시 말해, 정부가 시중 은행에 가서 돈을 133조 엔 이상 더 빌려서 이를 토목 건설과 각종 복지 사업에 투입했던 것이다. 물론 일본 정부는 어마어마한 부채를 짊어지게 되었지만, 대신 1929년 같은 극심한 불황을 억제했다는 점에서는 인정할 부분이 있다고 본다.

리처드 쿠의 주장은 2008년 글로벌 금융 위기에서 큰 효과를 발휘

〈도표 5〉 일본은행의 대차대조표
　　　　　출처: 『대침체의 교훈』

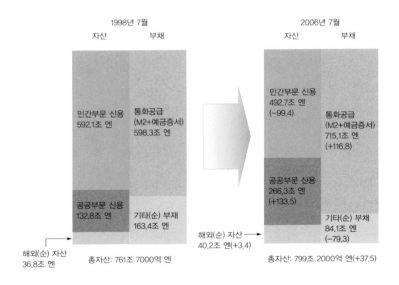

유쾌한 이코노미스트의 스마트한 경제 공부

했다. 1929년 아니 그 이상의 파국으로 이어질 뻔했던 대불황이 적어도 미국이나 중국 같은 세계의 주요국에서는 이제 거의 끝난 것으로 보이기 때문이다. 2009년부터 적극적으로 시행된 재정지출, 그리고 2008년 위기 발생 직후부터 단행된 금리 인하가 대공황급 위기로의 파급을 막아 내는 데 결정적 역할을 담당했음에 대해서는 이견이 없는 듯하다.

chapter 6

초보 이코노미스트의
빗나간 예측

『금융 공황과 외환 위기, 1870-2000』

경제학과 대학원을 마쳤을 때 내 앞에는 다시 두 가지 선택지가 놓였다. 하나는 해외로 유학 가서 공부를 계속하는 것이었고, 다른 하나는 금융계로 진출해서 소위 '이코노미스트'로서의 길을 걷는 것이었다.

유학과 국내 금융권 취직이라는 두 개의 선택은 일장일단이 있었다. 해외 유학은 당장 비용이 많이 들고, 박사 학위를 받지 못할 위험이 상당히(70퍼센트 이상) 높다는 문제가 있었다. 대신 학위를 취득할 경우 학계와 연구소 모두 취직하기 용이하며 이후 직업 안정성도 높다는 이점이 있다. 한 마디로 '하이 리스크, 하이 리턴'의 선택이었다.

반면, 국내 금융계 취업은 바로 소득을 올릴 수 있을 뿐만 아니라 박사 과정에 투입되는 시간만큼 커리어를 쌓을 수 있다는 장점이 있다. 대신 직업 안정성이 떨어지며, 특히 50대에 접어들면 임원 자리에 오르는 데 성공한 극소수를 제외하고는 실업자의 길에 들어선다는 약점이 있다.

긴 시간 고민한 끝에 국내 금융계에 취직하기로 결정했다. 아버지가 돌아가시고 실질적 가장 역할을 해야 하는 데다, 동생들이 아직 대학생 신분이라는 게 가장 크게 작용했다. 물론 해외 유학에 대한 확신이 부족했던 것도 상당한 영향을 미쳤던 것 같다. 확실하게 이야기하지 못하는 이유는 과거의 기억이 세월이 흘러감에 따라 상당 부분 소실될 뿐만 아니라 윤색되는 경향을 지니기 때문이다.

여러 심리학 연구 성과를 접하노라면, 인간이 가진 기억력의 취약함에 새삼 놀란다. 태어나 한 번도 가본 적 없는 곳에 대해 '추억'을 가지는 일도 빈번하며, 심지어는 참전하지도 않은 전쟁에서 살인을 저질렀다고 생각하며 회고록을 발표하는 사례도 목격된 바 있다. 따라서 나 역시 과거 기억에 대해 어슴푸레한 대강의 형상만 가지고 있을 뿐, 그게 확고부동한 진실인지에 대해서는 자신하지 못한다.

그렇지만 1990년대 후반에 읽은 『금융 공황과 외환 위기, 1870-2000』에 대한 기억은 너무나 선명하다. 왜냐하면 증권회사에서 현직 이코노미스트로 일할 때 금융 위기를 겪었기 때문이다.

경기 낙관하며 증권사 입사

1996년 5월에 모 증권사에 입사했다. 이코노미스트란 무엇보다 한국 경제의 주요 지표(경제성장률, 물가상승률 등)를 전망하고 이를 토대로 중요한 금융 변수(환율, 금리 등)를 예측하는 일을 한다. 그러나 여기서 한

가지 고백하건대, 나는 경제를 예측하는 데 대단히 부정확한 편이다. 여러 금융기관 중에서 증권사 입사를 결정한 이유도 '경기에 대한 낙관론' 때문이었다. 당시 내가 가지고 있던 경제 모형에서는 1996년 봄에 경기 침체가 마무리되고 본격적인 경기회복이 시작되는 것으로 나타났던 것이다. 역사적으로 볼 때, 당시 경기선행지수의 하락은 과다했으며 곧 경기회복이 시작될 가능성이 높다는 게 당시 나의 생각이었다. 그리고 증권사에 입사한 후, 이 전망이 실제로 맞아떨어지는 것처럼 보였다. 1996년 하반기부터 경기선행지수의 반등이 나타났고 또 주식시장도 강세를 보였으니 말이다.

그러나 일시적 현상에 불과했다. 1997년 초부터 두 가지의 아주 심각한 위기 징후가 나타났다. 하나는 정부의 통화 공급 확대 정책에도 불구하고 회사채 금리가 상승한 것이다. 1996년 4월 10.96퍼센트까지 떨어졌던 AA- 등급 회사채 금리는 이후 상승세로 돌아서, 1997년 3월에 12.69퍼센트까지 급등했다. 이렇게 회사채 금리가 상승한 것

〈도표 6〉 1996년 이후 한국 경기선행지수 추이
출처: 통계청

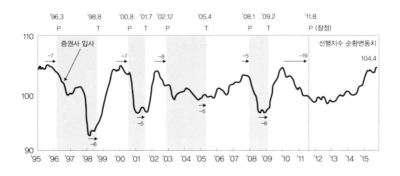

유쾌한 이코노미스트의 스마트한 경제 공부

은 한양과 한보 등 일부 건설사의 부실에서 더 나아가 기아자동차 같은 핵심 제조업체의 부도 가능성이 높아지면서 채권 투자자들이 점점 더 자금을 회수하기 시작했음을 뜻한다.

당시 나타난 두 번째 위기 징후는 대규모 경상수지 적자였다. 1995년 4분기(10~12월)에는 2.8억 달러 적자에 그쳤지만, 1996년 4분기 63.4억 달러, 1997년 1분기에 75.5억 달러로 경상수지 적자 규모가 눈덩이처럼 불어났다.

당시 우리나라는 고정환율제도를 운용하고 있었기 때문에, 대규모 경상수지 적자는 매우 중요한 신호였다. 고정환율제도란 미국 달러화를 비롯한 주요 통화에 대한 교환 비율(환율)을 고정시키는 제도다. 예를 들어 1달러에 대해 800원으로 교환 비율을 결정하면, 이 교환 비율을 꾸준히 유지하는 것이다. 그런데 문제는 이런 환율하에서 대규모 경상수지 적자가 발생했을 때이다. 이는 상품이나 서비스를 수출하고 받은 대금보다 수입으로 나간 돈이 더 크다는 뜻이니, 다시 말해 한국이 당장 환율 수준에서 경쟁력을 상실했음을 의미한다. 물론 정부가 환율 수준을 유지하기 위해 외환 보유고를 헐어 외환시장에 개입하고 있었지만, 외환 보유고가 고갈되는 날에는 외환시장에 '달러를 사자'는 주문만 넘쳐흐르는 위기 상황이 등장한다.

내가 뭘 놓치고 있었지?

나는 1997년 봄까지 경상수지가 얼마나 중요한 지표인지 잘 모르고 있었다. 그렇기에 경기회복이 지연되는 정도로만 생각하다, 1997년

7월 태국에 이어 10월 홍콩까지 외환시장의 불안이 전염되고서야 급히 외환 위기의 위험을 경고하는 등 뒷북을 치게 된다.[7]

물론 이때 쓴 보고서 덕분에 일거에 인지도를 올리고, 또 외환 위기 충격이 완화된 1999년에는 오히려 급격한 연봉 인상을 경험했으니 '전화위복'으로 작용한 게 사실이다. 그러나 외환 위기가 다가오고 있는데도 이를 인지하지 못했고, 또 IMF 구제금융을 받기 며칠 전에야 외환 위기 관련 보고서를 쓰는 등 이코노미스트로의 능력이 턱없이 부족하다는 자괴감은 쉽게 사라지지 않았다.

그러던 중 발견한 책이 영남대 경제학과 차명수 교수의 『금융 공황과 외환 위기』였다. 어쩌면 앞에서 언급한 피오르의 책보다 더 큰 영향을 준, '인생 책'이라고 부를 정도의 가치를 지닌다. 특히 다음 대목을 읽었을 때에는 너무나 큰 충격을 받았다.

> [한국처럼] 외국과 무역을 하고 자유롭게 자본을 수출하거나 수입하고 있는 나라가 있다고 하자. 그러나 노동력 이동은 일어나지 않고 세계 경제에서 이 나라가 차지하는 비중은 매우 작다고 하자. (…) 어느 날 이 소규모 개방 경제의 수출이 급격히 감소했다. 이 나라의 주요 수출 시장에서 경기가 악화되어 이 나라 상품에 대한 수요가 줄어든 것이다. 총수요 감소는 고용과 산출[GDP] 감소를 가져오고 이에 따른 화폐 수요 감소로 금리가 세계 시장 금리 아래로 떨어지며 이는 자본 유출을 초래한다. 경상 수지 악화와 자본 수지 악화는 (흉년이 발생했을 때처럼) 외환 공급 곡선이 그림1-1에서처럼 이동하는 것으로 나타난다 [즉, 외환 공급이 크게 줄어든다]. 균형 환율은 상승할 것이다[통화가치 하락]. 평가 절하를 막고 종전의 환율을 유지하려면(즉 고정 환율을 유지하

려면) 이 나라 통화 당국은 보유하고 있는 외환을 시장에 내다 팔고 자국 통화를 거두어 들여야 한다. 그 결과 통화 공급이 감소하면 총수요가 더욱 감소하므로 산출이 더욱 감소하고 실업이 더욱 늘어난다.

반면 통화 당국이 통화 가치 하락을 내버려 둔다면(즉 환율 변동을 허용한다면) 이 나라 상품의 가격 경쟁력이 강화되어 수입이 감소하고 수출 수요가 증가한다. 또 통화 당국이 고정 환율 유지를 위해서 통화 공급을 감소시키지 않아도 되므로 수출 수요 감소에도 불구하고 총수요는 감소하지 않고 국내 경기도 위축되지 않는다.

—24~25쪽

이 짧은 분석만으로도 내가 무엇을 모르고 있었는지를 정확하게 파악할 수 있었다. 한국이 고정환율제도를 유지하려는 의지를 1997년 7월 태국 외환 위기 이전에, 아니 10월 홍콩 외환 위기 이전에만 버렸더라도 그토록 끔찍한 외환 위기를 겪지 않았을 것이라는 사실을 말이다.

고정환율제도와 외환 위기

이 같은 고정환율제도의 특성을 가장 잘 보여 주는 사례가 2014년 8월 이후의 러시아 경제다. 수출의 대부분이 원유와 천연가스로 구성되어 있는 러시아 경제는 국제 유가가 하락할 때 큰 충격을 받는다. 그러나 2014년 8월 이후 국제 유가가 배럴당 120달러에서 30달러 중반까지 급락했지만, 달러에 대한 루블화의 교환 비율이 33에서 70까지 급등하면서 루블화로 환산한 원유 수출 대금은 큰 변화가 없는 상황이다. 오히려 최근에는 러시아 무역수지가 꾸준히 흑자 기조를 유지하는 것을 발견할 수 있다.

그렇다면 과거 1998년에 러시아는 왜 모라토리엄(외채 상환 중단)까지 선언하게 되었던 걸까? 당시 러시아가 고정환율제도를 채택하고 있었던 것이 가장 직접적인 원인으로 작용했다. 환율이 고정되어 있었기 때문에 유가 하락은 곧바로 러시아의 재정수지를 악화시키고 또 대규모 경상수지 적자를 유발했다. 특히 이를 파악한 외국인 투자자들이 러시아 루블화 자산을 매각하기 시작했을 때 외환 당국이 환율을 유지하기 위해 개입함으로써 외환 보유고를 고갈시킨 데다 국내의 통화 공급이 급격히 줄어들었다. 결국 얼마 견디지 못하고 러시아 정부는 '모라토리엄'을 선언함으로써 세계적인 금융 위기의 방아쇠를 당기고 말았다.

물론, 고정환율제도가 최악의 제도라는 이야기를 하려는 것은 아니

〈도표 7〉 지난 5년간 달러-루블 환율 추이
출처: Yahoo! Finance

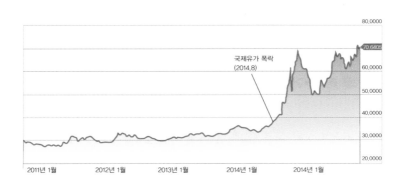

유쾌한 이코노미스트의 스마트한 경제 공부

다. 고정환율제도는 자본시장이 발달되지 않은 개발도상국 경제에는 긍정적인 면을 많이 가지고 있다. 그러나 앞에서 본 것처럼, 대규모 경상수지 적자가 발생하는 등의 위기 상황이 펼쳐질 때에는 외환 위기를 유발할 위험을 내포하기 때문에 고정환율제도를 포기하는 나라가 점점 늘어나는 추세다.

아시아만 하더라도 고정환율제도를 유지하는 나라는 사우디아라비아와 홍콩, 싱가포르 등 극히 일부에 불과한 형편이다. 물론 홍콩과 싱가포르는 국제적인 '금융 센터'로서의 지위를 유지하기 위해 어쩔 수 없이 고정환율제도를 유지하고 있지만, 사우디아라비아의 경우 최근의 국제 유가 급락으로 인한 충격을 상쇄하기 위한 환율 제도의 변경 가능성을 완전히 배제하기 어렵다.

chapter 7

왜 금리를 내리면
경제가 회복될까

『불황의 경제학』

외환 위기 이후 우리 경제는 엉망진창이었다. 금리가 20퍼센트를 넘어갔고, 종합주가지수(KOSPI)는 300포인트 선이 무너지는 등 심각한 불황이 지속되었다. 특히 주식시장이 침체되면서 업계 4위의 대형 증권사 동서증권이 문을 닫는 등 금융기관 파산에 대한 공포가 시장을 엄습했다. 1998년 수많은 증권사 직원들이 해고의 공포에 떨고 있을 때 나는 상대적으로 자유로운 입장이었다. 일단 나이가 젊어 임금이 낮은 데다, 또 인터넷이나 엑셀 등을 잘 다뤄 이른바 '정보통신 혁명'의 수혜를 입을 수 있었다.

그렇지만 당장 먹고 사는 걱정을 덜었을 뿐 미래에 대한 희망 따위는 꿈도 꿀 수 없는 시절이었다. 한국에 이어 러시아와 브라질이 차례로 외환 위기를 겪으면서 개도국에서 외국인 자금이 썰물처럼 빠져나가고 있었기 때문이다. 특히 세계적인 헤지펀드 '롱텀 캐피털 매니지 먼트'가 러시아에서 입은 대규모 손실을 만회하지 못하고 파산한 일은 미국 등 선진국 경제마저 붕괴될 수 있다는 공포를 자극했다.

연준이 움직이자 세상이 바뀌었다

그런데 순간 세상이 바뀌었다. 미국 중앙은행인 연방준비제도이사회 (이하 연준)가 금리를 연이어 세 차례 인하하자마자, 금융시장 추세가 바뀌기 시작했다. 먼저 주식 가격이 반등하기 시작했고, 곧이어 경제 지표들이 속속 좋아지기 시작했다. 제조업부터 건설업에 이르는 다양한 산업의 지표가 일제히 돌아서는 것을 보는 것은 대단히 놀라운 경험이었다.

〈도표8〉은 이런 관계를 보여 주는데, 통화 공급이 늘어난 이후 제조업의 체감 경기가 개선되는 것을 발견할 수 있다. 특히 러시아가 모라토리엄을 선언했던 1998년을 전후한 통화 공급 움직임이 아주 격렬한 것에 주목할 필요가 있다. 롱텀 캐피털 매니지먼트의 파산을 전후해 통화 공급이 급격히 감소하지만, 연준의 금리 인하가 단행된 이후 급격히 통화 공급이 늘어나는 것을 볼 수 있다.

미국 연준이 얼마나 무서운 존재인지를 깨닫는 동시에 대체 어떤 이유로 금리를 인하하는 등 통화 정책을 변경하는 것만으로 경제의 방향이 순식간에 달라지는지를 고민하게 되었다. 이런 고민을 해소하는 데 도움을 준 책이 바로 폴 크루그먼의 명작 『불황의 경제학』이었다. 1998년 처음 출간되었을 때 미국에 출장 갔던 상사가 구입해 온

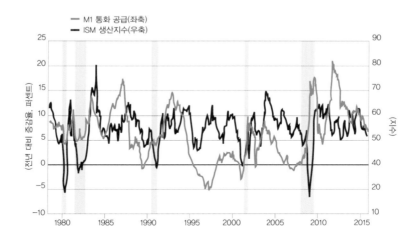

〈도표 8〉 미국 통화(M1) 공급 증가율과 공급관리자협회(ISM) 생산지수 추이
출처: 미국 세인트루이스 연준

것을 숨도 쉬지 않고 읽었던 기억이 생생하다. 얼마나 감명 깊었는지 번역서가 나오기도 전에 직접 번역해서 공부할 정도였다. 『불황의 경제학』에서 가장 인상적인 부분을 인용하면, 다음과 같다(참고로 필자의 번역이니, 다소 투박한 것은 이해해 주기 바란다).

다음 이야기는 조앤과 리처드 스위니 부부가 1978년 「통화이론과 그 레이트 캐피톨힐 베이비시팅 협동조합의 위기」라는 제목으로 발표한 논문을 요약한 것이다.

스위니 씨 가족은 1970년대에 미국 국회의사당(캐피톨힐)에서 일하고 있었고, 이때 150명의 비슷한 나이대 부부들이 베이비시팅 조합(육아 조합)을 결성했다. 이 육아조합은 다른 품앗이 조직들과 마찬가지로 쿠폰을 발행했다. 쿠폰 한 장으로 한 시간 아이를 맡길 수 있었으며,

유쾌한 이코노미스트의 스마트한 경제 공부

대신 아이를 돌보는 부부는 아이를 맡기는 부부로부터 시간만큼 쿠폰을 수령했다.

그런데 문제가 생겼다. 이런 시스템이 성공적으로 운영되기 위해서는 상당량의 쿠폰이 유통되어야 하는데, 부부들은 서로 앞다퉈 쿠폰을 모으려고만 할 뿐 쓰지 않았다. 결국 불황이 왔다. 모두 쿠폰을 모으기만 할 뿐 쓰지 않으니 육아조합 활동은 점점 쇠퇴했고, 결국 육아조합에서 탈퇴하려는 사람들이 늘어나기 시작했다.

육아조합이 쇠퇴하고 활동 정지 상태에 들어간 이유는 간단하다. 부부들이 아이를 잘 못 보는 데 있는 게 아니라, '유효수요'가 부족했을 따름이다. 모으는 데에만 신경 쓰고 소비하지 않았기 때문에 전체 활동이 둔화된 것이다.

해결책은 무엇이 있을까? 육아조합 관리위원회는 매우 단순한 답을 내놓았다. 쿠폰을 늘리는 것이었다. 어떻게 쿠폰을 늘리냐고? 간단하다. 몇 달 지나도록 쿠폰을 쓰지 않으면 쿠폰으로 아이를 맡길 수 있는 시간을 줄이는 것이다. 예를 들어 쿠폰 수령 후 2달이 지나면 1장으로 30분밖에 아기를 맡기지 못하는 식으로 조정한다.

즉 인플레이션을 일으켜 쿠폰의 저축을 막고 소비를 장려한 것이다. 이 정책은 엄청난 효과를 가져왔다. 쿠폰을 보유하는 게 오히려 가치를 떨어뜨린다는 것을 안 부부들이 서로 쿠폰을 사용하려 노력해 육아조합의 불경기는 일거에 해소되었다. (…) 불황은 보통 대다수의 대중이 현금을 쌓아 둘 때, 다시 말해 투자보다 저축을 할 때의 문제이며, 이는 더 많은 쿠폰을 발행하는 것으로 해결할 수 있다. 현대 세계의 쿠폰 발행자가 바로 중앙은행이다.*

1부 이 책들이 나를 만들었다

불황은 과소비가 아니라 저소비로 촉발된다

경제학 지식이 없는 사람들은 '불황'을 그간 누린 방종에 대한 도덕적 징벌처럼 생각하는 경향이 있다. 그러나 대부분의 불황은 소비자와 기업가들이 어떤 이유로든 미래에 대해 불안감을 가지게 되어 저축을 더 늘린 결과로 초래된다. 다시 말해 캐피톨힐의 육아조합처럼, 미래의 소비를 위해 현재의 소비를 줄인 결과 경제가 잘 돌아가지 않게 되는 것이다.

이런 상황에서는 인플레이션 가능성을 높이는 정책을 취하는 것이 해답이 될 수 있다. 미래에 자신이 가진 육아 쿠폰의 가치가 떨어지는 것을 알아차린 캐피톨힐 육아조합 조합원들처럼, 각 경제의 주체도 인플레이션으로 인해 자신이 모은 저축의 가치가 떨어질 것을 우려하면 문제가 술술 풀린다. 기업이 투자를 재개하고 소비자들이 지출을 늘리는 순간, 경제는 언제 그랬냐는 것처럼 다시 돌아간다.

물론, 통화 공급 확대(인플레이션 처방)가 만능은 아니다. 이미 경제가 잘 돌아가고 있는데, 경기를 더 부양하려고 돈을 뿌리는 순간 경기 부양 효과보다 인플레이션에 따른 부작용이 더욱 커질 것이기 때문이다. 따라서 경제 정책은 항상 '균형감'을 가지는 게 필요하며, 어떤 도덕적 감정보다는 경제 상황을 잘 파악하는 냉정한 태도가 우선되어야 한다. 그러하기에 대부분의 선진국에서 중앙은행은 정치적 외압에서 자유로운 위치, 즉 중앙은행의 독립성을 보장하는 방향으로 움직이게 된다.

● 　『불황의 경제학』우리말 번역판의 30~36쪽에 등장하는 이야기다.

이후 2008년 위기를 다루면서 다시 이야기하겠지만, 중앙은행은 경기의 안정화뿐만 아니라 금융기관이 겪는 유동성 위기를 해소하는 등 매우 중요한 임무를 수행한다. 그래서 월가에서 새로 입사한 직원들에게 제일 먼저 "연준과 맞서지 마라."라는 속담을 가르치는 것 아니겠는가?

아무튼 1997년 외환 위기와 1998년 러시아 모라토리엄을 겪으면서, 나는 한국의 여러 지표보다는 미국 연준의 행동이 훨씬 더 중요하다는 것을 절실히 깨달았다. 그리고 더 나아가 어떤 경제적 현상이 나타날 때에는 이를 '1국'의 차원에서만 바라볼 게 아니라, 주요 선진국 중앙은행의 시각과 태도 변화에도 주의를 기울여야 한다는 교훈을 얻었다. 이는 아마도 내가 이코노미스트 일을 하는 동안 내내 잊지 않을 첫 번째 원칙이 될 것이었다.

chapter 8

2000년 정보통신 거품은 왜 무너졌나

『3개의 질문으로 주식시장을 이기다』

1998년 가을 러시아 모라토리엄 선언 이후 2000년 초까지의 1년 반 동안, 한국 주식시장 역사에 유례를 찾기 힘든 호황이 찾아왔다. KOSPI가 1998년 10월 280포인트에서 2000년 초 1,000포인트까지 수직 상승하는 가운데 대규모의 시중 자금이 유입되면서 주식시장 거래량이 폭발적으로 증가했다. 특히 정보통신 주식들이 주로 상장되어 있는 코스닥 시장이 더욱 강세를 보였다. 1998년 말 751.8포인트였던 코스닥 지수는 1999년 말 2,561.4포인트까지 급등했다.

　단 1년 만에 주가지수가 3배 이상 상승하는 상황이 연출되는데 흥분하지 않을 투자자가 있을까? 나 역시 시장에 휘둘리기는 마찬가지였다. 1997년 11월의 보고서로 어느 정도의 인지도는 얻었지만, 외환위기 이후에 찾아온 강세장에 전혀 준비가 되어 있지 않았다. 나쁜 아니라 주요 펀드의 펀드매니저들은 '시장 급등세가 언제까지 이어질 것 같냐?'라는 질문에 전혀 답하지 못했다.

역사 속 다양한 급등장과 비교하는 방식으로 설명할 수는 있었지만, 정보통신 주식의 지속적인 상승 가능성을 주장하는 투자자들에게는 씨알이 먹히지 않는 상황이었다. 당시 강세장이 계속 이어질 거라고 주장하는 사람들의 요지는 다음과 같았다.

> 정보통신 혁명, 특히 인터넷을 중심으로 한 전자상거래 발달은 새로운 산업혁명의 성격을 띠고 있다. 이는 생산성 혁신을 가져와 동일한 노동력을 투입하고도 더 많은 성장을 이끌어 낼 수 있고, 따라서 물가 안정 흐름이 장기화될 것이며, 인터넷과 이동통신 등의 인프라가 빠르게 갖춰지는 상황에서 기존 오프라인 기업들을 온라인 기업들이 빠르게 대체할 것이다. 결론적으로 정보통신 주식의 가격은 아직도 싸다고 볼 수 있으며, 지금이라도 매수해야 한다.

이 대목에서 노동생산성에 대해 짚고 넘어가자. 노동생산성은 '단위 시간당 생산량'을 의미한다. 예를 들어 1999년 어떤 공장이 근로자 1만 명을 고용해서, 100만 대의 자동차를 생산했다고 가정하자. 그런데 1년 뒤인 2000년 1만 명의 근로자들이 110만 대의 자동차를 생산했다면? 동일한 노동력이 투입되고 생산량이 10퍼센트 증가했으니, 생산성이 10퍼센트 개선된 것으로 볼 수 있다.

실제로 1990년대 미국의 노동생산성은 놀라운 속도로 개선되고 있었다. 〈도표9〉에 당시의 상황이 잘 나타나 있다. 빠를 때에는 연간 4~5퍼센트의 노동생산성 개선이 나타나니 투자자들이 흥분하지 않을 수 없었다.

노동생산성이 개선되면 무엇이 좋은가? 노동생산성 개선의 가장 직접적인 효과는 바로 '물가 안정'에 있다. 왜냐하면 노동력을 더 투입하지 않고서도 생산량이 지속적으로 증가하니, 기업들 입장에서 굳이 제품 가격을 인상할 이유가 없기 때문이다. 오히려 경쟁에서 승리하기 위해서는 제품 가격을 인하할 여지가 생긴다고도 볼 수 있다. 이런 까닭에 노동생산성이 빠르게 향상될 때에는 물가가 안정되며, 또 물가 안정은 금리 안정으로 연결되는 선순환이 나타난다.

2000년이 되자 세상 누구나 '정보통신 혁명'의 힘을 인정했고, 그 보수적인 스탠더드앤드푸어스(S&P)조차, 미국을 대표하는 주가지수인 S&P500에 야후!를 비롯한 정보통신 주식을 새로 편입하기로 결정했다. 그러나 그것이 정보통신 주식의 고점이었다.

폭락의 이유

정보통신 주식 가격이 폭락하기 시작할 때 나는 일종의 '멘붕' 상태에 빠졌다. 펜실베이니아 대학교 와튼스쿨의 제러미 시겔 교수가 쓴 『주식에 장기투자하라』를 읽으면서 당시 정보통신 주식의 주가 흐름이 1929년 대공황 전야와 비슷하다는 생각은 하고 있었지만, 2000년에 그렇게 갑작스럽게 무너질 줄은 꿈에도 예상하지 못했다.

이후 수년에 걸친 탐구와 회고 끝에 2000년 정보통신 주식 붐이 무너진 원인을 대충이나마 그려 낼 수 있었는데, 이는 거의 전적으로 켄 피셔의 책 『3개의 질문으로 주식시장을 이기다』 덕분이었다. 켄 피셔

〈도표 9〉 미국 노동생산성 증가율 추이
출처: 미국 세인트루이스 연준

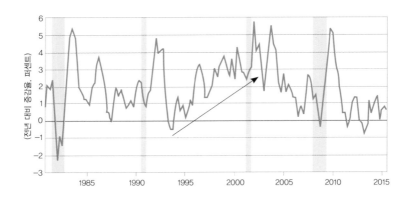

〈도표 10〉 미국 장기 PER과 10년 만기 채권 금리
출처: 『주식에 장기투자하라』

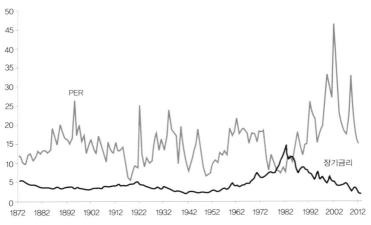

* 주가수익배율(PER)은 주식 가격을 주당 순이익으로 나눈 값이다.

유쾌한 이코노미스트의 스마트한 경제 공부

에 따르면, 주식시장 붐이 무너지는 가장 중요한 요인은 '금리' 변화에 있다.

2000년 당시 미국 중앙은행인 연준은 주식시장의 급등세가 경제 전반의 안정을 해칠 것이라고 생각해 정책 금리를 지속적으로 인상하고 있었다. 금리가 낮은 수준에 있다 상승하기 시작할 때에는 주식시장에 별다른 문제를 일으키지 못한다. 그러나 금리의 수준이 점점 상승하기 시작하면 주식시장 전반에 대대적인 공급 확대를 촉발시킨다는 것이 켄 피셔의 지적이다.

이제 90년대 초반으로 시계를 돌려 증권거래소에 자기 회사를 상장시키려고 준비하던 미국의 기업가를 생각해 보자. 이 기업의 주가수익배율(PER)이 4배에 불과하다면 아마 그는 주식시장에 상장하지 않을 것이다. 기업을 상장하려는 이유는 경영에 필요한 자본을 조달하기 위함인데, 이 기업의 PER이 4배라면 주당 투자수익률(주당순이익/주가×100)이 무려 25퍼센트에 이르기 때문이다. 이때 은행 대출금리가 2.5퍼센트에 불과하다면 굳이 주당 투자수익률이 25퍼센트인 주식을 상장하느니 은행 대출을 받는 편이 훨씬 이익이다.

따라서 주식시장이 약세를 보이고 PER이 낮을 때에는 기업의 유상증자나 신규상장 같은 '주식의 공급'이 크게 줄어든다. 반면 주가가 상승하고 금리가 높아지면 반대 현상이 나타난다. 예를 들어 1990년대 말의 미국처럼, 돈도 제대로 못 버는 별 볼 일 없는 기업의 주식도 PER 100배에 거래되고, 채권 금리가 6퍼센트 선을 훌쩍 넘어섰다고 생각해 보자. 이 주식의 기대 투자수익률은 1퍼센트에 불과한데, 채권 금리는 6퍼센트를 넘어서니 최고경영자의 선택은 자명하다. 즉, 주식 발행(증자 혹은 신규상장) 규모를 늘려 조달한 돈으로 채권에 투자

〈도표 11〉 주가와 주식 공급 물량의 관계
출처: 『3가지 질문으로 주식시장을 이기다』

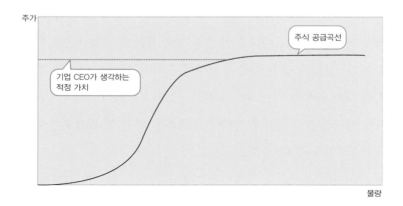

하는 것이 훨씬 남는 장사다.

그런 면에서 지난 2000년 코스닥 시장의 버블 때 많은 정보통신 기업들이 증자로 유입된 돈으로 빌딩을 매입했던 것은 매우 합리적인 행동이라고도 볼 수 있다. 따라서 시장 금리와 시장의 PER이 동반 상승하면 〈도표11〉처럼 주식 공급은 무한히 증가한다. 그리고 주식 공급이 증가하면 증가할수록, 주식시장은 어려움을 겪게 될 것이다.

2015년 중국 증시 붕괴

켄 피셔의 지적은 2015년 중국 증시 붕괴 과정을 정확하게 설명한다. 중국 상해종합지수가 2014년 하반기 2000선을 바닥으로 2015년 봄 5000선까지 급등하자, 어마어마한 주식 공급 물량의 공습이 발생했

다. 당시 연합뉴스 보도를 인용해 보자.[8]

> 중국 주식시장이 지난 19일 6퍼센트대보다 훨씬 폭이 큰 7~8퍼센트
> 대 폭락으로 2주 연속 검은 금요일을 기록했다. 경제개발구, 항공기
> 제조, 도로교량, 발전설비, 금융, 부동산 등이 급락한 것을 비롯해 모
> 든 업종이 약세를 보였다.
>
> 중국 증권감독관리위원회(증감회)가 최근 28개 기업의 신규상장 신청
> 을 받아들인 데다 중국 중앙은행인 인민은행이 전날부터 단기 자금을
> 시중에 풀자 기준금리나 지급준비율의 추가 인하 기대감이 낮아지면
> 서 투자 심리가 급격히 악화한 것으로 전문가들은 분석했다.
>
> 또 샤오강(肖鋼) 증감회 주석이 이날 '루자쭈이(陸家嘴) 포럼'에서 기
> 업의 효율적인 자금 조달을 위한 증시 다층화 차원에서 '전략신흥판
> (戰略新興板)' 설립을 추진하고 신규 상장 문턱도 낮출 것이라고 밝히
> 면서 창업판(차스닥)이 8.9퍼센트나 폭락했다.

신생 기업만 상장을 준비한 게 아니다. 재무구조가 좋지 않은 국영
기업들은 부채 감축을 위해 대규모의 유상증자를 추진했고, 주식 공
급 물량은 천정부지로 부풀어 올랐다. 주식시장이 무너진 2015년 6
월 한 달에만 중국 기업은 614억 위안의 주식을 쏟아냈으니, 상황이
어땠을지 쉽게 짐작할 수 있을 것이다.

아무리 주식 매수세가 강하다 한들, 매달 이 정도의 주식이 쏟아지
는 데에는 장사가 없다. 그래도 나는 켄 피셔의 가르침 덕분에 2015
년 여름이 그리 힘들지 않았다. 주식시장의 이코노미스트는 시장이
급등 혹은 급락할 때마다 일이 많아진다. 사실 시장의 단기적 급등락

은 이코노미스트가 어떻게 예상해 볼 수 있는 세계가 아닌 심리학의 영역이지만, 사람들은 이코노미스트에게 제일 먼저 '앞으로 어떻게 되겠냐?'고 묻기 때문이다.

아무튼 지난여름 내내 이 질문을 들을 때마다 나는 같은 답변을 했다. "중국 정부가 예정된 IPO(신규상장)를 전면 유예하는 한편, 유상증자도 중단시키면 급락세가 진정될 것"이라고 말이다. 실제로 중국 정책 당국이 강력한 공급 조절에 나선 2015년 8월부터 중국 증시의 폭락세는 진정되었다. 물론, 이게 본격적인 회복을 의미하지는 않는다.

〈도표12〉에 잘 나타난 것처럼, 2000년 초 나스닥 지수가 고점을 기록한 이후 이 수준을 다시 회복하는 데 14년이나 걸렸음을 잊어서는

〈도표 12〉 미국 나스닥 지수(1998.1~2001.12)와 중국 상해종합지수(2014.4~2015년 8월) 비교
출처: 증권전산

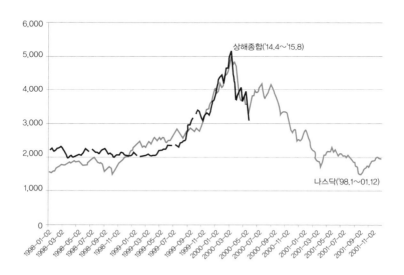

유쾌한 이코노미스트의 스마트한 경제 공부

안 된다. 한번 버블을 경험한 시장이 다시 회복되는 데에는 대단히 많은 시간이 필요하다. 앞으로 힘든 길을 걸어야 할지도 모를 주변의 중국 투자자들에게 이 그래프는 되도록 보여 주지 말기로 하자.

chapter 9

나는 고슴도치보다
여우가 좋다

『신호와 소음』

2000년대에 접어들며 한국 증권업계에도 여러 변화가 나타났는데, 그중 가장 주목할 만한 것은 주식시장의 규모 팽창이었다. 1997년 말의 주식 시가총액(모든 상장된 주식의 가치를 합친 것)이 71조 원에 불과했지만, 1999년 말에는 349.5조 원으로 거의 5배나 부풀어 올랐다. 시장 규모가 커지만 거래량도 늘기 마련이니, 증권사들 수입도 짭짤해졌다.

곳간에서 인심 난다고 증권사들이 애널리스트에게 지급하는 연봉도 부풀어 올랐다. 경쟁적으로 애널리스트들을 확충하고 나아가 다른 증권사 애널리스트를 스카우트하다 보니, 점점 연봉 수준이 올라갔던 것이다. 경쟁 증권사에서 쓸 만한 애널리스트가 동나자 이제는 컨설팅 회사 등 이전에는 쳐다보지도 못했던 고액 연봉을 받는 업종의 인력을 모셔 오는 일까지 벌어졌다.

이즈음 매우 흥미로운 행사 하나가 시작되었다. 다름이 아니라 주요 부문별로 베스트 애널리스트를 뽑는 이벤트다. 주요 경제신문과 일간지들이 매년 한두 차례 개최하는데, 어떻게 보면 '인기투표'에 가깝지만 사실 정확도가 매우 높다.

나는 2000년대 초반에 몇몇 부문에 베스트 애널리스트로 선정되었지만, 이후에는 꾸준히 순위 하락만을 경험했다. 일단 천성이 사람 만나는 것을 별로 좋아하지 않는 데다, 앞에서도 누차 이야기했듯 전망의 정확도 측면에서는 별로 점수를 따기 어려웠기 때문일 것이다. 그런데 수년에 걸쳐 경제 예측 부문 베스트 애널리스트 명단을 보면서 한 가지 특징을 발견할 수 있었다.

왜 온건한 목소리가 더 높은 순위를 차지할까?

2000년대 초반에는 대체로 아주 '강한' 그리고 '확신에 찬' 전망을 제시하는 이코노미스트들이 상위권에 올랐다(나도 여기에 포함된다). 그런데 점점 시간이 지날수록 김한진 박사나 김영익 박사처럼 대체로 온건한 목소리로 전망을 제시하는 이코노미스트들이 높은 순위를 차지하기 시작했다. 2000년대 중반에 대대적인 세대교체가 나타났지만, 역시 삼성자산의 고유선 상무처럼 온건한 편에 속하는 이코노미스트들이 상단을 점령하는 일은 여전했다.

왜 이런 현상이 나타났을까? 당장 대형 서점 베스트셀러 목록만 봐도 '위기'를 강조하고 '파국'이 닥칠 거라고 예측하는 책들이 경제 경영 분야 상위권을 차지한다. 그런데 왜 증권업계에서는 온건한 목소리로 조심스럽게 예측하는 이코노미스트들이 인기를 끌까?

나도 처음에는 잘 이해가 되지 않았다. 그런데 지금 소개하는 책 『신호와 소음』을 읽고 난 다음에야 그 이유가 명확해졌다. 증권업계 그리고 펀드업계의 참가자들은 매일매일 투자 세계에서 '승패'를 기록하고 있는 현장의 '선수'들이다. 그런데 강한 목소리로 극단적인 전망을 제시하는 사람들의 승률이 높지 않다는 것이 시간이 흐르며 드러난 것이다. 물론 이런 현상은 증권업계에만 국한되는 게 아니다. 증권업계 못지않게 예측 경쟁이 심한 정치학계도 이와 비슷한 일이 벌어졌다는 게 네이트 실버의 지적이다.

> 소련과 동구권의 몰락은 놀랍도록 빠르게 진행되었다. 그 모든 과정 역시 거대한 변화에도 놀랍도록 질서정연하게 진행되었다. (…) 1988년 11월 16일, 영토가 미국 메인 주만 한 한 에스토니아 공화국의 의회가 거인 소련으로부터 독립한다고 선언했다. 고르바초프는 이후 채 3년도 지나지 않아서 모스크바의 강경파가 시도한 쿠데타를 막아냈으며, 소련의 깃발이 크렘린에서 마지막으로 내려졌다. 에스토니아와 여러 소비에트 공화국들도 곧 독립했다.
>
> 이와 같은 일이 있고 나서 소련 제국의 몰락을 예측할 수도 있었지만, 주류 정치학자 대부분이 그런 사건이 다가오는 것을 알아채지 못했다. (…) 정치학자들이 20세기 후반의 가장 중요한 사건이라 할 만한 소련의 몰락을 예측하지 못했다면, 그들은 도대체 뭘 하는 사람들이었을까?
>
> —86쪽

유쾌한 이코노미스트의 스마트한 경제 공부

이 부분에 대해서는 한국의 이코노미스트들도 별로 할 말이 없다. 나 역시 2007년에 출간한 책『주식투자가 부의 지도를 바꾼다』에서 2008년 경기 침체가 시작될 거라고 예상은 했지만, 사실 미국보다는 중국 경제의 둔화 위험을 더 강조했다.[9]

> 2008년 중반부터는 주식시장이 다시 순환적인 하락 국면에 접어들 가능성을 배제할 수 없다. 3부에서 자세히 살펴봤던 것처럼 우리나라의 수출 물가가 상승하고 수출 기업의 실적이 개선될 수 있었던 것은 무엇보다 중국 경제가 대단히 강력한 성장세를 보였기 때문이었다.
> 그런데 최근 발표된 중국의 소비자물가 상승률이 5퍼센트 선을 넘어서는 등 인플레이션 압력이 높아지고 있는 것은 상당히 불길한 징후라고 볼 수 있다. 물가가 급등하면 중국이 보유한 가장 중요한 경쟁력, 즉 저렴한 요소비용이 사라지기 때문에 중국 정부로서도 물가 안정을 위해 적극적으로 개입하지 않을 수 없는 것이다.
> 2008년 베이징 올림픽이 눈앞에 다가온 만큼 2007년 하반기에 당장 조치를 취할 가능성은 희박하지만, 베이징 올림픽이 막을 내린 후 고강도의 긴축정책이 시행될 것으로 예상된다.
>
> —『주식투자가 부의 지도를 바꾼다』, 274~275쪽

2007년 당시 나는 왜 이렇게 (책 파는 데 전혀 도움이 되지 않는) 소심한 어투를 사용했을까? 그 이유는 '강한 전망' 혹은 '확신에 찬 전망'이 틀릴 가능성이 높다는 것을 본능적으로 느끼고 있었기 때문이다. 앞에서 말했던 것처럼, 1997년을 전후한 시장 등락 과정에서 얼마나 아는 게 없는지 몸으로 체감했기에 강한 어조로 미래를 전망할 이유가 없었다.

터무니없이 빗나가는 전문가들의 예측

네이트 실버는 『신호와 소음』에서 이 비슷한 이야기를 한다. 그는 주요 분야 전문가들의 예측 정확도를 조사한 필립 테틀록의 연구 결과를 다음과 같이 요약한다.

> 캘리포니아대학교 버클리캠퍼스에서 심리학과 정치학을 가르치는 필립 테틀록은 1987년부터 학계와 정부에 몸담은 수많은 전문가들이 국내 정치, 경제, 국제관계 등의 다양한 주제에 걸쳐 예측한 내용을 수집하기 시작했다. (…)
>
> 소련의 사례로 고무된 테틀록은 여러 다른 영역 전문가의 예측을 수집하기 시작했다. 걸프전쟁, 일본의 부동산 거품, 퀘벡이 캐나다에서 분리될 가능성 등 1980년대와 1990년대의 거의 모든 중요 사건을 대상으로 전문가들의 의견을 모았다. 소련의 붕괴를 예측하지 못한 것은 예외적인 결과일까, 아니면 '전문가'라는 사람들이 정치 분석을 할 때 정말로 밥값을 하지 못하는 걸까? 15년도 넘게 걸린 테틀록의 연구는 마침내 2005년에 『전문가의 정치적 판단(Expert Political Judgment)』으로 결실을 보았다.
>
> 테틀록이 내린 결론은 학계를 엿 먹이는 것이었다. 그가 살펴본 전문가들은 직업이 뭐든 간에, 경험을 얼마나 오래 쌓았든 간에, 전공 분야가 뭐든 간에 하나같이 동전을 던져 판단을 내릴 때보다 낫지 못했다. (…) 이들은 지나치게 자신만만했지만 확률을 계산하는 데는 참혹하리만치 엉터리였다. 이 전문가들이 **절대로 일어나지 않을 것**이라고 주장한 사건 가운데 15퍼센트가 실제 현실에서 일어났다. 또 **반드**

　유쾌한 이코노미스트의 스마트한 경제 공부

시 일어날 것이라고 한 사건의 약 25퍼센트는 일어나지 않았다. 경제, 정치, 국제관계 등 그들의 예측은 국내외를 가리지 않고 터무니없이 빗나갔다.

—88~89쪽

이 대목에서 한 가지 의문이 든다. 그럼, 사회과학 분야의 전문가들 이야기는 깡그리 무시해야 하는가? 테틀록 교수는 '그건 아닙니다!' 라고 답한다. 그는 전문가들은 크게 여우와 고슴도치의 두 유형으로 구분할 수 있는데, 특히 '여우'로 분류되는 전문가들이 월등하게 높은 예측력을 보인다고 지적한다.

테틀록은 전문가가 제시한 답변을 바탕으로 이들을 이른바 '고슴도 치'와 '여우'라는 양극단 사이의 스펙트럼 위에 분류해놓았다. (…)

• **고슴도치**는 거창한 생각 즉 세상에 대한 지배적 원칙을 믿으며 긴 장하고 성급하며 경쟁적인 'A형 행동 양식'에 속한다. 칼 맑스와 계급 투쟁, 지그문트 프로이트와 무의식, 말콤 글래드웰과 '티핑 포인트'를 생각하면 된다.

• **여우**는 이에 비해 수없이 사소한 생각을 믿으며 또 문제를 해결하 려면 다양한 접근이 필요하다고 여기는, 관심이 사방팔방으로 뻗치는 산만하기 짝이 없는 유형이다. 여우는 뉘앙스의 차이, 불확실성, 복잡 성, 대치되는 의견 등에 좀 더 관대한 경향이 있다.

그래서 고슴도치가 언제나 큰 녀석 하나를 노리는 사냥꾼이라고 한다 면, 여우는 무언가를 부지런히 줍고 다니는 채집자다.

—90~91쪽

1부 이 책들이 나를 만들었다

사냥꾼 고슴도치 vs 채집자 여우

이미 두 유형에 대한 설명에서 양 집단의 우위는 쉽게 가려진다고 본다. 그런데 대중들에게는 고슴도치가 훨씬 더 매력적이다. 왜냐하면 그들은 목소리가 크고, 더 나아가 극단적 전망을 제시함으로써 대중매체의 관심을 끌기 좋기 때문이다. 게다가 고슴도치들은 기억력이 나쁘다. 자신들의 틀린 전망은 쉽게 잊어버리고, 새로운 극단적 주장을 제시하기에 여념이 없다. 어떻게 보면 스트레스를 잘 받지 않는 속 편한 성격이라 부러운 면이 없지 않다.

그러나 앞의 베스트 애널리스트 순위 이야기에서 보듯, 증권업계의 전문가들은 고슴도치의 전망을 외면한다. 왜냐하면 그런 사람들일수록 승률이 낮다는 것을 경험으로 체득했기 때문이다. 즉, '돈'을 걸고 투자하는 순간 고슴도치들은 쉽게 도태되는 거다. 물론, 어떤 인간이 항상 고슴도치로 또는 여우로만 살아가지는 않는다. 당장 나만 해도 2000년 이전까지는 고슴도치였다. 그러나 돈이 걸린 세계, 이 증권시장에서 오래 살아남으려면 여우로 변신해야 한다는 것을 뒤늦게나마 깨달았다고 할까?

이런 책이 진작 나왔더라면 더 좋았을 텐데 말이다. 뭐 어쩌겠는가? 내가 이런 책을 쓰면 되는 것을, 게으른 탓에 못 써놓고 남을 탓하는 것이야말로 고슴도치들이 하는 행태 아니겠나.

chapter 10

인생의 좌표를 발견하다

『행운에 속지 마라』

2007년 여름, 증권사 리서치 팀장을 그만두고 시중 은행으로 자리를 옮기겠다고 선언했을 때 주변 지인들은 모두 나를 말리느라 정신이 없었다. 왜냐하면 당시 주식시장이 사상 최고치를 연일 갱신하는 등 호황을 누리고 있었고, 다른 업종의 좋은 일자리를 그만두고 증권사에 들어오려는 사람이 문전성시를 이루고 있었기 때문이다. 그때 나는 1993년부터 14년째 이어진 이코노미스트 생활에 지쳐 있었고, 특히 앞에서 잠깐 언급했듯 2008년부터 주식시장이 순환적인 약세장에 접어들 거라 예상하고 있던 터라 '잠시 비를 피하자'는 심정도 있었던 것 같다.

몇 년이라는 시간이 흐른 후 뒤늦게 나심 니콜라스 탈렙의 처녀작 『행운에 속지 마라』에 나온 치과의사와 트레이더의 비유를 읽은 후에야 당시 내가 어떤 마음으로 직장을 옮겼는지 구체적으로 깨달을 수 있었다. 2007년의 나는 '치과의사' 같은 삶을 살고 싶었던 것이다.

러시안 룰렛과 주식시장 예측

이코노미스트와 치과의사는 대표적인 문과와 이과의 고소득 직군이다. 그러나 이 두 직업의 실상은 전혀 딴판이다. 치과의사는 6년에 걸친 학업을 마친 후 점진적으로 기술을 연마하고 지식을 쌓음으로써 자신의 분야에 점점 더 능숙해진다. 초보 의사 시절에는 환자가 겪는 고통이 어디에서 오는지 정확히 이해하지 못하고 또 어떻게 치료해야 할지 몰라 쩔쩔매지만, 세월이 흘러감에 따라 점점 실수가 줄어들고 나중에는 거의 달인의 경지에 이르게 된다. 그리고 나이가 듦에 따라 의료사고 등의 분쟁에 휩싸일 일은 줄어들고 그의 소득은 더욱 안정적으로 변해 간다.

반면 이코노미스트의 업무는 시간이 흘러도 복잡하고, 그의 성과는 '운'에 많은 부분 의지한다. 테틀록 교수가 이야기한 것처럼 아무리 '여우' 같은 이코노미스트가 되려고 노력할지라도 결국 그 예측의 정확성은 상당 부분 운에 달려 있다. 따라서 이코노미스트로서 일을 계속해 나가려면, 경제 전망에 최선을 다하되 늘 자신의 전망이 틀릴 가능성을 인정하는 자세가 필요하다. 만일 이런 자세를 갖지 않는다면, 아마 그는 극심한 스트레스에 시달리다 병을 얻게 될지도 모른다.

2007년의 내가 그러했다. 이 대목에서 잠시 나심 탈렙의 이야기를 경청해 보자.

한 별난 재벌이 러시안 룰렛을 하면 1000만 달러를 주겠다고 제안한다고 가정하자. 여기서 러시안 룰렛은 6연발 권총에 총알을 한 발만 넣어 머리에 대고 방아쇠를 당기는 게임이다. 방아쇠를 당길 때마다 역사(사건) 하나가 실현되며, 여섯 개의 역사 모두 발생할 확률이 같다. 누군가 1000만 달러를 벌면 언론은 그를 찬양하고 칭송할 것이다. 대중도 겉으로 드러난 재산만 볼 뿐 그 과정에 대해서는 전혀 관심이 없다. 하지만 가족, 친구, 이웃들이 러시안 룰렛의 (얼빠진) 승자를 역할 모델로 삼기라도 하면 어쩌겠는가?

지혜롭고 사려 깊은 사람이라면 그 속성을 쉽게 짐작할 수 있다. 러시안 룰렛을 하려면 어느 정도 생각과 용기가 필요하다. 그러나 이 게임을 계속한다면 결국 불행한 역사를 만나게 될 것이다. 만일 25세 청년이 1년에 한 번씩 러시안 룰렛을 한다면, 그가 50회 생일을 맞이할 가능성은 지극히 희박하다.

하지만 이 게임에 참여하는 사람이 많아서 예컨대 25세 청년이 수천 명이나 된다면, 우리는 몇몇 생존자를 보게 될 것이다.

―57쪽

휴우! 같은 길을 걸어가고 있는 입장에서, 이런 비유를 만나면 그저 고개를 끄떡이는 것 이외에 다른 표현을 할 수 없다. 주식시장에서 홀짝 게임을 하듯 내년에 시장이 오르는지 혹은 빠질지를 예측하고 또 거기에 베팅하는 것이나, 러시안 룰렛에 참여하는 것이나 무엇이 다르겠는가? 이 둘의 차이점은 단 하나뿐이다. 목숨을 잃느냐, 아니면 노후를 대비해 평생 모은 자산을 한방에 날려 버리느냐.

매매할수록 수익률은 떨어진다

그럼 어떻게 해야 이런 함정에서 벗어날 수 있을까? 이미 우리는 그 방법을 알고 있다. 매매를 자제하고 나아가 자산을 사려 깊게 배분하면 러시안 룰렛 같은 위험에서 벗어날 수 있다. 〈도표13〉은 시간 척도—1분, 1시간, 그리고 하루—의 변화에 따라 '플러스' 수익이 발생할 확률을 측정한 것이다. 예를 들어 주식시장이 연간 15퍼센트의 수익을 올리며 그리고 수익률의 변동성이 연 10퍼센트 수준이라면, 한 해에 수익이 발생할 확률은 도표에서와 같이 93퍼센트가 된다.

그러나 시간 척도를 줄여서 1초 단위로 보면 상황은 완전히 달라진다. 플러스 수익을 기록할 확률은 50.02퍼센트로 떨어진다. 다시 말해 승산이 급격히 떨어진다. 만일 하루 8시간 동안 어떤 트레이더가

〈도표 13〉 시간 척도에 따른 플러스 수익을 기록할 확률의 변화
출처: 『행운에 속지 마라』

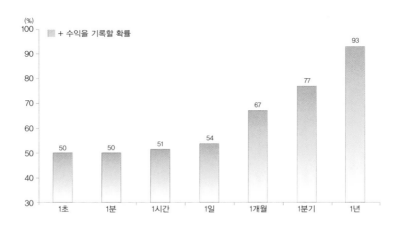

분 단위로 자신의 성과를 확인한다면, 그는 241분을 기뻐하고 239분을 고통받을 것이다. 그리고 이런 식으로 자주 고통받는 투자자는 점점 인내심을 잃어 버려, 결국은 비이성적인 행동을 취할 가능성이 높아질 것이다.

이런 비유를 통해 탈렙이 말하려는 바는 매우 분명하다. 자주 고통받는 전략, 그리고 매분 매시간 고통을 자처하는 방식의 전략으로는 치과의사와 같이 안정적인 수익을 올릴 수 없다는 이야기다.

> 첫 번째, 시간 척도가 짧으면 실적이 아니라 변동성을 보게 된다.
> 두 번째, 우리 심리는 이런 사실을 이해할 수 있도록 설계되어 있지 않다. 아마 1년에 한 번만 증권 거래 명세서를 확인한다면 훨씬 더 심리를 통제하기 쉬울 것이다. 휴대전화나 포켓용 컴퓨터로 실시간 주가를 확인하는 사람을 볼 때마다 난 웃고 또 웃는다.
>
> —103~104쪽

그의 웃음소리가 맘에 들지는 않지만, 이 책의 진가를 충분히 느꼈으리라 생각한다.

이코노미스트도 피하지 못한 유혹

나도 한때 일확천금의 꿈을 꾼 적 있었다. 1997년 외환 위기 이후의 급등장을 보면서, 그리고 2004년부터 시작된 대세 상승장 속에서 쉽게 돈 벌고 또 빨리 부자가 되어 은퇴하려는 욕망에 발버둥 쳤다. 위험을 무릅쓰고 은행에서 대출을 받아 투자한 덕에 돈은 좀 벌었는지 모르지만, 자산 가격의 등락에 일희일비하며 정작 본업을 제대로 해내지 못하는 상황을 맞닥뜨리고 만 것이다. 스트레스로 불면증을 얻고 급기야 허리 병 때문에 매일같이 병원을 다니면서야 '이게 정말 맞는 길인가?' 하는 고민을 시작했다.

어려서부터 "먹어 봐야 똥인지 된장인지 아느냐?"라는 말을 숱하게 들었지만, 명색이 주식시장의 이코노미스트라면서 몸 아프고 마음이 병들고 나서야 사태를 파악했던 셈이다. 물론 그 뒤로도 내가 완전히 정신을 차린 것은 아니다. 다만, 나심 탈렙의 『행운에 속지 마라』를 읽은 덕분에 2007년 이전 내가 어떤 생활을 살고 있었는지 떠올릴 수 있었다는 정도의 이야기는 할 수 있을 것 같다.

chapter 11

한국은 어째서
해외 경기에 이토록 민감할까

『경영학 콘서트』

증권업계를 떠나 은행으로 직장을 옮긴 후 어려움 꽤나 겪었다. 조직 문화의 차이도 있었지만, 가장 큰 난관은 은행이 이코노미스트에게 원하는 정보가 증권사와 무척 다르다는 데에서 비롯했다. 증권사에서는 주식시장에 큰 영향을 미치는 변수(특히 금리)에 관심이 많다면, 은행에서 가장 원하는 정보는 외환 및 상품시장에 관한 것이었다. 그런데 외환을 공부하면서 주식시장과 외환시장의 방향이 정반대라는 것을 발견하고 정말 크게 놀랐다.

예를 들어, 2008년 달러 환율이 1,500원 수준으로 급등할 때 주식 시장은 50퍼센트 이상 폭락했다. 경제 이론대로라면 환율 상승으로 한국 기업들의 경쟁력이 개선되니, 주가가 오히려 상승하는 게 맞지 않나? 또 환율 상승으로 인해 '달러로 표시된 한국 주식의 가치'가 크게 떨어졌으니 한국 주식시장의 투자 매력도가 더 높아져야 마땅하지 않나?

놀라운 것은 이뿐만이 아니다. 지난 2014년 8월부터 국제 유가가 급락했건만, 오히려 한국은 수출이 얼어붙으면서 경제성장률이 더 떨어지고 있다. 예를 들어 2014년 3분기 성장률이 0.8퍼센트였는데 4분기에는 0.3퍼센트로 떨어졌고, 2015년에도 상황은 별로 달라지지 않아 1분기는 0.8퍼센트 2분기는 0.3퍼센트 성장률에 그쳤다. 저유가가 그렇게 한국 경제에 좋은 일이라면, 왜 우리 경제성장률은 유가 하락 1년이 지나도록 이 모양인가?

한중 경제는 같은 방향으로 흐른다

그 이유는 바로 '공급 사슬'에 있다. 여기서 공급 사슬이란 '소비자→소매업체→도매업체→제조업체→물류업체→부품업체→원자재업체'로 이어지는, 소비자 수요가 충족되는 과정에 연관을 맺고 있는 기업들의 연쇄적인 고리를 의미한다. 그리고 우리나라는 이 사슬의 제일 끝에 위치하고 있다. 그건 중국도 마찬가지다. 그렇기 때문에 한국이나 중국 경기는 거의 늘, 한방향으로 움직이는 특성을 지니고 있다.

'고슴도치'들이야 한국이 중국에게 추격당하는 현장을 열심히 묘사하겠지만, 금융시장 현장에서 보는 시각은 전혀 다르다. 한국이 힘들면 그만큼 중국도 어렵다. 중국 철강업계의 어려움을 묘사한 아래의 신문 기사가 그 단적인 예라 할 수 있다.[10]

〈도표 14〉 국제 유가와 중국 수출 증가율 추이
출처: 미국 세인트루이스 연준

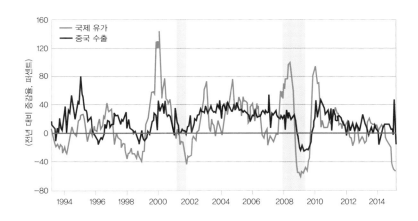

"생산량 유지와 감산 사이에서 오랫동안 고민하다 감산하기로 결정했습니다. 최근 시장 상황에선 어쩔 수 없었습니다."

중국 르자오강철의 두슈앙화 회장이 지난달 29일 직원들에게 보낸 눈물의 편지다. 서신에서 두 회장은 철강 수요 감소와 가격 하락을 언급하며 회사의 감산과 감원 결정을 털어놨다. 이에 대해 중국 철강업계에선 '올 것이 왔다'는 위기감이 퍼지고 있다.

세계적 불경기와 철강 수요 감소로 최근 철강 가격은 급락을 거듭해 1990년대 수준까지 떨어졌다. 특히 조강 생산량 세계 최대인 중국은 생산능력 과잉이 총설비의 30퍼센트에 달해 심각한 구조조정 압력에 시달려 왔다. 하지만 철강업체와 지방정부는 지역경기 파장을 우려해 한계 철강사 퇴출을 미룬 채 '치킨게임'을 지속해 왔다. 이로 인해 시장은 악화되고 대다수 철강사들이 적자에 허덕이고 있다. 지난 3분기

엔 중국 최대 바오산강철마저 3년 만에 처음으로 적자를 냈다. 이런 가운데 르자오강철의 감산 결정은 업계 전체의 구조조정 신호탄으로 해석되고 있다.

물론 나 혼자만의 노력으로 이런 연관을 알아낸 것은 아니다. 2010년에 출간된 『경영학 콘서트』가 없었다면 지금까지 이 사실을 추론하는 수준에서 그칠 뿐 본격적으로 응용하지는 못하고 있었을 것이다.

이제 이 책의 저자 장영재 교수(카이스트 산업 및 시스템공학과)의 입을 빌어, 왜 중국과 한국 경제가 나란히 가는 현상이 벌어지는지 들어보자.

그 원인을 설명하기 위해서는 공급사슬망의 '채찍 효과(bullwhip effect)'를 우선 이해해야 한다. 세계적인 생활용품 제조 업체인 P&G의 아기 기저귀 물류 담당 임원은 수요 변동을 분석하다 흥미로운 사실을 발견했다. 아기 기저귀라는 상품의 특성상 소비자 수요는 늘 일정한데 소매점 및 도매점 주문 수요는 들쑥날쑥했던 것이다. 그리고 이러한 주문 변동폭은 '최종 소비자―소매점―도매점―제조업체―원자재 공급업체'로 이어지는 공급사슬망에서 최종 소비자로부터 멀어질수록 더 증가하였다. 공급사슬망에서 이러한 수요 변동폭이 확대되는 현상을 공급사슬망의 '채찍 효과'라 한다. 이는 채찍을 휘두를 때 손잡이 부분을 작게 흔들어도 이 파동이 끝 쪽으로 갈수록 더 커지는 현상과 유사하기 때문에 붙여진 이름이다. 이런 변동폭은 유통업체나 제조업체 모두 반길 만한 사항이 아니다. 늘 수요가 일정하면 이를 기준으로 생산이나 마케팅의 자원을 적절히 분배하여 계획하고 효

율적으로 운영할 수 있지만 변동폭이 크면 계획이나 운영을 원활하게
수행하기 어렵다.

—264쪽

즉, 원자재 생산 국가나 제조업 위주의 수출 국가 경제가 선진국 경
제에 비해 더 큰 경기 변동성을 갖는 것은 "소비자로부터 멀리 떨어
져 있어" 채찍 효과의 피해자가 되기 때문임을 알 수 있다. 한국과 중
국 모두 그 경우에 해당한다.

채찍 효과가 발생하는 이유

그런데 이상과 같은 설명은 '현상에 대한 정의'일 뿐, 공급사슬망의
끝에 있는 나라들이 급격한 경기 변동을 겪는 이유까지 설명해 주지
는 않는다. 이에 대해 저자는 채찍 효과가 발생하는 원인을 다음과 같
이 세 가지로 정리해 제시한다.

> 그럼 이런 채찍 효과가 생기는 이유는 무엇일까? 여러 가지 이유가
> 있지만 첫 번째 원인은 수요의 왜곡에 있다. 소비자의 수요가 갑자기
> 늘면 소매점은 앞으로 수요 증가를 기대하는 심리로 기존 주문량보다
> 더 많은 양을 도매점에 주문하게 된다. 그럼 도매점도 같은 이유로 소
> 매점 주문량보다 더 많은 양을 제조업체에 주문한다.
> 즉, 수요 예측이 공급망 위로 오를수록 점점 더 심하게 왜곡되는 현상
> 이 발생하는 것이다. 이러한 왜곡 현상은 공급자가 시장에서 제한적

일 때 더 크게 발생한다. 즉 공급자가 한정된 상황에서는 더 많은 양을 주문해야 제품을 공급받기가 수월하기 때문이다. 티셔츠를 공급하는 제조업체에서 물량이 한정되어 있으면 한꺼번에 많은 양을 주문하는 도매업체에게 우선권을 주는 건 당연하다. 물건을 공급받기 위해서 업체들은 경쟁적으로 더 많은 주문을 해 공급을 보장받으려 한다. 결국 '수요의 왜곡'이 발생한다.

―264~265쪽

'수요의 왜곡' 문제를 잘 보여 주는 사례가 '꼬꼬면' 열풍이다. 한때 편의점이나 슈퍼마켓에서 꼬꼬면을 발견하기 힘들 정도로 잘 팔렸고, 소매점에서의 지속적인 주문에 고무된 라면회사 팔도는 증산을 단행했다. 그러나 꼬꼬면을 찾아 보기 쉬워지는 그 순간, 대중의 열기는 사그라들기 시작했다. 일단 '희소성'이 사라진 데다, 신라면 같은 라면 업계 베스트셀러에 비해 인기 지속성이 약했던 것이다. 결국 라면 생산설비 확충과 추가 인력 채용 등은 일순간 '비용'으로 전가되었고, 팔도는 급격한 실적 악화를 경험한다.[11]

1년 365일 소비자의 수요를 추적하는 소비재업체마저 '수요의 왜곡' 현상으로 어려움을 겪는 것을 생각하면, 공급사슬망 관리가 얼마나 어려운지 절감할 수 있다. 그러나 채찍 효과를 유발하는 보다 직접적인 원인은 '수요의 왜곡'이 아니다. 채찍 효과가 발생한 두 번째 원인인 '대량주문 우선의 법칙'이 더 큰 영향을 미친다.

예를 들면 소비자는 소매점에서 물건을 한두 개 단위로 구입하지만 소매점은 도매상에서 물건을 박스 단위로 주문한다. 그리고 다시 도매점은 공장에 트럭 단위로 주문을 한다. 이처럼 공급사슬망의 위쪽으로 올라갈수록 기본 주문 단위가 커진다. 그런데 이렇게 주문 단위가 커질수록 재고량이 증가하게 되고, 재고량 증가는 변화에 민첩하게 대응하지 못하게 하는 원인이 된다.

—265쪽

이게 바로 '대량주문 우선의 법칙'이다. 간단하게 말해, 대량으로 물건을 주문하는 수요자에게 가격 할인 및 기간 단축 등의 혜택을 베푸는 것. 삼성전자나 애플 같은 거대 스마트폰 기업들이 매출 규모를 늘리기 위해 혈안이 되어 있는 이유 중 하나가 여기에 있다. 대규모 주문자가 되어야 원가를 더욱 절감할 수 있기 때문이다.

이런 대량 주문자를 유치한 기업들은 어떻게든 많은 재고를 가져가지 않을 수 없다. 그리고 이런 대규모 재고는 경기에 대한 기업의 대응력을 떨어뜨리기 마련이다. 예를 들어, 생각보다 아이폰이 잘 팔리지 않아 애플이 부품업체에게 주문 감소를 통보했다고 생각해 보자. 이때 한국과 일본, 그리고 중국의 아이폰 부품업체는 애플의 몇 배에 이르는 충격을 받을 수밖에 없다.[12]

이제 채찍 효과를 일으키는 마지막 요인을 살펴보자.

채찍 효과의 또 다른 원인은 주문 발주에서 도착까지의 발주 실행 시간에 의한 시차이다. 물건을 주문했다고 바로 물건이 도착하지 않는다. 주문을 처리하고 물류 이동 시간이 있기 때문이다. 그런데 문제의 원인은 각 공급사슬망 주체의 발주 실행 시간이 저마다 다르다는 데에 있다. 예를 들어 소매점이 도매점으로 주문을 했을 때 물건을 받기까지 걸리는 시간이 삼사 일 정도라면, 도매업체가 생산업체에 주문을 했을 때 물건을 받기까지는 몇 주 정도가 걸릴 수도 있다.

즉 공급사슬망 위로 갈수록 이런 물류 이동 시간이 증가하게 된다. 그리고 이처럼 발주 실행 시간이 길어지면 주문량이 많아지고, 이는 재고량 증가로 이어진다.

—265쪽

세계의 공장 역할을 하는 한국이나 중국이 중요하지 않은 나라는 아니지만, 이들은 자신의 운명을 스스로 결정지을 능력이 없다. 왜냐하면 이들 모두 선진국의 소비자들을 최종 목적지로 삼는 제품들을 생산하고 있기 때문이다. 삼성전자의 갤럭시 노트, 그리고 기아차의 시드 같은 베스트셀러의 최종 목적지는 미국이나 유럽 그리고 일본 같은 선진국이다. 그리고 이들 선진국으로의 제품 수송을 위해서는 몇 달 전부터 해운회사와 미리 선적 계약을 맺어야 하며, 세계 각지에 흩어져 있는 수많은 생산 공장에서 부품을 조달해 와야 한다. 결국, 선진국의 수요 변화에 신속하게 대응하기보다는 미리 작성해 놓은 계획대로 생산을 진행한 후 계획이 흐트러진 부분은 재고의 변화로 대응하는 전략을 쓰게 되는 것이다.

따라서 한국이나 중국의 기업들은 대부분 대규모 재고를 보유하고 있으며, 이 재고가 어떤 한계를 넘어서기 시작할 때에야 중요한 의사결정을 내린다. 물론 '중요한'이라는 말에서 이미 짐작했겠지만, 생산 시설 철수 혹은 감산 같은 행동이 뒤따를 것이며 이는 이 기업의 실적과 나아가 국가경제 전체에 어마어마한 충격을 줄 수밖에 없다.

조금 길게 인용했지만, 『경영학 콘서트』의 중요성을 반의반도 설명하지 못했다는 느낌이 든다. 한국 경제가 어떻게 움직이는지, 그리고 한국 기업들이 왜 그렇게 급격한 매출 기복을 경험하는지를 이해하고 싶은 사람 모두에게 추천한다. 이 책을 덮자마자 지금 당장 『경영학 콘서트』를 주문하라!

chapter 12

미국 부동산 버블은
어떻게 만들어졌나

『폴트 라인』

2008년 글로벌 금융 위기 당시 나는 은행의 이코노미스트로 꽤 신뢰를 얻고 있었다. 10년 주기의 경기 하강이 곧 닥쳐올 가능성이 높다고 예측했었고, 실제로 2008년 봄부터 서서히 경기가 나빠지고 있었기 때문이다. 그러나 2008년 여름이 되자 나도 패닉에 빠지고 말았다. 2008년 여름 세계경제를 엄습한 것은 '불황'의 수준을 넘어선, 대공황급 위기였다.

세계경제가 1929년 대공황 이후 최악의 경기 침체를 맞이한 이유는 어디에 있을까? 오랫동안 그 답을 찾아 고민했다. 물론 2008년 위기가 어마어마한 후폭풍을 일으킨 원인에 대해서는 잘 알고 있다. 다름이 아니라 '부동산 가격이 폭락'했기 때문이다. 어느 나라나 마찬가지이지만, 각 가계에서 가장 중요한 자산은 결국 부동산이고, 부동산 가격 폭락은 경제 전체에 엄청난 충격을 미치게 된다.

〈도표15〉는 미국 가계의 순자산 추이를 보여 주는데, 2000년 정보통신 거품 붕괴 때 미국 가계의 순자산 규모는 거의 변화가 없었다. 반면 2008년 글로벌 금융 위기 당시에는 가계 순자산이 급격히 줄어드는 것을 쉽게 확인할 수 있다.

특히 심각한 문제가 된 것은 금융기관의 부실화였다. 주식에 투자할 때 빚을 크게 내는 사람은 많지 않지만, 부동산은 워낙 가격 단위가 크기 때문에 빚지지 않고 거래하는 사람은 극히 소수에 그친다. 따라서 부동산 가격이 폭락하면 연쇄적으로 금융기관의 부실 문제가 불거지기 마련이며, 이는 다시 신용 경색 유발로 이어진다.

신용 경색이란 말 그대로 돈이 시장에서 잘 돌지 않는 현상을 지칭한다. 은행들이 어떤 지역의 부동산시장 침체로 인해 빌려 준 돈을 떼

〈도표 15〉 미국 가계의 순자산 추이(단위: 10억 달러)
　　　　　출처: 미국 세인트루이스 연준

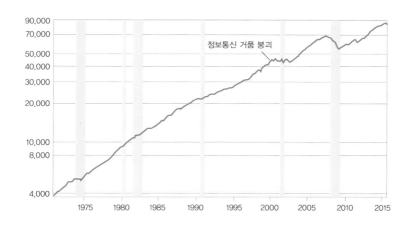

　　　　　　　　　1부 이 책들이 나를 만들었다

일 지경에 처하면, 그 지역에 대한 부동산 대출 회수에 나설 가능성이 높으며, 이는 연쇄적인 부동산 가격 하락을 촉발시킨다. 특히 부동산은 거래가 잘 되지 않는 자산이기 때문에, 주변의 주택 가격 하락은 곧 다른 자산의 가격 하락으로 연결되는 특성을 지니고 있다.

그래서 세계 주요국 정부는 은행과 같은 주요 금융기관의 대출 행위를 항상 관리 감독하는 게 일반적이다. 그런데 2008년 이전 미국 정부는 왜 금융기관의 마구잡이 대출을 통제하지 못했을까? 나는 이게 가장 궁금했다.

그리고 이 의문을 2011년에 발간된 책『폴트 라인』덕분에 풀 수 있었다.『폴트 라인』은 현재 인도 중앙은행 총재로 일하고 있는 라구람 라잔 박사의 역작으로, 라잔 박사는 미국 부동산시장의 가격 상승이 '정점'에 도달했던 2005년 여름 와이오밍 주의 잭슨 홀에서 '그린스펀 시대의 회고'라는 주제로 열린 미국 연준의 컨퍼런스에서 미국 부동산시장이 심각한 위험에 처했다고 경고한 것으로 불후의 명성을 얻었다. 다음은 책에 인용된《월스트리트 저널》의 2009년 기사 일부다.

〔부동산 담보대출을 유치하고, 모기지 증권을 발행할 때 실무자들에게 지급되는〕인센티브는 금융계에 끔찍할 정도의 왜곡을 가져왔다. 인센티브 제도가 금융계 종사자들이 수익을 내는 경우 엄청나게 큰 보상을 해주는 반면, 손실을 낼 때에는 가벼운 징계 정도로만 그치는 구조를 가지고 있기 때문에 이와 같은 왜곡 현상이 초래되었다고 라잔 교수는 주장했다. (…) 그렇게 되면 금융 시장이 얼어붙고, 그로 인해 대형 금융 위기가 발생할 수도 있다고 당시 라잔 교수는 경고했다. 그리

고 정확하게 2년 후, 그 경고는 현실이 되었다.

—14~15쪽

매우 중요한 이야기가 나왔으니, 조금 풀어서 설명해 보자. 한국의 금융기관들은 부동산을 담보로 잡고 돈을 빌려줄 때, 금융기관이 그 담보권을 그대로 소유한다(최근 주택금융공사 모기지가 확대되면서 이 비중이 줄고 있긴 하다). 이런 상황에서 금융기관들은 지금 나가는 대출이 정말 건전한 것인지, 그리고 대출하려는 사람이 돈을 갚을 능력이 있는지를 진지하게 검토할 수밖에 없다. 대출자가 이자를 제대로 못 내는 상황이 닥치면 대출해 준 금융기관이 담보로 잡은 집을 팔아서 원금과 이자를 회수해야 하기 때문이다. 만일 담보를 넉넉하게 잡았다면 큰 문제가 아닐 수도 있지만, 주택 가격 대비 대출금 비율(LTV)이 너무 높으면 경매 과정에서 큰 손실을 입을 가능성이 커진다. 따라서 한국의 금융기관들은 대출할 때 LTV뿐만 아니라, 부채를 상환할 수 있는 능력(DTI)도 함께 챙기는 경향이 있다.

2-28모기지와 모럴 해저드

이 부분에서 미국의 금융기관들은 달랐다. 미국 금융기관들은 주택담보 대출을 해주는 것까지는 한국 금융기관과 같았지만, 이 대출을 증권화해서 시장에 팔아 치웠다. 즉, 부동산 담보 대출을 해주는 것까지는 금융기관이 담당하지만 그 뒤의 일은 손을 떼버린 것이다. 이렇게 되면 일단 '모럴 해저드'의 가능성이 높아진다. 은행 입장에서는 대출을 증권화해서 다시 시장에 팔아 버렸으니 사후 관리 혹은 대출금 회수 등에 신경 쓸 이유가 사라지기 때문이다.

물론 증권화된 주택담보대출채권(MBS)은 미국 정부가 발행한 국채보다 높은 금리를 제시했기에, 주요국의 연기금과 기관 투자자들은 이 채권을 매우 좋아했다. 부동산시장이 동시에 붕괴되는 매우 낮은 확률의 사건을 제외하고는 이 채권이 매우 안정적이면서도 높은 금리를 준다고 생각했기 때문이다.

그러나 이는 헛된 기대에 불과했다. 미국 금융기관의 대출 담당자들이 실적을 올릴 욕심에 제대로 신용분석을 하지 않고 마구잡이 대출을 해줬기 때문이다. 특히 신용등급이 낮은 이른바 '서브 프라임' 계층에게까지 대출을 해주면서 점점 일이 커졌다. 서브 프라임 등급 대출자들은 신용도가 낮고 소득도 불안정한 계층이다. 이들은 당연히 금리가 높은 대출을 받아야 했지만 당장의 제한을 2-28 모기지라는 신상품으로 회피할 수 있었다.

2-28 모기지란, 처음 2년의 거치 기간 동안에는 아주 낮은 금리(혹은 수수료)만 낸 후, 3년째부터 30년째까지는 서브 프라임 등급이 물어야 하는 고금리 이자를 내고 원금도 상환해야 하는 상품이다. 2-28 모기지는 거치 기간이 지난 후 3년째부터는 부동산 담보 대출이 부실화될 가능성이 매우 높기 때문에 상당히 위험한 상품이었다. 당시 미국 서브 프라임 등급의 신용도를 가진 사람들은 대출할 때 8~10퍼센트 이상의 금리를 물어야 했다. 처음 2년의 거치 기간 동안 집값이 충분히 오르지 않는 한 3년차에는 거의 대부분의 대출자가 '디폴트' 즉 채무불이행으로 이어지는 구조였던 것이다.

2005년, 라구람 라잔은 2-28 모기지 같은 위험한 상품이 2004년 말부터 대거 팔리고 있는 상황을 경고했던 것이다. 그러나 당시 그의 경고는 그린스펀을 비롯한 대다수 연준 관계자의 비아냥대는 소리를 듣는 데 그쳤다. 당시 연준 관계자들은 부동산처럼 중요하고 덩치 큰 자산을 구입하는 투자자들은 '심사숙고해서 자신의 상환 능력을 점검했을 것'이라는, 매우 비현실적인 가정에 도취되어 있었기 때문이다. 『폴트 라인』을 조금 더 인용해 보자.

> 세미나 때마다 동료학자들과 지나치리만큼 거침없는 비판을 서로 주고받는 데 익숙해서 사실 〔잭슨 홀 콘퍼런스에 경험한〕 그 정도 비판은 아무것도 아니었다. (…) 다만 그때 마음이 불편하고 화가 난 이유는 분명히 눈에 보이건만 아무것도 보이지 않는다고 부정하는 그들의 태도 때문이었다.
>
> —16쪽

이른바 '왕따'가 된 셈이다. 그러나 경제학의 세계는 '검증'의 절차가 기다린다. 이때로부터 불과 2년이 지나지 않아 미국 부동산시장이 붕괴되고 더 나아가 수많은 금융기관이 파산 위기에 봉착하면서, 라구람 라잔은 세계적인 스타가 되었다.

부시 행정부가 택한 '쉬운 길'

그런데, 연준만 미국 부동산 버블의 책임을 온전히 져야 할까? 그것은 아니라는 게 라잔 박사의 지적이다. 부시 행정부가 지속적으로 추진했던 부동산 대출 관련 규제 완화가 없었더라면 2-28 모기지 같은 사악한 상품은 절대 출시되지 않았으리라는 것이다.

그렇다면 부시 행정부는 왜 그런 파멸적인 정책을 추진했을까? 라잔 박사는 그 이유가 당시 미국 사회에서 부각되던 '경제적 불평등' 문제에 있다고 주장한다.

[10퍼센트의 사람들이 소득의 90퍼센트를 차지하는] 90/10 편차가 존재하는 이유를 보면, 상당 부분 경제학자들이 대학 프리미엄이라고 부르는 것에서 기인함을 알 수 있다. 1980년 이래로 고졸자의 임금에 비해 대졸자의 임금은 훨씬 빠른 속도로 상승했다. 2008년 인구조사국이 실시한 '현재 인구 조사' 결과에 따르면, 고졸자의 평균 임금은 2만 7963달러였다. 반면 대졸자의 평균 임금은 4만 8097달러였고, 전문직 관련 학위(의대 졸업장인 MD 또는 MBA 같은 학위) 소지자의 경우, 평균 소득은 8만 7775달러나 되었다. 최상위권과 최하위권 간 90/10의 편차 원인이 확실히 대학 프리미엄에 있다는 사실이 입증된 것이다. (…)

그렇다면 대학 프리미엄은 왜 점점 더 증가하는 것일까? 일부 학자들은 기술 발전으로 인해 사회에서 요구하는 개인의 능력 수준이 점점 더 높아지기 때문이라고 보고 있다. 즉, 경제학자들이 '숙련 편향적 기술 변화'라고 부르는 것이 더욱 심화되기 때문이라는 것이다. (…) 사실 기술발전으로 가장 큰 변화가 일어난 분야는 바로 교육이었다. 1930년부터 1980년 사이 30세 이상 미국인의 재학 기간은 매 10년마다 1년씩 증가했다. 그 결과 1980년의 경우, 재학 기간이 1930년보다 4.7년이나 더 길었다. 그러나 그 이후, 즉 1980년부터 2005년까지

는 그 이전에 비하면 빙하기라고 볼 수 있다. 이 25년 동안 미국인의
재학 기간은 총 0.8년밖에 증가하지 않았기 때문이다.

그렇다면 왜 교육 공급 증가율이 이처럼 둔화된 것일까? 그 주된 이
유 중 하나는 고등학교 졸업자 비중이 증가하지 않은 데에서 찾을 수
있다. 미국에서는 전체 인구 중 고졸자가 차지하는 비중이 1980년 이
후 제자리걸음을 하고 있는 반면, 다른 나라의 경우에서는 미국 수준
을 따라잡았거나 이미 추월한 상태이다.

—56~57쪽

왜 미국 사람들은 자녀를 교육시키는 데 신경을 쓰지 않을까? 앞에
서 살펴본 것처럼 일부 아시아계 등을 제외하고는 미국 사회가 '차별
의 악순환' 속에서 점점 희망을 잃어 가고 있기 때문일 것이다. 게다
가 정치적 보수화 경향 속에서 저소득층 자녀들이 고등교육을 이수할
수 있도록 지원하는 제도들이 축소된 것도 영향을 미쳤을 것이다.

이상의 여러 이유로 미국 사회 내 불평등이 심화하고 정치적 갈등
이 깊어지자, 부시 행정부는 어려운 길을 가기보다 쉬운 길을 선택했
다. 여기서 어려운 길은 교육 불평등을 완화하고 교육 시스템을 손보
는 등 정부가 막대한 재정을, 그것도 긴 시간 투입하는 것이다. 그리
고 쉬운 길이란, 일거에 경기를 부양해서 사람들의 소득 격차를 줄이
는 것이다.

(미국 정부가 소유하고 있는 주택담보대출 기관인) 패니, 프레디 그리고
FHA가 직접 제공한 서브프라임 대출은 (…) 2007년 경에는 3000억
~4000억 달러 수준에 달했다. 〔이들이〕 제공한 모기지 대출은 평균적

으로 전체 모기지 대출 시장의 54퍼센트를 차지했으며, 가장 높았던 2007년 경우에는 무려 시장 점유율이 70퍼센트 수준까지 올라갔다.

핀토는 2008년 6월 현재 패니와 프레디, FHA 그리고 그 외 다양한 정부 산하 기관이 제공한 서브프라임과 Alt-A 대출이 2조 7000억 달러 규모에 이르는 것으로 평가하고 있는데, 이는 이런 성격으로 제공된 전체 대출의 약 59퍼센트를 차지하는 높은 비중이다.

그렇다면 저소득 계층을 겨냥한 고위험 모기지 대출과 관련해 우리가 도출할 수 있는 결론은 무엇인가? 한마디로 말하면, 이 분야는 정부가 직접 주도한 또는 정부의 큰 입김 하에 움직인 시장이라고 할 수 있다.

—84쪽

　간단하게 이야기해, 전 국민을 부자로 만드는 정책을 택함으로써 경제적 불평등 문제를 완화하고 정치적 갈등을 해소하려 들었던 것이다. 그러나 그 결과 미국 경제는 1929년 대공황 이후 가장 심각한 경기 침체를 경험하고 말았다. 이로써 공화당은 8년 동안 민주당에게 정권을 빼앗기긴 했지만, 미국 국민들이 겪은 끔찍한 고통은 대체 누가 또 어떻게 보상할 것인가?

chapter 13

방만한 금융기관을
구제해 준 이유

『벤 버냉키, 연방준비제도와 금융위기를 말하다』

앞에서 2008년 글로벌 금융 위기의 근원으로 '정치 문제'를 거론한 바 있는데, 이는 비단 보수파에만 해당되는 게 아니다. 2008년 말 세계를 떠들썩하게 달군 이슈인 '월가 점령 운동(Occupy the Wall Street)'도 경제학자 시각에서 봤을 때에는 매우 잘못된 행동으로 비칠 수 있다.

나 역시 그들의 열정에는 많은 부분 공감한다. 2008년 겨울은 정말 추웠는데, 당시 여의도 증권거래소 앞에서 얇은 천막을 치고 밤샘 시위를 벌이던 젊은 대학생들에게 따뜻한 차 한 잔 사주고 싶은 마음이 굴뚝같았다. 그렇지만 나는 그들의 주장에 공감할 뿐 동의할 수는 없었다. 금융기관 이코노미스트로서 나는 연준이 부실한 금융기관을 구제하지 않았다면 어마어마한 파국이 도래했을 거라고 생각했기 때문이다.

1929년 대공황을 불러온 실책

대형 금융기관들이 파산할 때 왜 더 큰 위기가 연이어 발생하는가? 그 이유를 버냉키 전 연준 의장은 『벤 버냉키, 연방준비제도와 금융위기를 말하다』에서 상세하게 설명한다. 1929년 대공황 당시 미국 연준이 금융기관이 파산하도록 내버려 두자 어떤 일이 벌어졌는지, 직접 들어 보자.

대공황 기간 중 연방준비제도는 무슨 일을 하고 있었을까요? 연준이 대공황이라는 커다란 첫 시련에 직면하여 통화정책 측면과 금융안정 측면 둘 다에서 모두 실패했다는 사실은 안타까운 일입니다.

통화정책 측면에서, 심한 침체기에는 누구나 통화정책의 완화를 기대하게 되는데도 연준은 여러 가지 이유로 그렇게 하지 않았습니다. (…) 물가 수준이 10퍼센트나 하락했다면, 이는 통화정책이 너무 지나치게 긴축적이기 때문임이 분명합니다. (…) 설상가상으로, 앞서 언급했듯이, 금본위제도 하에서 환율이 고정됩니다. 이제 연준의 정책이 다른 나라들에 전파될 수밖에 없었고, 이로 인해 이들 나라도 지나치게 긴축적인 통화정책의 영향을 받을 수밖에 없었습니다. 이것이 세계 경제의 파국을 초래한 하나의 원인이 되었습니다. (…) 금리를 높게 유지하면 미국 내 투자가 유리해지면서 국외로의 자금 유출이 방지될 것이라고 연준은 주장했습니다. 그러나 이러한 긴축은 잘못된 정책이었습니다. 경제가 높은 금리를 필요로 한 것이 아니었으니까요. 1933년 프랭클린 루즈벨트 대통령은 금본위제도를 포기했습니다. 그러자 갑자기 통화정책의 긴축 강도가 훨씬 약해지면서 1933

년과 1934년에 경제가 매우 강력한 반등 기류를 타게 되었습니다.

—41~43쪽

대학교에서 진행했던 특강을 책으로 옮긴 것이라 버냉키 의장의 말투가 사뭇 조곤조곤하다. 독자의 이해를 돕기 위해 조금만 부연 설명하자면, 금본위제란 모든 화폐의 발행을 보유하고 있는 금의 양에 연동시키는 제도이다. 쉽게 이야기해, 캘리포니아에서 노다지가 터지면 경제 전체에 화폐 공급이 증가하고 반대로 무역수지 적자로 금이 해외로 유출되면 경제 전체의 화폐 공급이 줄어드는 시스템이다. 금본위제하에서 통화 공급은 금의 공급에 좌우된다.

1929년 대공황 발생 직후 미국 연준이 금리를 인상한 것은 이런 배경 속에 이해되어야 한다. 해외로 유출되는 금을 다시 미국으로 환류시키기 위해 눈물을 머금고 금리를 인상했던 것이다. 그러나 금리 인상으로 인해 돈을 빌려 주식과 부동산에 투자했던 사람들이 파산하고, 기업들이 자금난 속에서 근로자들을 대규모로 해고하는 사태가 빚어져, 미국 경제는 걷잡을 수 없는 악순환에 빠져들고 말았다.

〈도표16〉은 1929년을 전후한 미국의 경제성장률을 보여 주는데, 1930년 마이너스 8.5퍼센트 1931년 마이너스 6.4퍼센트, 그리고 1932년 마이너스 12.9퍼센트를 기록했다. 참고로 이 데이터는 모두 실질 경제성장률로, 단 3년 만에 미국 경제가 1929년에 비해 70퍼센트 수준으로 수축했음을 의미한다. 경제 규모가 30퍼센트나 줄어들었다는 것은 기업 매출도 30퍼센트 줄었고, 나아가 근로자들의 소득도 30퍼센트 이상 줄었다고 해석될 수 있다.

〈도표 16〉 1929년 대공황을 전후한 경제성장률(색선, 좌축)과 회사채 금리(먹선, 우축) 추이
　　　　 출처: 미국 세인트루이스 연준

중앙은행의 역할과 책임

이 대목에서 한 가지 의문이 제기된다. 1930년대에 금본위제를 채택한 나라가 미국만은 아니었을 텐데 왜 미국만 이런 참혹한 파국을 맞았을까? 그 이유는 1930년대에만 무려 1만 개가 넘는 은행이 파산함으로써 심각한 신용 경색이 발생했기 때문이다. 즉, 시중에 돈이 돌지 않아 우량한 기업들이 부도 위험에 처하는 상황이 벌어졌다.

왜 미국 은행들은 그렇게 연쇄적인 파국을 맞이했을까? 버냉키는 당시 미국 연준이 중앙은행의 중요한 임무 중 하나를 방기했기 때문이라고 지적한다.

중앙은행은 무슨 일을 할까요? 이들의 사명은 무엇일까요? 중앙은행이 하는 일을 두 가지 광범위한 측면에서 논의하는 것이 좋겠습니다. 첫 번째 측면은 거시 경제의 안정을 이루기 위해 노력하는 것입니다. 즉, 안정적 경제성장을 달성하고, 경기침체 등과 같은 커다란 변동을 피하며, 인플레이션을 낮고 안정적으로 유지하는 것을 의미합니다. 이것이 중앙은행의 경제적 기능이죠. 이번 일련의 강의에서 많은 주의를 기울이게 될 중앙은행의 다른 한 가지 기능은, 금융안정을 유지하는 것입니다. 중앙은행은 금융 시스템이 정상적으로 작동되도록 하기 위해 노력하며, 특히 금융패닉 또는 금융위기를 예방하거나 경감하기 위해 노력합니다.

—14쪽

1929년 연준이 방기했던 임무는 바로 금융 안정을 유지하는 것이었다. 1929년 10월에 시작된 갑작스러운 주식시장 폭락 사태와 연준의 금리 인상은 은행에 큰 타격을 가했다. 일단 주식 관련 대출이 부실화될 가능성이 높아진 데다, 연준의 금리 인상으로 인해 향후 경기가 나빠질 가능성이 높아졌기 때문이다. 문제는 이런 사실을 은행 경영진뿐만 아니라, 예금자들도 함께 인식하고 있었다는 점이다.

예금자들 입장에서는 자기가 돈을 맡긴 은행이 부실화되면 예금을 돌려받을 수 있을지 걱정하는 게 당연했고 이 걱정은 곧 '뱅크런(bank run)'으로 이어졌다. 뱅크런은 예금자들이 자신의 예금을 찾기 위해 몰려와 장사진을 치는 상황을 의미한다. 뱅크런이 위험한 이유는 은행들이 예금을 대부분 대출해 주었기 때문에 일거에 많은 예금자들이 예금을 회수하기 시작하면 유동성 부족을 겪을 수 있기 때문이다.

멀쩡히 건전한 은행도 뱅크런이 터지는 순간 일시적인 자금난을 이기지 못해 파산할 수 있다. 그리고 은행의 파산은 연쇄적인 대출 회수를 부르기 때문에, 경제 전반에 치명적인 타격을 가하게 된다. 따라서 중앙은행은 건전한 은행의 파산을 막기 위해 유동성을 공급하는 등 이른바 '최종 대부자'로서의 기능을 수행해야 하는데, 1929년 당시 미국 연준은 이 임무를 방기했던 것이다.

이 대목에서 버냉키 의장의 이야기를 다시 청취해 보자.

> 중앙은행이 이 두 가지의 광범위한 목적을 이루기 위해 사용하는 수단으로는 무엇이 있을까요? 아주 단순하게 말해서, 기본적으로 두 벌 (set)의 수단이 있습니다.
>
> 경제적인 안정 측면에서는, 통화정책이 주된 수단이 됩니다. 예를 들어 평상시, 연준은 단기금리를 인상하거나 인하할 수 있습니다. 공개시장에서 증권 매입 및 매각을 통해 그렇게 하는 것이지요. 경제가 너무 느리게 성장하고 있거나 인플레이션이 너무 낮은 수준으로 떨어지고 있다고 생각해봅시다. 이런 경우 연준은 흔히 금리를 낮춤으로써 경제에 자극을 줄 수 있습니다. 낮아진 금리는 다른 다양한 금리들을 낮추는 힘으로 작용함으로써, 예를 들면 주택 취득에 대한 지출이나 건설에 대한 지출, 기업 투자 등을 진작시키게 됩니다. (…)
>
> 금융패닉이나 금융위기에 대처하기 위해 중앙은행이 주로 사용하는 수단은 유동성 제공입니다. 이 수단은 경제 안정을 도모하기 위한 통화정책에 비해 조금 덜 알려져 있습니다. 금융안정에 대한 우려를 해소하기 위해 중앙은행이 할 수 있는 한 가지 일은 금융기관에게 단기 대출을 해주는 것입니다. (…) 패닉 또는 위기의 기간 동안 금융기관

에게 단기 신용을 제공하면, 시장을 진정시키는 데 도움이 되고, 금융기관을 안정화하는 데 도움이 되며, 금융위기를 완화하거나 끝내는 데에도 도움이 됩니다. 이런 활동은 '최종대부자' 수단이라는 이름으로 잘 알려져 있습니다.

—14~16쪽

중앙은행의 두 번째 수단, 즉 유동성 지원은 도덕적인 비난 앞에서 쉽게 무기력해지곤 한다. 1929년에 그러했던 것처럼 말이다. 당시 미국의 정책 당국은 1929년에 발생했던 불황이 방종했던 1920년에 대한 도덕적 응징이라 생각했고, 이는 은행에 대한 유동성 지원을 꺼리는 결과를 가져왔다. 그러나 1920년대에 일부 집단의 방종이 있었다 한들, 대공황으로 인한 고통은 방종을 저지른 사람들보다는 아무런 죄 없는 가난한 집의 아이들에게 집중되었음을 생각할 필요가 있다.

연준의 과감한 유동성 지원 결정

이런 과거사에 대한 반성을 기반으로 2008년 당시 버냉키 의장은 단호하게 유동성을 지원함으로써, 대공황과 같은 파국적인 위기로 번져 나가는 것을 가까스로 저지할 수 있었다. 이 대목에서 버냉키 의장의 변명을 들어 보는 게 좋겠다.

패닉은 심각한 문제일 수 있습니다. 한 은행에 문제가 생기면, 그 이웃 은행의 사람들은 자기들 은행에도 문제가 발생할까 봐 염려하기 시작할 것입니다. 그러므로 한 은행에서 일어난 뱅크런은 여러 은행의 뱅크런(은행 패닉)으로 확산될 수 있습니다. (…)

그렇다면 연준은 이런 문제를 어떻게 도울 수 있을까요? 중앙은행이 최종대부자로서 행동한다는 사실을 떠올려봅시다. 〔은행은〕 우량 대출을 다량 보유하고 있으나 이 대출을 금세 현금으로 바꿀 수 있는 것은 아닙니다. 게다가, 자기 돈을 당장 돌려달라고 요구하는 사람들이 현관에 몰려와 있습니다. 연준이 영업 중인 시간이라면 〔은행은〕 지역 연준 사무실에 전화를 걸어 다음과 같이 말할 수 있을 겁니다. "자, 나에게는 담보로 제시할 수 있는 우량 대출이 잔뜩 있답니다. 이것을 담보로 현금 대출을 해주세요." 이렇게 해서 〔유동성 위기에 처한 은행들은〕 중앙은행에서 현금을 얻어 와 예금주에게 지급할 수 있는 것이지요. 〔은행이〕 지급능력을 정말로 갖고 있는 한, 뱅크런은 가라앉고 패닉은 종료될 것입니다.

—19~21쪽

즉 일부의 오해와 달리, 아무런 대가 없이 연준이 금융기관에 유동성을 지원해 주는 게 아니다. 연준은 건전한 자산을 담보로 잡고 또 높은 금리의 이자를 물리면서 금융기관에 돈을 빌려준다.[13] 연준이 금융기관에게 높은 금리를 청구하는 이유는 다른 게 아니다. 만일에 발생할 수 있는 유동성 위기에 제대로 대응하지 못한 금융기관에게 책임을 묻는 것이다.

결국 미국 경제는 부시 행정부의 규제 완화와 그린스펀의 저금리 정책 영향으로 크나큰 위험에 처했지만, 대공황의 교훈을 기억한 버냉키 의장과 다른 연준 멤버들 덕분에 가까스로 구제되었다고 볼 수

1부 이 책들이 나를 만들었다

<도표 17> 미국(실선)과 유럽(점선)의 실업률 추이
　　　　출처: 트레이딩 이코노믹스

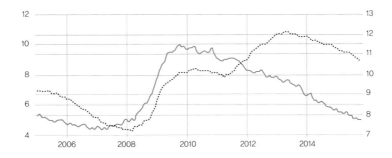

있다. 그리고 미국과 유럽의 실업률을 나타낸 〈도표17〉에서 보듯, 미국 경제는 다른 나라에 비해 월등히 빠른 경기회복을 만끽하는 중이다. 우리나라도 버냉키 의장, 아니 라구람 라잔 같은 중앙은행 총재를 수입해 올 수는 없을까?

chapter 14

사기극에 속지 않는 방법

『숫자에 속아 위험한 선택을 하는 사람들』

이코노미스트 생활을 하면서 가장 즐거운 순간을 고르라면, 역시 마음에 드는 책을 발견해 읽는 순간이 될 것이다. 지금까지 소개한 책들을 처음 만났던 순간에는 마치 아리따운 소녀를 처음 만날 때처럼 가슴이 두근거렸다. 그러나 최근에는 대형 서점을 나가 봐도 마음에 드는 경제 경영 서적을 발견하기가 쉽지 않다. 경제 경영 베스트셀러 코너를 살펴보면 자기계발서가 압도적으로 많으며, 그다음으로 눈에 띄는 것은 『화폐 전쟁』류의 음모론 소설들이다.

『화폐 전쟁』 같은 베스트셀러를 비판하는 것은 수많은 독자를 적으로 돌리는 어리석은 짓임을 잘 알지만, 이 대목에서 음모론을 다룬 책을 비판하지 않고 넘어갈 수가 없다. 이런 책들은 독자의 '이성적 판단'을 가로막는 역할을 하기 때문이다.

음모론 가득한 베스트셀러 코너

내가 읽은 음모론 관련 책의 내용은 대동소이했다(내 돈 주고 사서 본 경우는 거의 없고, 출판사에서 독후감을 부탁하면서 보내 준 것들이 대부분이다). 대부분 유태인 금융자본이 세계 금융시장을 사실상 지배하고 있으며, 2008년 위기도 유태인 금융자본이 일으킨 것이라는 주장을 반복하고 있다. 특히 미래 전망 부분이 재미있는데, 앞으로 '달러의 위기'가 출현할 것이니 금이나 중국 위안화 등에 투자해야 한다는 결론을 내리는 책이 꽤 있었다.

물론, 이런 이야기는 소설로서는 매우 재미있다. 그렇지만, 현실의 '검증' 측면에서 그 신뢰성이 대단히 낮음을 쉽게 알 수 있다. 예를 들어, 유태인 금융자본의 대표주자라 할 수 있는 리먼브라더스, 골드만

〈도표 18〉 2008년 이후의 국제 금 가격(색선, 좌축)과 중국 위안화 환율(먹선, 우축) 추이
출처: 미국 세인트루이스 연준

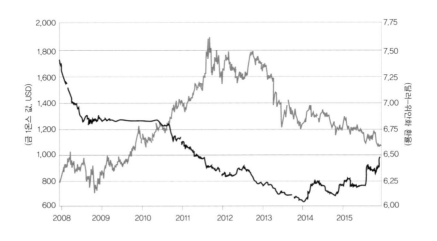

유쾌한 이코노미스트의 스마트한 경제 공부

삭스 등의 투자은행들은 2008년 위기에 어떤 상황에 처했는가? 대부분 망하거나 심각한 타격을 받아 2008년 위기 이전의 성세를 전혀 회복하지 못하고 있다.

한편 달러화의 지위는 흔들리기는커녕, 더욱 그 지위가 굳건해지고 있는 형편이다. 반면, 금이나 위안화 등 음모론자들이 선호하는 자산 가격은 최근 크게 하락한 상황이다. 물론, 지금 이 순간까지도 음모론 소설을 집필한 작가들이 자신들의 주장을 따랐다가 손실을 크게 본 사람들에게 사죄했다는 이야기를 들은 바 없다. 다음과 같은 에피소드는 간혹 벌어지지만 말이다.[14]

베스트셀러 『화폐 전쟁』의 저자 쑹훙빙이 그의 잘못된 정보로 400억 위안의 손실을 입었다고 주장하는 투자자들로부터 공개 장소에서 폭행을 당했다.

14일 홍콩 사우스차이나 모닝포스트에 따르면 쑹훙빙은 지난 12일 산시성 타이위안의 한 호텔에서 투자전략 등을 주제로 강연을 마친 뒤 질의응답 시간에 중년 남녀 투자자들로부터 거센 항의를 받았다. 투자자들은 쑹훙빙에게 "사기꾼"이라는 욕설과 함께 "학자가 '바람잡이' 역할을 해 선량한 백성들을 곤경에 빠뜨렸다"고 소리 지르기도 했다. 결국 쑹훙빙은 이들 투자자에게 둘러싸여 옷이 찢기고 안경을 짓밟히는 수모를 당했으며 이들에게 잘못을 인정하는 사과문을 써준 뒤 풀려날 수 있었다.

이들 투자자는 금융사기 사건으로 비화된 판야(泛亞) 금속거래소가 운영하는 금융상품에 지분 투자를 한 이들로 쑹훙빙이 과거 희귀금속 관련 금융상품의 수익성을 긍정적으로 평가했던 것에 불만을 품고 일

1부 이 책들이 나를 만들었다

을 저질렀다. (…) 하지만 쑹훙빙은 이날 사건 직후 개인 성명을 통해 "협박에 못 이겨 사과문을 써야 했었다."라며 판야의 수익성을 옹호하거나 지지하는 발언을 한 적이 없다고 부인했다.

그는 "판야의 초청을 받고 방문해 경제 상황을 분석하는 강연을 한 적은 있지만 판야의 주식 한 주도 갖고 있지 않으며 다른 방식으로 수익을 나누지도 않았다."며 "결코 구두로 판야 상품에 투자하라고 한 적이 없다."고 강조했다.

이런 일은 중국에서뿐만 아니라 한국에서도 흔하게 벌어진다. 당장 인터넷에 접속해 '재테크 베스트셀러 작가 사기'라고 검색해 보라. 흥미진진한 기사가 화면을 채울 것이다.[15] 앞에서 소개한 경제학자 나심 탈렙이 지적했던 것처럼, 어떤 투자자의 성과가 행운에 따른 것인지 아니면 진정한 실력에 의한 것인지 (나아가 성과를 포장해 사기를 치는 건 아닌지까지) 구분하기 위해 노력할 필요가 있다.

숫자 앞에서 작아지는 우리들

어떻게 해야 우리는 이런 사기극에 휘말리지 않을 수 있을까? 『숫자에 속아 위험한 선택을 하는 사람들』과 같은 과학 관련 서적을 읽는 것도 한 가지 대안이라고 생각한다. 이 책을 보면, 우리의 일상생활이 얼마나 숫자 및 통계와 밀접한 연관을 맺고 있으며, 또 수학 지식을 절실히 필요로 하는지 알 수 있다. 흥미로운 사례가 바로 최근 할리우드 유명 여배우의 유방 제거 수술로 부각된 '유방암 검진'의 신뢰성 이야기이다.

40세 여성이 유방암에 걸릴 확률은 1퍼센트다. 만일 어떤 여성이 유방암에 걸렸다면, 유방촬영술에서 결과가 양성으로 나올 확률은 90퍼센트다. 만일 유방암에 걸리지 않았다면, 그래도 결과가 양성으로 나올 확률이 9퍼센트다. 그렇다면 양성 결과가 나온 여성이 실제로 유방암에 걸렸을 확률은 얼마일까?

금방 답을 할 수 있는가? 우리는 이와 비슷한 상황을 살면서 수도 없이 겪지만, 이런 숫자 앞에서 무기력함을 드러낸다. 기거렌처는 위의 문장을 다음과 같이 바꿔 보자고 제의한다. 똑같은 정보를 확률이 아닌 '자연 빈도(natural frequency)'로 다시 써보자는 것.

100명의 여성이 있다. 그중 1명은 유방암에 걸렸고, 또 유방촬영술에서 양성으로 나온다. 유방암에 걸리지 않은 99명의 여성 중에서 9명 역시 유방촬영술에서 양성으로 나온다. 즉 모두 [100명 중] 10명이 양성 결과가 나온다. 그러면 양성 결과가 나온 여성 중 실제로 유방암에 걸린 여성은 몇 명일까?

—11쪽

이건 답이 금방 나온다. 10명의 양성 판정 여성 중에서 실제로 암에 걸린 사람은 1명이니, 유방 촬영술에서 양성 판정을 받아도 90퍼센트의 여성은 사실 암에 걸리지 않은 것이다. 다시 말해 유방암 조사 결과가 '양성'으로 나와도, 정말 암에 걸렸을 확률은 10퍼센트에 불과하다.

　어떤 투자자가 두 번째로 인용된 방식, 즉 누구나 알아듣기 쉽고 일목요연하게, 그리고 경쟁자 대비 자신들의 투자 성과를 이야기하면 신뢰할 수 있다. 그러나 그게 아니라 '100억 번 투자 전문가'라는 식으로 두루뭉술하게 자신을 선전할 때에는 일단 경계해야 한다.

그럴듯한 '스토리'를 경계하라

특히 경계할 것은 '스토리' 위주의 주장이다. 노벨경제학상을 수상한 인지심리학자 대니얼 카너먼은 자신이 쓴 학술논문 130여 편 중에서 가장 마음에 드는 논문이 무엇이냐는 질문을 받고 아모스 트버스키와 공동 집필한 「예측의 심리학에 관하여」라는 논문을 꼽았다.[16] 이 논문에서 카너먼은 다음과 같이 주장했다.

> 인간은 어떤 사건이 얼마나 '이야기'로서 그럴듯한지를 토대로 예측한다. 그러나 그 예측의 신뢰성은 매우 떨어진다.

　쉽게 이야기해, 흥미로운 일화를 가지고 자신의 성과나 주장을 늘어놓는 사람들을 신뢰하지 말라는 이야기다. 그 이야기가 얼마나 믿을 만한지, 과거 유사한 상황에서 어떤 일이 일어났는지를 따져보는 것이 더 중요하다.

　나도 사람인지라 흥미로운 스토리에 깜빡 넘어간 적이 한두 번이 아니다. 그러나 『숫자에 속아 위험한 선택을 하는 사람들』을 읽은 후부터는 다음과 같이 반문하고는 한다. "그러세요? 통계를 확인하게 잠깐만 기다려 주시겠어요?"라고 말이다. 물론 주변에서는 나를 '까칠한 사람'으로 부르는 것을 잘 알고 있다. 그래도 성마른 사람으로 취급받는 게 음모론이나 사기꾼에게 속아 귀한 시간과 자산을 털어먹는 것보다는 훨씬 나은 선택이 아닐까?

이코노미스트와 함께하는
경제 공부

: 기초부터 고급 단계까지 경제 지식 파노라마

1부에서 '지금의 나를 만든 책'을 소개했다면, 2부에서는 경제를 공부하려는 사람들에게 도움 되는 책들을 소개해 보려 한다.

경제를 배운다는 것을 아주 간단하게 축약하면 '수요와 공급의 분석에 입각해서 세상을 보는 방법'을 체득하는 과정이라 할 수 있다. 가령, 경기가 불황에 빠지는 이유는 가계와 기업이 소비나 투자를 줄여 전반적으로 수요가 둔화되었기 때문이다. 감정적으로는 불황이 '과거의 방탕한 태도에 대한 징벌'처럼 느껴질지 모르지만, 경제학자들은 그런 시각에 대해 매우 냉소적이다.

예를 들어 보자. 1990년 이후 일본 경제가 그토록 심각한 불황을 겪는 이유가 1980년대 저질렀던 일본인의 잘못, 즉 주택과 주식 버블 때문이라고 한다면, 1989년 이후에 태어난 일본의 젊은 세대는 무슨 죄를 저질렀기에 그런 고통을 맛봐야 하는가? 불황을 과거의 방탕 탓

경제 공부란 무엇인가?

으로 돌리면 지난 과오를 인정하고 근검절약하는 삶을 살아가야 한다는 결론에 이르기 쉽다. 하지만 일본 사람들이 근검절약하면 할수록 경제가 점점 더 불황의 늪에 빠져드는 이유는 무엇일가?

어쩌면 경제를 배우는 일이란 '세계관을 바꾸는 일'이라고도 볼 수 있다. 세상에서 벌어지는 일을 수요와 공급의 입장에서 분석하는 것. 나아가 이러한 분석으로 다 설명하지 못하는 부분이 있음을 인정하고 어떤 요인이 이런 상황을 만들었는지 탐구해 나가는 것이야말로 경제를 배우는 과정이라 하겠다.

기본적인 경제 분석 방법론을 체득한 후에는 행동경제학 및 게임이론에 대한 공부로 넘어가는 것도 좋고, 나아가 모든 경제적 활동이 결국은 정치적인 역학관계와 연관을 맺고 있음을 인식하면서 정치사회 문제를 다룬 책을 읽는 것도 좋은 방법이다. 나의 경우에는 경제를 공부한 후 다시 역사 쪽으로 관심의 폭을 넓혀 나갔지만, 이 경로는 내가 오래전부터 역사에 관심이 많아서 흘러온 길이니, 개개인의 취향 따라 선택하면 좋을 것이다.

추천 도서의 구성

2부의 각 장에서 소개하는 첫 번째 책들은 '쉬운' 개설서의 성격을 띤다. 어렵지 않게, 쉽게 읽을 수 있는 책을 선정하는 데 가장 주안점을 두었다. 아무리 내용이 좋으면 뭐하나? 내용이 이해되지 않고, 특히 문장이 난삽하면 독자의 시간과 집중력을 순식간에 갉아먹는 것을! 따라서 각 장의 첫 번째 책을 읽고 그 다음에 소개하는 책들을 읽을 것을 권한다.

두 번째 책들은 개설서의 내용을 수정 및 보완해 주는 책들로 골랐다. 예를 들어 2부 첫 번째 장에서는 『오영수 교수의 매직 경제학』에 이어서 폴 크루그먼의 『경제학의 향연』을 소개하는데, 이는 많은 고민 끝에 선정한 것이다. 『매직 경제학』의 내용을 충분히 숙지한 사람들은 폴 크루그먼의 다소 논쟁적인 글을 충분히 소화할 수 있으리라 생각한다. 따라서 두 번째 책은 특히 각 분야를 주도하는 최고의 저술가들이 쓴 책을 배치하는 방식으로 구성했다.

세 번째 혹은 네 번째 소개된 책들은 앞에서 읽은 책들에 대한 반론, 혹은 심층적인 논의 진행에 필요한 내용을 담고 있다. 예를 들어 주식 관련 추천 서적에는 조엘 그린블라트와 버튼 G. 맬킬의 얌전한 책을 소개한 다음, 갑자기 켄 피셔의 논쟁적인 책이 추가되는 식이다.

이처럼 논쟁적인 책들을 소개하는 이유는 학문의 세계 그리고 지식의 세계에는 영원불멸한 진리가 매우 드물기 때문이다. 어떤 한 저술가 혹은 한 학자의 주장만 수용하는 것은 오히려 세상을 이해하는 능력을 떨어뜨릴 위험이 높다.

대표적인 예가 장하준 교수의 책들이다. 나는 개인적으로 장하준의 열렬한 팬이지만, 예전에 출간된 책은 몰라도 최근에 쓴 책들에 대해서는 아쉬움이 있다. 예를 들어 『그들이 말하지 않는 23가지』는 다른 저자가 반론을 담은 책을 출간할 만큼 격렬한 논쟁의 한가운데 서 있었다. 이런 경우에는 개설서에 넣기도 어렵고, 또 심화 서적으로 빼기도 어려워 어쩔 수 없이 제외할 수밖에 없었다.

목록을 작성하며 아쉬웠던 점은 우리나라 출판계가 너무 명망 있는 저자의 책만 번역하려 든다는 것이었다. 예를 들어 '인구 감소=나라 멸망' 같은 선정적인 등식을 줄기차게 주장하는 저자의 책은 신작이 나올 때마다 신속하게 번역되는 반면, 미국이나 유럽에서 발간된 논쟁적인 신간은 한국에 잘 번역되지 않는다. 일본 '아베노믹스'의 설계자라 불리는 하마다 고이치 도쿄대 교수의 책 『미국은 일본 경제의 부활을 알고 있다(アメリカは日本經濟の復活を知っている)』가 아직도 번역되지 않은 것도 대표적인 사례가 될 것이다.

이상과 같은 추천 서적을 통해 경제 기초 이론부터 주요 자산시장까지 다양한 경제학적 지식을 쌓았으면 하는 바람이다. 다만, 이 리스트는 전적으로 나의 개인적 경험에 기반을 둔 것이기에 절대적으로 받아들이기보다 상대적인 추천 리스트로 참고하시기 바란다는 이야기를 덧붙여 둔다.

chapter 1

기초 경제 공부,
이 책들로 시작하자

마법처럼 쉬운 경제 입문서
『오영수 교수의 매직 경제학』

경제학을 전공하지 않은 사람이 경제 공부를 시작할 때 많은 어려움에 부딪히기 마련이다. 고등학교 때 사회탐구 과목에서 경제학 기초를 열심히 공부한 사람은 그나마 낫지만, 그렇다 하더라도 일반 독자 입장에서는 경제학 용어가 매우 낯설 수밖에 없다. 이런 분들에게 나는 항상 『오영수 교수의 매직 경제학』을 추천하곤 한다. 다양한 사례를 통해 재미있게 이야기를 풀어갈 뿐만 아니라 경제에 끊임없이 경기순환이 발생하는 이유를 쉽게 이해시켜 주기 때문이다.

100명의 노동자가 하루 8시간씩 일하며 자동차 부품을 생산하는 공장이 있습니다. 그런데 갑자기 부품의 주문량이 두 배로 늘었습니다. 주어진 기간 동안에 생산량을 두 배로 늘려야 하는데 어떤 방법이 있을까요?

두 가지 방법이 있겠지요. 첫 번째는 공장의 기계나 시설은 그대로 둔 채 노동력의 투입을 두 배로 늘리는 겁니다. 기존 직원들의 작업 시간을 두 배로 늘리든지 아니면 직원을 새로 채용하든지 그건 아무래도 좋습니다. 이런 것을 가리켜 가동률을 높인다고 합니다. 이 방법은 당장 써먹을 수 있는 장점은 있지만, 사람이나 기계에 무리가 가기 때문에 오래 지속하기에 곤란하다는 문제가 있습니다.

두 번째 방법은 아예 회사의 규모를 두 배로 늘리는 것입니다. 즉 공장 건물과 기계, 그리고 노동력까지 모두 다 늘리는 방법으로, 이처럼 노동과 자본을 동시에 증가시키는 것을 가리켜 규모가 커졌다고 합니다. 하지만 이 방법은 건물이나 기계와 같은 자본의 양을 변동시켜야 하기 때문에 노동의 투입량만을 변동시키는 첫 번째 방법에 비해 상대적으로 많은 시간이 필요하게 됩니다.

—65쪽

여기까지만 읽고도 벌써 흥미를 느끼는 독자들이 많으리라 생각한다. 이 책은 그래프나 수식 없이도 얼마든지 경제학의 기본 지식을 전달할 수 있음을 보여 주는 좋은 사례라 할 수 있다. 이어지는 내용을 조금만 더 인용해 보자.

여기서 첫 번째의 경우와 같이 자본 투입량이 고정되어 있는 상태를 전제로 하는 기간을 '단기'라고 하고, 두 번째 경우처럼 자본 투입량이 변할 수 있는 좀 더 긴 '기간'을 장기라고 부르는 것입니다. (…)
'노동의 한계생산성이 체감'하는 현상은 이 단기에서 나타나는 법칙입니다. 무슨 말이냐 하면, 포클레인은 그대로 놔두고 인부만 계속 새로 투입하게 되면, 새로 투입된 인부가 해내는 작업 성과는 갈수록 줄어든다는 것입니다. (…) 경제학에서는 이를 가리켜 한계생산성이나 수확물이 점차 감소한다고 해서 '한계생산성 체감의 법칙' 또는 '수확 체감의 법칙'이라고 합니다. (…) 한계생산성 체감은 곧 한계비용의 체증을 가져옵니다. 즉 추가로 투입된 노동력의 생산성이 전에 있던 사람보다 못하면, 이들이 들어와 추가로 만든 제품의 비용, 즉 한계생산비는 어떻게 될까요? 당연히 전보다 더 높아지겠죠? 그리고 또 이 제품의 가격은 어떻게 될까요? 그거야 손해를 보지 않으려면 최소한 한계비용보다는 높아야 하니까 가격도 당연히 한계비용처럼 증가할 것입니다.
"어라? 그러면 생산량이 증가되어 공급량이 늘어날수록 가격도 올라간다는 말입니까? 그렇습니다. 그게 바로 공급곡선이라는 것입니다.

—65~66쪽

이상의 이야기를 듣노라면, 경제의 수요가 크게 증가해 기업들이 적정 노동/장비 수준을 뛰어넘을 정도로 많은 사람을 고용하는 상황이면 물가가 상승할 수밖에 없음을 알 수 있다. 반대로 지금처럼 경제의 수요가 줄어들어 설비가 남아돌고 있는 상황이라면 생산성이 낮은 사람들을 먼저 줄일 테니 기업들의 생산비용은 오히려 떨어지게 될 것이고 이는 결국 물가 하락으로 연결될 가능성이 높다 하겠다.

유동성이 경제에 미치는 영향
『폴 크루그먼의 경제학의 향연』

『매직 경제학』을 통해 경제가 어떻게 돌아가며 나아가 왜 주기적인 경기순환이 발생하는지 이해했다면, 약간 수준을 높여 『폴 크루그먼의 경제학의 향연』을 소개할까 한다.

번역이 매끄럽지 않다는 단점이 있음에도 불구하고 이 책을 추천하는 가장 큰 이유는 바로 '유동성이 경제에 미치는 영향'을 명확하게 설명해 주기 때문이다. 금리를 내려 통화량을 증가시키는 조치가 왜 경기를 회복시키며, 반대로 금리를 올려 통화량을 줄이는 것이 왜 경기의 침체로 이어지는지를 이 책처럼 쉽게 설명한 책을 단 한 번도 본 적이 없다.

참고로 〈도표19〉는 유동성(총통화, M2*)과 제조업 경기의 관계를 보여 준다. 검정색 선은 미국의 총통화 공급 증가율로, 1년 전의 숫자를 나타낸다. 즉, 1년 전에 이뤄졌던 통화 공급의 변화가 현재 제조업 경기에 미치는 영향을 보여 준다. 예를 들어 1979년이나 1987년 그리고 2005년처럼 미국 연준이 통화 공급을 급격히 감소시킬 때에는 그 이후에 경제성장의 탄력이 급격히 위축되는 것을 쉽게 발견할 수 있다.

번역에 관해 사족을 달자면, 우리나라 번역서의 품질은 대단히 들

● M1은 협의통화, M2는 광의통화를 말한다. 시중에 돈이 얼마나 풀렸는지 통화 유동성을 측정하기 위한 구분이다. M1은 민간이 보유한 현금과 수표 발행을 통해 지급을 요구하면 바로 사용할 수 있는 당좌예금, 보통예금 등 은행 요구불예금을 포함한다. 기능 면에서 현금과 거의 같은 개념이라 볼 수 있다. M2는 M1에 예적금 해약 절차 등이 필요하긴 하나 언제든지 현금화가 가능한 정기적금, 정기예금과 같은 은행의 저축성예금과 거주자 외화예금까지를 포함시킨 개념이다. 우리나라에서는 M2를 통화 유동성 중심 지표로 사용해 왔다. 이런 점에서 M2를 총통화라고도 한다.

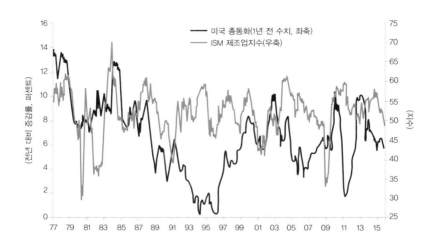

쑥날쑥하다. 가장 큰 이유는 번역가에 대한 처우 문제 때문일 것이다. 번역을 하고자 하는 사람은 많은 반면, 번역서를 낼 출판사 숫자는 적고 출판 시장은 '늘' 불황이기 때문에 번역료는 거의 십수 년 넘게 정체 상태다. 들어가는 노력에 비해 대가가 너무 박할 때 품질은 떨어지게 마련이다. 그럼에도 불구하고 뛰어난 번역을 해내는 번역가들이 있지만 소수에 그친다. 경제 분야에서는 이건 선생이 대표적인데, 그가 번역했다는 사실만으로도 마케팅 파워가 생길 정도다. 아무튼 국내 번역계 사정이 이러하다 보니, 웬만하면 번역서보다는 국내 저자가 쓴 책이 훨씬 더 읽고 이해하기 쉬운 것이 현실이다.

여우의 탁월한 스토리텔링

『당신이 경제학자라면』

1부에서 소개했던 책『당신이 경제학자라면』이 초보자 추천 도서 3권의 마지막을 장식한다. 이 책의 저자 팀 하포드는 어려운 경제 이론을 쉬운 말로 전달하는 데에 탁월한 강점을 지니고 있다. 앞서 구조적 실업 문제를 다룬 솜씨에서도 확인했듯, 크게 모나지 않은 이론을 유려한 필체로 알기 쉽게 설명한다는 것이 이 책의 장점이다.

여기서 내가 '모나지 않은'이라는 표현을 사용한 것은 긍정적인 의미에서다. 예를 들어 2008년 금융 위기에 대한 책을 추천할 때, 폴 크루그먼의 2012년작『지금 당장 이 불황을 끝내라』를 빼놓을 수 없을 것이다. 그런데, 이 책을 쓸 때의 크루그먼은『경제학의 향연』을 쓰던 당시의 얌전한 경제학자가 아니다. 그는 유명한 싸움닭이 되었다. 아마도 그가 변한 것은 노벨경제학상을 수상한 다음이 아닐까?

흔히 큰 상을 받고 나면 사람이 변한다. 일단 '대가'로 자신이 인정받았음을 의식하면서부터 글이 대단히 공격적으로 바뀌는 경향이 나타나는 거다. 즉, 사려 깊은 '여우'에서 모나고 성마른 '고슴도치'로 변신하는 일이 비일비재하게 벌어진다. 그래서 나는 누구든 노벨경제학상을 받았다고 하면, 수상 이후에 쓴 글은 거의 읽지 않는 편이다.

물론, 경제학에 대한 지식이 충분하고 여러 경제학자의 입장을 잘 이해하고 있는 독자라면 이러한 저자의 태도 변화가 큰 문제로 작용하지 않는다. 문제는 지금 이 글을 읽고 있는 '경제학 지식이 약간 부족한' 독자들에게 고슴도치 성향의 경제학자, 그것도 이런저런 수상자라는 꼬리표가 붙은 학자의 강한 주장은 상당한 영향을 미칠 수밖에 없기에, 읽을 때 유의하라는 뜻에서 하는 이야기다.

반대로 내가 '저자의 이름'만 보고 바로 책을 구입하는, 글 잘 쓰는 경제학자 리스트를 소개해 보는 것도 좋겠다.

- 폴 크루그먼: 칼럼은 되도록 안 읽지만, 그는 타고난 글쟁이다.
- 로버트 쉴러: 2000년 정보통신 거품과 2008년 부동산 버블을 예측한 경제학자, 더 말이 필요 없다.
- 팀 하포드: 이만한 글쟁이는 다시 보기 어렵다.
- 제러미 시겔: 주식시장 참여자뿐만 아니라 경제에 관심 있는 사람들이 놓쳐서는 안 될 저자.
- 라구람 라잔: 현재 인도 중앙은행 총재로 일하고 있다는 게 아쉬운 글쟁이. 부디 빨리 책을 써주길!
- 장영재:『경영학 콘서트』의 저자. 제발 책 한 권만 더!

chapter 2

경기순환의 비밀을
알려 주는 책

'돼지 사이클'과 경기 순환

『호황의 경제학 불황의 경제학』

경제학에 대한 기초를 다지고 나면 경기순환에 대한 관심이 높아질 수밖에 없다. 특히 2008년에 겪은 글로벌 금융 위기의 충격이 워낙 컸기에, 앞으로 또 이런 대대적인 위기가 찾아올 가능성을 탐색하려는 욕구가 치솟기 마련이다.

그런데 한국에서 구할 수 있는 경기순환에 관한 책이 그리 많지 않다. 특히 절대 빼먹으면 안 되는 군터 뒤크의 『호황의 경제학 불황의 경제학』이 현재 절판 상태라는 게 무척 안타깝다(다행히도 본서 출간 이후 『호황 vs 불황』이라 는 제목으로 재출간되었다).

이 책을 강력 추천하는 이유는 아래의 인용만 봐도 충분할 것이다.

'돼지 사이클'이라는 단어는 1928년 독일의 경제학자 아르투어 하나우가 발표한 논문 「돼지 가격의 예측」에서 처음 나왔다.[*] (…) 언젠가 알 수 없는 이유로 돼지고기 가격이 상승한다. 축산 농가는 두 손을 비비며 기뻐한다. 그들은 소득이 올라가면서 당연히 더 많은 돼지를 사육하고 싶어 뱃속이 근질거린다. 그들은 평소보다 더 많은 새끼돼지를 구입하고 그 결과 새끼돼지의 가격이 가파르게 상승한다. 그리고 그들은 이제 암돼지를 팔지 않는다. 따라서 암돼지 공급이 줄어들고 도축할 돼지의 가격은 계속해서 상승하며 물류업체의 냉동 창고가 비기 시작한다. 이때 빠르게 팔려나가는 돼지고기를 보면서 판매상인은 되도록 팔지 않고 보유하려고 한다. 그리고 약간의 사재기를 통해서 투기도 한다. 결국 가격은 더욱 상승한다. 소비자들은 한숨을 쉬면서 돼지고기를 사기는 하지만, 머지않아 닭고기로 소비행태를 바꿔버린다.

그동안에 훨씬 더 많은 새끼돼지가 태어난다. 사료 값이 비싸진다. 그렇게 많은 사료가 미리 생산되어 있지 않기 때문이다. 사료 값이 상승함에 따라 돼지의 사육 비용도 상승한다. 이 모든 과정이 흐르기까지 수개월이 걸린다. 마술을 부려 돼지를 당장에 만들어 낼 수는 없기 때문이다. 그 사이 소비자는 높은 돼지고기 가격에 고통 받으면서 돼지고기를 더 적게 먹기 시작한다.

● 이 논문은 인간의 국부적인 영리함(제한적 합리성) 때문에 발생하는 돼지 가격의 변화를 보여주었다는 측면에서, 경기순환 연구에 한 획을 그었다.

이전보다 돼지고기 소비가 줄어들자 돼지고기가 시장에 넘쳐난다. 가격은 즉시 하락하고 축산 농가는 손해를 보게 된다. 비싸진 사료 때문에 손해를 보면서 돼지를 사육해야 하기 때문이다. 반면 돼지 가격은 점점 더 빠르게 하락한다. 축산 농가는 두려움이 들기 시작한다. 사료 값이 너무 비싸서 돼지를 적게 사육하거나 아예 사육하지 않게 된다. 그사이에 도축될 나이가 된 돼지들이 시장에 나온다.

이제 곧 돼지고기는 거의 공짜처럼 헐값에 거래된다. 소비자들은 기뻐하면서 다시 점점 더 많은 돼지고기를 먹기 시작한다. (…) 이제는 축산농가가 돼지 사육을 줄여버렸으므로 적은 수의 돼지만 자라난다. 그러나 소비자는 아주 많은 돼지고기를 먹는다. 따라서 돼지고기 가격은 다시 상승한다.

—51~53쪽

〈도표 20〉 돼지 사이클 진행 과정

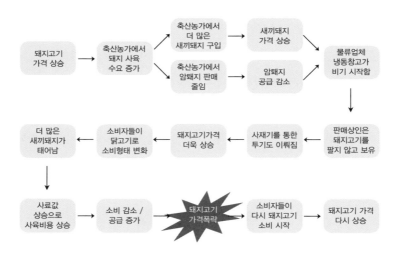

유쾌한 이코노미스트의 스마트한 경제 공부

이상의 과정은 계속 반복된다. 중국 경제가 18~24개월 정도의 주기로 물가의 하락과 상승을 경험하는 이유가 바로 '돼지 사이클'에 있다. 하루 빨리 부자 될 생각에 급한 중국의 축산 농가, 그리고 시장경제 작동 방식에 서투른 중국 정책 당국이 낳은 합작품이라고 할까?

문제는 이렇게 물가가 상승하면 도시 지역 거주민들의 실질소득이 감소하기 때문에 불만이 증가하며, 이는 대규모 시위 사태로 연결된다는 점이다. 따라서 물가가 상승하면 중국 정책 당국이 금리를 인상하거나 혹은 지급준비율을 인상해서 돈줄을 죄는 등의 정책을 취하게 되는데, 이게 다시 중국 경제의 경기변동을 촉발시키게 된다. 따라서 『호황의 경제학 불황의 경제학』 같은 경기순환의 비밀을 알려주는 책은 투자자뿐만 아니라, 경제학을 배우는 사람들에게 필수적인 경기순환론 교과서 역할을 한다.

이런 귀한 책이 절판된 한국 출판계 현실이 암울하지만 어쩌겠는가? 대체재라도 찾아야지. 따라서 다음에 이어지는 책들은 『호황의

〈도표 21〉 지난 10년 동안의 중국 소비자물가 상승률 추이
출처: tradingeconomics.com

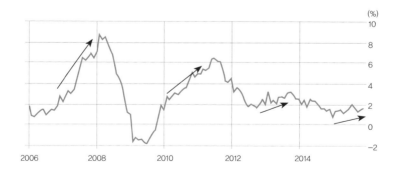

2부 이코노미스트와 함께하는 경제 공부

경제학 불황의 경제학』을 완전히 대체하지는 못하지만, 그럭저럭이라도 보완할 수 있는 책이니 경기순환에 대해 공부하고 싶은 사람들은 참고하시라.

우리가 미국 경제지표에 주목해야 하는 이유
『경제를 읽는 기술』

경기순환에 대한 책을 찾는 사람들에게 제일 먼저 추천할 책은 조지프 엘리스의 책『경제를 읽는 기술』이다. 이 책은 대단히 실용적이다. 어떤 요인이 경기순환을 촉발시키는지 매우 실증적으로 파고든다. 더불어 미국의 핵심 경제지표에 어떤 것이 있는지도 상세히 일러 준다.

〈도표 22〉 경기순환의 촉발 과정
출처:『경제를 읽는 기술』

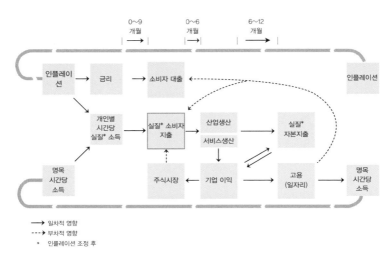

유쾌한 이코노미스트의 스마트한 경제 공부

단, 이 책부터 바로 보면 안 된다. 경제에 대한 기초 지식을 어느 정도 쌓은 후 이 책에 도전할 것을 추천한다. 왜냐하면, 아래의 〈도표 22〉에 나타난 것처럼, 경기순환을 촉발시키는 가장 중요한 요인(실질 소비자 지출)이 어떤 식으로 경제의 각 부문에 시차를 두고 파급효과를 일으키는지 매우 상세하게 소개하기 때문이다. 경제가 어떻게 구성되어 있고 또 어떤 연관을 맺고 있는지 기본적인 지식이 없는 독자들은 이 책에서 스트레스만 받을 가능성이 높다. 대신, 기초 경제 지식으로 무장한 독자들에게는 무엇과도 바꿀 수 없는 선물이 되리라 생각한다. 조금 더 팁을 주자면, 왜 한국 사람들이 국내 경제지표를 넘어 미국 경제지표에 주목해야 하는지 그 이유를 이 책을 통해 눈치 챌 수 있을 것이다.

재고가 경제에 미치는 영향

『비즈노믹스』

혹시라도 『호황의 경제학 불황의 경제학』을 중고서점에서 발견한 행운아들은 『비즈노믹스』를 건너뛰어도 무방하다. 이 책은 『호황의 경제학 불황의 경제학』의 대체재로서는 훌륭하나, 번역이 그리 깔끔하지 않아 독자의 인내심을 꽤 시험하기 때문이다. 대신 『호황의 경제학 불황의 경제학』을 구하지 못한 사람들에게는 하루라도 빨리 구입해야 할 책이라 할 수 있다. 이 책도 품절 직전이기 때문이다.

월리엄 코널리 박사의 『비즈노믹스』는 경제 내에 존재하는 '재고'의 중요성을 각인시킨다는 점에서 매우 유용하다. 특히 3장에서 "공급사슬의 중요성"부분은 반드시 집중하여 읽을 필요가 있다. 그 부분을 조금 인용해 보자.

몇몇 분야에서 판매가 감소하면 재고가 쌓이기 시작한다. 재고가 변하면 경제가 불안해진다. 만일 여러분의 기업과 최종 소비자의 거리가 멀다면 이 점을 특히 명심해야 한다. (…)

내가 참으로 아끼는 제품, 맥주를 예로 들어 보자. 건설 노동자는 금리가 인상되면 예전만큼 바쁘지 않기 때문에 맥주를 덜 마신다(데이터에 따르면 실업률이 상승하면 알코올 소비가 감소한다). 가령 맥주 소비가 2퍼센트가량 떨어졌다고 하자. (…)

[경기가 하락하기 전에] 맥주 소매업자는 자신이 판매하는 양만큼 맥주를 구입하면서 이를테면 주간 판매량의 네 배 정도를 재고로 확보한다. 그는 네 주 동안 똑같은 패턴을 반복한다. 매주 100상자씩 꾸준히 판매한다. 매주 주말 그의 재고는 300상자다. 그의 목표 재고 대 판매 비율은 4대 1이고 판매량은 100상자이므로 그는 재고로 400상자를 확보하기를 원한다. 그래서 100상자를 구매해 재고를 400상자로 유지한다.

하지만 다섯 번째 주에 건설 노동자들이 술을 줄인다. 지역 편의점이 맥주 판매량이 2퍼센트 하락한다. 그다지 대단한 수치가 아닌 것처럼 들리지만 사실은 심각한 문제가 시작되고 있다. 먼저 소매업자의 판매 후 재고를 보자. 평상시보다 두 상자 많은 302상자가 재고로 남는다. (…) 그의 목표 재고는 392상자로 떨어졌다(판매량 98×표적재고율 4). 그래서 소매업자는 도매업자에게 90상자를 구입한다.

무슨 일이 일어났는지 살펴보라. 소매 판매는 2퍼센트 감소했지만,

〈도표 23〉 기업들이 적정 재고를 보유하지 않을 때 벌어지는 일

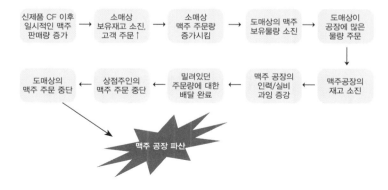

도매 구매는 10퍼센트 하락했다. 놀랍지 않은가! (…)

도매업자가 소매업자 100명에게 공급하고 표적 재고율이 3이라고 가정한다. 예상치 못하게 판매량이 10퍼센트 감소하는 바람에 맥주 도매업자들은 양조업자로부터 구매하는 양을 줄인다. 도매업자는 1000상자를 재고로 가지고 있다. 이는 평상시면 다 판매해 없으졌을 양이다. 더구나 새로운 판매율에 따른 표적 재고는 2만 7000상자에 불과하다. 어떤 결과가 일어날까? 양조업자에 대한 도매업자의 주문은 평상시보다 40퍼센트 감소한 6000상자에 그친다.

〔50명의 도매업자와 거래하는〕 양조업자는 판매가 40퍼센트 감소했다는 사실을 깨닫고 생산뿐만 아니라 완성되지 않은 원료(효모, 호프 등)의 재고를 줄인다. 그리고 병과 상표를 적게 구입한다.

―68~71쪽

우리들은 소비자이기 때문에 재고의 중요성을 잘 모를 수 있지만,

2부 이코노미스트와 함께하는 경제 공부

이상의 맥주 모형만 잘 이해해도 재고가 경제에 얼마나 큰 영향을 미치는지 충분히 파악할 수 있다.

이렇게 쉽고 재미있는 책이라면
『경영학 콘서트』

경기순환에 대한 이해의 폭을 넓히려는 사람에게 추천하는 세 번째 책은 바로 장영재 박사가 쓴 『경영학 콘서트』이다. 이 책은 이미 1부에서 상세히 설명한 바 있으니, 간단하게 언급하는 정도로 지나간다. 이 책의 장점은 크게 봐서 두 가지라 할 수 있다.

하나, 한국인이 지은 책이다. 당연히 쉽고 또 이해도 잘 된다. 둘째, 장영재 박사는 타고난 글쟁이다. 어려운 이야기를 얼마나 쉽게 잘 하는지! 이 책 한 권만 내고 후속 저작 소식이 없는데 제발 새로운 책 좀 써주기를 독자의 한 사람으로서 간절히 바라는 바이다.

공급 사슬 끝에 위치한 한국 경제
『돈 좀 굴려봅시다』

내가 쓴 책을 추천하려니 얼굴이 조금 붉어지지만, 어쩌겠는가. 경기순환에 대한 책을 찾기가 하늘의 별 따기인 것을! 내가 이 책을 쓴 가장 큰 이유는 바로 한국 경제가 세계의 경기변동에 민감한 원인을 밝히고, 어떻게든 이에 대응할 방도를 전해 주기 위함이었다. 예를 들어 아래 대목이 책의 주된 내용이라 할 수 있다. 책의 7장 부분을 인용해보자.

> 한국은 공급사슬의 끝에 있어 채찍효과로 인해 미국 등 선진국의 작은 소비 변화에도 기업 실적이 크게 변동하고, 주식시장이 격렬하게 반응한다. 그런데 채찍의 끝에 위치한 나라라고 모두 한국처럼 격렬한 경기변동을 보이고, 조그만 환율 상승에도 주가가 신경질적으로 하락하는 것은 아니다. 예를 들어 대만도 공급사슬의 끝에 위치해 있지만, 한국보다 경기의 변동성도 작고 주식시장의 움직임도 덜 격렬하다.
>
> 왜 두 나라는 모두 공급사슬의 끝에 위치해 있는데, 한국의 이익 변동성이 대만보다 훨씬 더 큰 것일까? 두 나라의 산업구조가 다르기 때문이다. 한국과 대만은 수출 비중이나 시장점유율 등은 큰 차이가 없지만, 한 가지 결정적 차이가 있으니 다름 아니라 한국이 대만보다 훨씬 자본집약적 산업구조를 가지고 있다는 것이다.
>
> —217~218쪽

　한국과 대만은 컴퓨터, 휴대폰, 그리고 디스플레이 부문의 글로벌 시장에서 치열한 경쟁을 펼치고 있다. 특히 컴퓨터 부품 및 반도체 파운더리● 부문에서 대만 제조업체들은 세계적인 경쟁력을 가지고 있으며, 이미 시장을 장악한 상태라고도 볼 수 있다.

●　반도체를 주문자의 사정에 맞춰 가공해 주는 사업으로, 대만의 타이완 세미컨덕터가 압도적인 세계 1위 기업이다.

참고로 아이폰 조립으로 유명한 팍스콘 역시, 대만의 대기업 혼하이의 계열사이니 대만이 얼마나 한국과 치열한 경쟁을 펼치고 있는지 짐작할 수 있을 것이다. 그런데, 이렇게 비슷한 산업구조를 가지고 있는데도 대만이 한국과 다른 모습을 보이는 이유는 어디에 있을까?

이 의문을 풀기 위해 조금 더 인용해 보기로 하자.

> 항공우주산업의 No.2 기업인 록히드의 사례를 통해 왜 자본집약적인 산업이나 이런 경제구조를 가진 나라가 경기의 변동성이 더욱 큰지 알아보자. 1971년 여름에 록히드는 항공 수요의 증가로 인해 대량주문이 늘어나자, 기존보다 혁신적인 항공기인 트라이스타를 건조할 프로젝트에 착수했다. 록히드는 한번에 260~400명의 승객을 실어 나를 수 있는 신형 항공기를 생산할 공장을 짓기 위해 자금을 조달하고, 미국 정부에 대출 지급보증을 요청했다.
>
> 그러나 공장이 다 지어지기도 전인 1973년, 미국 공군의 라이트 준장은 록히드의 신형 항공기 개발계획이 채산성이 없다는 비관적인 전망을 내놓아 언론은 물론 산업공학 관련자들의 주목을 받았다. 라이트 준장은 그동안의 군용항공기 생산경험을 바탕으로, 비행기를 더 많이 생산할수록 1대를 조립하는 데 들어가는 시간이 줄어든다는 사실을 알아냈다.
>
> 뿐만 아니라 비행기 1대를 조립하는 데 드는 비용도 약 20퍼센트가 감소한다는 것을 밝혀냈다. 만약 비행기를 4대 만들 때 1대당 평균비용이 100만 달러라면, 8대를 만들 때는 단위당 비용이 80만 달러, 16대의 경우 64만 달러로 줄어들었다. 즉 노동자들은 작업과정을 통해 일을 좀 더 효율적으로 할 수 있게 되고 이로 인해 비용은 갈수록 줄

유쾌한 이코노미스트의 스마트한 경제 공부

어든다. (…)

왜 자본집약적 산업은 경기에 민감할까? — 삼성전자 사례

라이트 준장의 예측은 자본집약적 산업, 그리고 그런 경제구조를 가진 한국의 경제나 외환시장, 주식시장에 많은 것을 알려준다. 학습곡선(learning curve)이 중요한 산업, 즉 생산원가가 초기에는 매우 높지만 생산량이 증가할수록 완만하게 낮아지는 산업은 일단 사업 초반에는 엄청난 손실을 각오해야 한다.

자금력이 약한 기업이 자본집약적 산업에 뛰어들 경우, 초기에 발생하는 대규모의 손실로 큰 고통을 겪고 심지어는 파산할 수도 있다. (…) 라이트 준장의 발견이 우리에게 주는 두 번째 시사점은 자본집약적인 산업은 생산량을 탄력적으로 조절하기가 쉽지 않다는 것이다. 예를 들어 항공우주산업에 버금갈 정도로 대규모 자본투자가 필요한

〈도표 24〉 록히드 신형 항공기 트라이스타의 단위당 생산비용 추이
　　　　출처: 슐로머 메이틀, 『CEO 경제학』

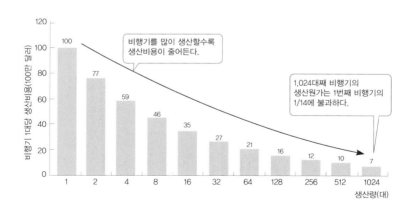

　　　　　　　2부 이코노미스트와 함께하는 경제 공부

반도체 기업을 생각해 보자. 반도체 산업의 전망은 매우 유망하지만, 대신 초기에 투자비용이 엄청나며 학습곡선 때문에 생산량이 증가할수록 생산단가가 떨어진다.

그런데 어느 날 미국의 민간소비가 줄어들며 PC와 스마트폰, 그리고 MP3 플레이어 등 반도체 제품이 들어가는 소비재의 수요가 둔화된다면 어떻게 될까? 이 기업은 생산량을 바로 줄이고 직원을 해고할까? 아니면 생산단가를 더욱 낮추기 위해 밤낮없이 공장을 돌릴까? 우리는 이미 그 답을 알고 있다. 한국의 반도체 기업들은 1년에 단 하루도 공장을 멈추는 날이 없으며, 특히 삼성전자는 지난 10년 동안 2008년 가을에 단 3일간만 공장 문을 닫았을 뿐이다. 결국 자본집약적이며 학습곡선이 매우 중요한 산업에서는 함부로 공장가동률을 조절하기가 쉽지 않다.

—218~220쪽

이상의 인용문에서 보듯, 한국 경제는 수출 비중이 높은 '소규모 개방경제'의 특성을 지니고 있을 뿐만 아니라 공급사슬의 끝 부분에 위치한 '장치산업' 중심의 경제구조를 가지고 있어 앞으로도 지속적으로 글로벌 경기변동에 민감한 모습을 보일 가능성이 높다. 따라서 이네 권의 책은 투자자들은 물론, 사업을 영위하는 사람들에게도 필수적인 정보를 제공하는 만큼 꼭 시간 내어 읽어 보길 권한다.

chapter 3

외환시장에 관한 이해는 필수

지금까지 경제에 대한 기초지식을 얻고, 더 나아가 경기순환의 비밀을 알았다면 다음 순서로 환율에 관해 공부할 필요가 있다. 왜냐하면, 우리 경제가 이렇듯 급격한 경기변동을 경험하는 또 다른 이유는 외환시장 탓이기 때문이다.

이 대목에서 잠깐 1997년과 2008년의 경험을 돌이켜보자. 당시 해외 주문이 줄어들면서 수출업체들이 어려움을 겪기 시작했고, 그 결과 경상수지, 즉 대외 거래에서 벌어들인 수지가 악화되면서 외환보유고가 줄어들기 시작했다. 그리고 수출 부진으로 인한 기업 실적 악화 우려가 부각되면서 외국인 투자자들의 주식 매도 공세가 촉발되었고, 이는 외환 보유고의 급격한 악화로 연결되어 국내 투자자들의 불안감을 촉발시켰다.

결국 환율이 급등하는 가운데 물가가 상승하고 한국은행이 금리를 인상함으로써, 안 그래도 나쁜 경기를 더욱 악화시키는 악순환으로 이어졌다. 소비자 및 기업들이 미래에 벌어질지 모르는 경제 위기에 대비하기 위해 더욱 저축을 늘리는 가운데 내수경기가 얼어붙었고, 이 과정에서 기업 실적이 더욱 악화되며 외국인 투자자의 주식 매도 공세가 더 확대되었던 것이다. 결국 1997년에는 외환 보유고가 고갈되면서 국제통화기금의 구제금융을 받는 처지에 놓였고, 2008년에는 환율 급등 속에서 금융시장이 크게 흔들리고 말았다.

따라서 한국 경제의 순환을 이해하기 위해서는 외환시장에 대한 이해는 필수적이라 할 수 있다.

위기와 기회가 상존하는 외환시장
『환율의 미래』

외환시장에 대해 추천하는 첫 번째 책은 『환율의 미래』로, 내가 쓴 책이다. 이 책은 외환시장에 관심을 가진 사람, 그리고 외환 파생 트레이딩을 꿈꾸는 사람들을 위해 쓰였기에 난이도는 조금 있다. 대신 책이 포괄하는 범위가 넓다는 큰 장점을 지니고 있다.

책의 1장에서는 환율과 외환시장의 기초 지식을 다루며, 이를 바탕으로 2장에서는 유럽 재정 위기의 전말을 살펴본다. 고정환율제도에 기반을 둔 외환시장 시스템이 가지는 장점과 단점을 일람하는 것만으로도 유로화의 미래가 밝지 않음을 쉽게 짐작할 수 있다. 특히 3장에서는 환율의 변동을 촉발시키는 다양한 변수를 일람하는데, 이 정도의 지식도 없이 외환 파생 트레이딩에 뛰어드는 것은 섶을 지고 불에 뛰어드는 것이나 진배없다고 본다.

책의 후반부에는 주요 통화에 대한 장기 전망이 표시되어 있는데, 앞에서 배웠던 기본적 지식들이 현장에서 어떻게 활용되는지를 점검한다는 차원에서 보면 좋을 것이다. 특히 책 마지막 부분에는 이상과 같은 외환시장 지식을 기초로 어떻게 자산을 배분할 것인지 다루고 있다. 한국 자산에만 편중된 포트폴리오(자산 묶음)를 가지고 있었던 투자자라면 아주 좋은 참고가 될 것이다.

정책을 좌우하는 과거의 그림자
『화폐 트라우마』

다음으로 추천하는 책은 독일의 경제 전문 기자 다니엘 엑케르트가 쓴 『화폐 트라우마』다. 이 책 덕분에 2008년 글로벌 금융 위기 이후 유럽 경제가 다른 나라에 비해 부진한 이유를 알 수 있었다.

미국 연준은 1929년 대공황 당시 잘못된 정책 대응으로 디플레이션이 발생한 것을 깊이 반성했고, 또 이게 두고두고 트라우마로 작용했기에 2008년 금융 위기가 발생하자 적극적인 대응을 할 수 있었다. 그러나 유럽중앙은행을 사실상 지배하고 있는 독일 중앙은행(분데스방크)은 전혀 다른 트라우마를 가지고 있었다. 1920년대 바이마르공화국 시절 무분별한 화폐 발행이 초인플레이션(월간 인플레이션율이 30퍼센트가 넘는 일이 지속되는 상태)을 유발했고, 결국 나치의 득세를 가져왔다는 자기반성 속에서 모든 행동이 이뤄지고 있었다.

따라서 유럽중앙은행(이하 'ECB')은 2008년 글로벌 금융 위기를 대처하는 방식이 연준과 전혀 달랐다. 특히 다음의 도표에 나타난 것처럼, 2011년 여름에 단행된 금리 인상은 이런 '차이'를 극명하게 드러

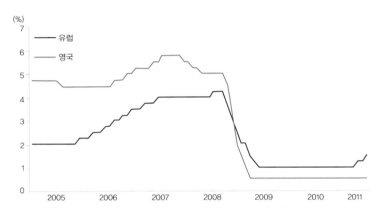

〈도표 25〉 유럽과 영국의 정책금리 변화
출처: 캐나다 노바스코샤 은행

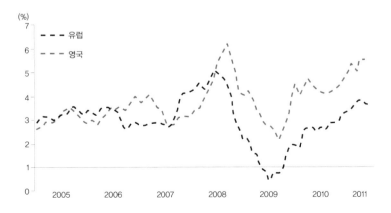

〈도표 26〉 유럽과 영국의 소비자물가 상승률 변화
출처: 캐나다 노바스코샤 은행

유쾌한 이코노미스트의 스마트한 경제 공부

낸 실례라 할 수 있다. 〈도표25〉는 영국과 ECB의 정책금리 변화를 보여 주는데, 영국에 비해 ECB의 금리 인하는 대단히 늦게 이뤄졌다. 영국 중앙은행(이하 '영란은행')이 2007년 말부터 금리를 인하한 데 비해, ECB는 2008년 8월이 되어서야 금리를 인하했다.

반면, 금리 인상에서는 ECB가 훨씬 더 과감했다. 〈도표26〉은 유럽과 영국의 소비자물가 상승률을 비교해 보여 주는데, 유럽의 소비자 물가가 영국보다 크게 안정되어 있음에도 불구하고 2011년 ECB는 두 차례나 금리를 인상했다.

문제는 이런 ECB의 조급한 금리 인상이 심각한 위기를 촉발시켰다는 데 있다. 〈도표27〉에서 보듯, 2011년 ECB의 금리 인상 이후 이탈리아와 스페인 그리고 그리스 등 이른바 남유럽 국가의 채권시장은

〈도표 27〉 남유럽 주요국 국채의 독일 국채 대비 금리차(퍼센트포인트)
　　　　출처: voxeu.org[17]

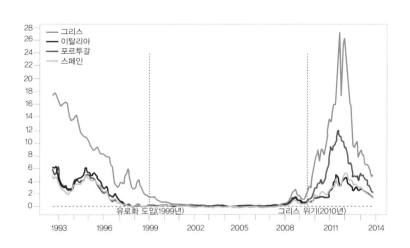

순식간에 붕괴되었고 경제성장률마저 크게 떨어졌다. 즉, 인플레 압력이 그리 강하지 않은데도 조급하게 금리를 인상한 결과 안 그래도 취약한 남유럽 경제를 뿌리에서부터 흔들어 놓았던 셈이다.

이제 『화폐 트라우마』의 이야기를 통해, ECB를 움직이는 독일 중앙은행의 행동의 근원을 보다 자세히 파헤쳐 보도록 하자.

> 수많은 책들이 독일의 빠른 전후복구, 분단으로 파괴된 반쪽 서독의 예상을 뛰어넘는 호황을 '경제기적'이라고 불렀다. 1950년대의 7.8퍼센트 평균성장률과 1960년대의 4.8퍼센트 평균성장률은 두말할 필요 없이 매우 인상적인 수치다. (…) 그러나 사람들은 흔히 20세기 전반기에 독일 경제의 발달 상태가 명백하게 평균 이하였다는 사실을 간과한다. 다른 나라들과 비교해보면 경제기적의 의미가 축소된다. 이탈리아 경제만 하더라도 1950~1959년까지는 연간 평균 5.8퍼센트, 1960~1969년까지는 평균 5.7퍼센트 성장했다. (…)
>
> 따라서 전후 독일에 찾아온 진정한 경제기적은 독일의 산업발전이 아니라, 새로운 독일 화폐다. (…) 1948년 6월 2일 새로운 독일 화폐인 마르크가 (…) 도입되자마자 곧장 고도의 인플레이션이 그 뒤를 이었다. 당시 독일은 자국 화폐를 뒷받침할 만한 외환보유고를 전혀 갖추고 있지 못했다. 따라서 50년대 초의 상황을 통틀어 독일 마르크가 장차 유럽의 기축통화로 부상하리라는 가능성은 전혀 찾아볼 수 없었다.
>
> ―165~167쪽

서쪽은 연합군에게 동쪽은 소련군에게 점령당했고, 나아가 2차 세계대전 막판에 집중된 대대적인 폭격으로 대부분의 산업 시설이 잿더

미로 변했으니 인플레이션은 당연한 일이라 할 수 있다. 특히 소련과 맞서 싸운 동부전선에서 수백만 명의 젊은 인력을 잃었기에 인력 부족은 더더욱 심한 상황이었다.

그렇지만 〈도표28〉에서 보는 것처럼, 독일 마르크화 가치는 이후 지속적인 상승세를 이어갔다. 1970년대 초반에는 1달러에 3.6마르크의 교환 비율이었지만, 1980년대 중반에는 2마르크로, 그리고 1990년대 중반에는 1.4마르크까지 떨어졌다.

2차 세계대전의 승전국인 미국 달러화에 대해 패전국 독일의 마르크화가 지속적인 강세를 보인 이유는 어디에 있을까? 『화폐 트라우마』는 독일 중앙은행이 물가 안정에 모든 노력을 기울인 것이 가장 중요한 요인이라고 주장한다.

〈도표 28〉 1970년 이후 미 달러화에 대한 독일 마르크화의 교환 비율 추이
출처: 미국 세인트루이스 연준

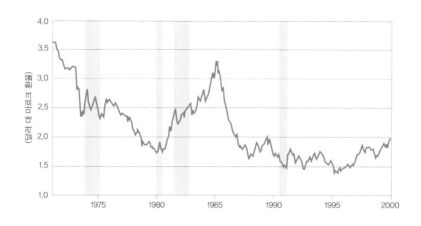

1951년의 인플레이션은 예외적인 경우였고, 마르크는 견고한 화폐로 자리를 잡아갔다. 이후 1950년대에 독일의 물가상승률이 2퍼센트를 상회한 경우는 단 한 번, 그러니까 1956년뿐이다. (…)

1957년은 현대 독일 화폐 역사의 분수령이 되는 해다. 이 해에 독일 마르크의 가치를 관리감독하는 한편 되찾은 독일의 힘을 상징하는 기관, 즉 독일연방은행(Deutsche Bundesbank)이 설립되었다. (…) 독일 연방은행의 설립 목적은 명확했다. 바로 물가안정이다. 다시 말해 이 기관에 주어진 사명은 '안정된 화폐'였다. 그리고 거기에는 세계 어디에서도 유례를 찾아볼 수 없는 단호함이 서려 있었다.

이런 사명을 완수하기란 쉬우면서도 어려운 일이다. 쉬운 이유는 사명의 완성도를 수량화할 수 있는 범주(물가상승률)에 의거해 측정할 수 있기 때문이고, 어려운 이유는 안정된 마르크를 지향하는 정책이 필연적으로 다른 이해관계들과 마찰을 빚을 수밖에 없기 때문이다.

—167~169쪽

물가를 안정시키면 그 나라의 통화 가치는 높아질 수밖에 없다. 환율이 변동되지 않았다고 가정할 때, 물가가 높은 나라는 지가와 임금 등 생산요소 가격도 함께 상승해 그 나라 제품의 가격 경쟁력이 떨어진다. 이 결과 물가상승률이 높은 나라는 대규모의 무역수지 적자를 기록할 가능성이 높으며, 결국 화폐의 교환 비율(환율)을 조정하지 않을 수 없게 된다. 반면, 독일처럼 물가가 안정되는 나라의 제품은 계속 가격경쟁력이 강해지기 때문에 대규모의 경상수지 흑자가 발생하게 된다. 대규모 경상수지 흑자가 발생하는 나라의 통화가치는 상승할 가능성이 높다.

유쾌한 이코노미스트의 스마트한 경제 공부

그렇다면 누구나 이런 정책을 펼쳐 자국의 통화가치를 안정적으로 유지하려는 마음을 가질 것 같은데 왜 독일만 그게 가능했을까?『화폐트라우마』는 그 이유를 독일 중앙은행이 환율 하락(즉, 독일 마르크 강세)으로 고통 받는 수출업체들과 정치가의 압력에 굴하지 않았기 때문이라고 설명한다.

> 전쟁 전에 설립된 (독인 연방은행의 전신인) 렌더방크(Bank Deutscher Länder)가 1920년대 초에 인플레이션 노선을 선택한 것은 무엇보다도 국내에 형성된 첨예한 정치적 긴장국면을 완화하는 데 기여하기 위해서였다. (…) 전 세계 모든 나라를 통틀어 하이퍼인플레이션이 국민들의 집단적인 기억 속에 그토록 깊은 흔적을 남긴 나라는 독일을 제외하고는 단 한 곳도 없었다. (…)
>
> 독일 연방은행이 독자적인 기관으로서 입지를 확보하고 권력을 확장해나감에 따라 마르크는 진정한 경화(hard currency)로 발전했다. 1950~1960년대 초, 서독의 인플레이션 비율은 미국보다 대체로 높은 수준을 유지했다. 그렇지만 1960년대 중반부터 저울은 독일인들에게 유리한 쪽으로 기울었다. (…)
>
> 미국이 베트남전쟁에 점점 깊숙이 관여하던 1967년과 독일이 다시금 통일을 이룩해낸 1990년 사이에 독일연방은행이 미국의 연준보다 높은 인플레이션 비율을 기록한 것은 단 두 번뿐이었다. (…) 독일 마르크는 주요 화폐들 가운데서도 비길 데 없이 뛰어난 화폐가 되었다. 마르크가 도입된 지 고작 30년밖에 지나지 않은 1970년대에 이르러 그것은 이미 명실상부한 유럽의 기축통화로 간주되었다.
>
> —169~171쪽

2부 이코노미스트와 함께하는 경제 공부

1920년대 독일이 겪었던 무시무시한 인플레이션은 〈도표29〉에 잘 나타나 있다. 금에 대한 마르크의 교환 비율은 1918년 초를 1로 가정할 때, 1920년 초에는 10으로 10배 상승했고, 1923년 초에는 1000, 그리고 1923년 11월 말에는 1조가 되었다. 한 마디로 말해, 단 5년 만에 물가가 100조 퍼센트 상승한 것이다.

물가가 이렇게 급등하면 어떤 경제활동도 불가능해진다. 나아가 화폐를 비롯한 금융자산을 가진 사람들은 모두 거지가 되어 버린 반면, 토지나 공장 같은 실물자산을 가진 사람은 거대한 부자가 되어 버렸기 때문에 경제 전반에 엄청난 구조 변화를 촉발시켰다. 평생 모은 자산을 잃어버린 노인들은 하루하루 먹고 살기 위해 구걸하는 처지로 전락했고, 사회 전반에 어마어마한 불만세력을 양성하는 결과를 가져왔던 것이다.

이런 끔찍한 과거 기억을 지닌 독일 중앙은행으로서는, 2차 세계대

〈도표 29〉 1920년대 금과 비교한 독일 마르크화의 가치 변화
출처: 위키피디아

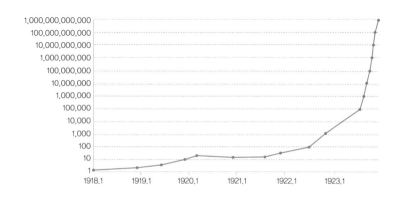

유쾌한 이코노미스트의 스마트한 경제 공부

전 이후 다시는 이 길을 걷지 않겠노라 다짐하고 국민의 신뢰를 회복하기 위해 필사적으로 노력하는 것 이외에 다른 길이 없었을 것이다. 그 결과 독일은 다른 나라에 비해 물가가 매우 안정되었고 또 독일 마르크를 적어도 유럽의 기축통화 지위로 올려놓을 수 있었다.

그러나 이러한 독일 중앙은행의 태도는 2008년과 같은 초유의 위기를 맞이했을 때, 크나큰 문제를 일으키고 말았다. 유럽의 경기가 아직 완전히 살아나지 않았음에도 불구하고 섣불리 금리를 인상하는 등 긴축정책을 펼침으로써 경기회복을 가로막은 것은 물론 유로화 시스템 자체를 기저에서 흔들어 버렸기 때문이다. 당장 그리스만 예로 들어도, 2011년 이후 마이너스 성장을 벗어나지 못한 채 심각한 정치적 사회적 위기를 연속해 겪고 있는 중이다.

이러한 경험이 우리에게 보여 주는 교훈은 분명하다. 어떤 나라의 환율을 분석하려면 일단 이 나라 중앙은행이 과거에 어떤 경험을 했는지 알아야 한다는 것이다.

그렇다면 과연 한국은행은 어떤 트라우마를 가지고 있을까? 나는 한국은행의 트라우마가 1997년 외환 위기가 아닐까 생각한다. IMF에 구제금융을 신청하고 더 나아가 굴욕적인 구제금융 조건을 이행하는 과정에서 다시는 외환 위기를 경험하지 않겠다는 생각을 가졌을 것은 당연하고, 여전히 그 경험이 우리나라의 외환시장에 지속적인 영향을 미치고 있는 것은 아닌가 싶다.

chapter 4

주식투자 하기 전에 읽자
─기초 단계

이 정도 금융과 경제 지식, 특히 경기순환에 관한 지식을 쌓고 나면 자연스럽게 주식 투자에 관심이 생긴다. 그러나 증권사 이코노미스트 생활을 오래 한 입장에서 노파심에 한마디 하자면, 적어도 이번 장에서 추천하는 책 세 권은 모두 읽은 다음 진지하게 주식 투자를 재검토해 주기 바란다. 왜냐하면 주식 투자는 '경제 지식'의 싸움이라기보다는 '인내심' 혹은 '부동심'의 싸움이기 때문이다. 사람의 개성에 맞을 때에는 좋은 투자 성과를 기대해 볼 수 있지만 그렇지 않을 때에는 큰 손실을 입을 수 있음을 명심해야 한다.

주가는 기업 실적과 함께 가지 않는다
『피터 린치의 투자 이야기』

피터 린치는 총 세 권의 투자 관련 서적을 펴냈는데 이 가운데에서 『피터 린치의 투자 이야기』가 초보자에게 가장 적합하다. 일단 이 책은 다른 주식 투자 책들과 달리 매우 쉽다. 그러면서도 저자인 피터 린치가 워낙 산전수전 다 겪은 프로인 터라 주식 투자를 위해 필수적으로 갖춰야 할 지식들도 제대로 전달하고 있다.

피터 린치는 피델리티 사의 '마젤란 펀드'를 운용하면서 13년간 연평균 수익률 29.2퍼센트를 기록한 전설적인 투자자다. 당신이 그가 마젤란 펀드를 맡은 첫 해에 1만 달러를 투자했다면 마지막 해에는 27만 달러를 손에 쥐는 셈이다. 미국 월가의 수많은 펀드매니저 중 10년이 넘는 기간 동안 지속적으로 시장 수익률을 능가한 사람은 피터 린치와 워런 버핏밖에 없다. 그런데다 그는 한창 전성기인 47세에 가족과 시간을 보내겠다며 돌연 은퇴를 선언함으로써 '물러설 때를 아는' 살아 있는 전설로 남았다.

피터 린치가 이 책에서 가장 역점을 두고 설명하는 것은, 미국 주식시장이 기업의 실적과 어떤 일관된 관계를 맺고 있지 않다는 것이다. 〈도표30〉을 보라. 미국 주식시장을 대표하는 5,000종목으로 구성된 윌셔5000지수는 꾸준히 상승하는 모습을 보여준다. 하지만 기업의 실적을 나타내는 선과 늘 일정한 연관을 갖지는 않는다. 가장 대표적인 경우가 1999년으로 기업이익은 이미 하향세로 돌아섰는데, 주가는 하늘 높은 줄 모르고 상승하고 있음을 확인할 수 있다.

한마디로, 주식시장은 기업 실적에 민감하게 반응하긴 하지만 항상 함께 가는 것은 아니라는 이야기다. 그렇기에 투자의 기회가 생기기도 하지만, 반대로 기업 실적만 쳐다본 투자자들이 매우 큰 절망에 빠지기도 하는 것이다. 주식은 인간 세상을 그대로 반영한 경제의 '거울'이라 할 수 있다. 따라서, 인간 세상과 마찬가지로, 이 시장에 대해 어떤 일방적 환상을 지니는 것은 금물이라 할 수 있다.

주식이 다른 자산에 비해 높은 성과를 제공하는 것은 역사적으로 검증된 사실이라 하지만, 피터 린치의 말처럼, 그 높은 수익률은 결국 높은 '위험'을 감수한 대가로 얻어지는 것이요, 결코 쉽게 얻어지지 않는다는 점을 인식해야 한다. 만약 당신이 높은 '위험'을 감수할 자세를 갖지 못했다면, 매일같이 수익률을 쳐다보며 안달복달하는 성격을 가지고 있다면, 주식 투자는 절대로 손대서는 안 될 영역이다.

〈도표 30〉 미국 기업 실적과 주가지수의 흐름
출처: 미국 세인트루이스 연준

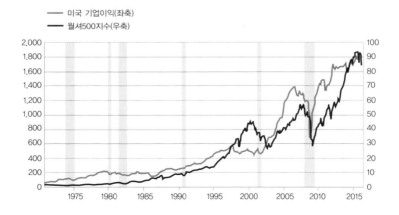

유쾌한 이코노미스트의 스마트한 경제 공부

당신은 시장을 이길 수 있는가?

『모든 주식을 소유하라』

이어서 추천할 책은 세계 최대 인덱스펀드 운용사인 뱅가드를 설립한 존 보글의 『모든 주식을 소유하라』이다. 존 보글은 1974년 뱅가드를 설립하고, 액티브펀드(일반 주식형) 위주였던 당시 펀드 시장에 S&P500지수를 추종하는 인덱스펀드로 출사표를 던졌다. 인덱스펀드란, 주식시장에 상장된 거의 모든 주식을 편입해 기계적으로 운용하는 대신 운용보수가 매우 저렴한 펀드를 말한다. 저렴한 수수료와 광범위한 분산투자를 핵심으로 하는 뱅가드의 인덱스펀드 수익률은 1980년부터 25년간 연평균 12.3퍼센트로 액티브펀드(10.0퍼센트)를 앞질렀고, 뱅가드는 세계 최대 자산운용사로 부상했다.

이 책을 두 번째로 추천하는 이유는 분명하다. 존 보글이 인덱스펀드를 파는 사람답게, 다음과 같은 질문을 제기하기 때문이다.

"당신은 펀드매니저보다 똑똑하고 정보도 더 많은가?"

물론 펀드매니저보다 똑똑한 일반 투자자도 있을 수 있다. 그러나 펀드매니저만큼 신속하게 기업들에 대한 투자 정보를 취득하기는 쉽지 않을 것이다. 결국 보글의 권고는 명확하다. 펀드매니저를 이기려고 헛힘 쓰지 말고 수수료 싼 펀드에 돈을 넣어 두라고 말이다.

특히 이 책에 수록된 다음의 〈도표31〉은 굉장히 유익한 정보를 전해 준다. 1900년 이후 매 10년 단위의 주식 투자 총수익(total return = 주가상승+배당)을 나타낸 그림으로, 주식시장의 성과를 결정짓는 것은 배당과 이익 성장임을 쉽게 알 수 있다. 지난 110년간 미국 주식의 연평균 수익은 9.6퍼센트인데, 이익 성장이 그중 5.0퍼센트를 설명하며

〈도표 31〉 1900년 이후 주식 투자 수익률 요인 분해
　　출처: 『모든 주식을 소유하라』

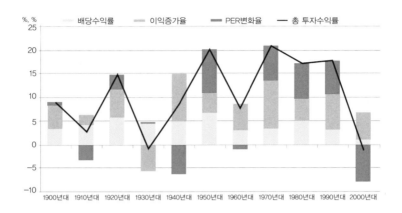

배당이 4.5퍼센트를 설명한다.

　그런데, 2000년대는 왜 저렇게 낮은 수익률을 기록하고 있는가? 그 이유를 보글은 1990년대에 기업의 이익과 배당 수익률의 개선이 없었음에도 주가가 상승했기 때문이라고 설명한다. 즉, 기업의 기초체력 변화를 앞서간 주가 상승 때문에 2000년대에는 주식 투자로 큰 성과를 기대하기 힘들다는 전망이 그것이다. 이 책이 출판된 2007년 이후로 세상은 그의 말처럼 흘러갔다. 2008년 주식시장은 붕괴했으며, 2002년부터 2007년까지 힘들게 쌓아올렸던 주가지수는 다시 2002년 수준으로 복귀했던 것이다.

어떤 주가지수에 투자할 것인가

『현명한 ETF 투자자』

직접 투자하기보다 인덱스펀드로 모든 주식을 소유하는 편이 낫다는 존 보글의 주장에 동의한다면, 다음 책은 바로 상장지수펀드(ETF)에 대한 책이 될 수밖에 없다. 참고로 상장지수펀드는 펀드의 '일종'이지만, 주식시장에 상장시켜서 주식처럼 편하게 거래할 수 있게 만든 상품이다. 코덱스200이나 코세프100 같은 명칭의 상품들이 바로 상장지수펀드다. 여기서 '200'이나 '100'과 같은 숫자는 이 펀드가 추종하는 지수의 이름을 간략하게 따온 것이다. 예를 들어 코덱스200은 KOSPI200지수를 추종하는 인덱스펀드를 상장시킨 것이며, 코세프100은 KOSPI100지수를 추종하는 인덱스펀드를 상장시킨 것이라고 보면 된다.

리처드 페리의 『현명한 ETF 투자자』는 미국에 상장되어 있는 수많은 상장지수펀드의 종류와 비용, 특성을 샅샅이 파헤친다. 특히 이 책은 인덱스펀드의 추종 대상이 되는 다양한 주가지수에 대해 해설하고 있어 아주 큰 도움이 된다.

여기까지 읽고도, 종목을 적극적으로 고르고 시장에 진입하고 빠져나오는 식의 히트 앤드 런 전략을 굳이 실행에 옮기겠다는 독자는 다음 장에서 추천하는 책들을 꼭 읽어 보기 바란다. 주식에 본격적으로 투자하려는 독자에게 필요한 지식을 거의 대부분 포괄하고 있는 책들로 구성했다.

chapter 5

주식투자 하기 전에 읽자
―실전 단계

인덱스펀드에 투자하라는 간곡한 부탁에도 주식에 꼭 투자하겠다면, 이것 하나만 약속해 주면 좋겠다. 젊은 나이에 주식 투자에 몰입하지 않겠다고 말이다.

수많은 재무학계 연구자들이 연령과 주식 투자 성과의 연관관계를 연구하고 동일한 결론을 내리고 있다. 젊은 남자일수록 투자수익률이 형편없다는 것이다.[18] 젊은 사람일수록 정보통신 혁명의 이점을 보다 쉽게 누릴 수 있고, 편견 없이 공개된 정보를 쉽게 취득할 수 있을 텐데 왜 젊은 남성의 투자수익률이 그렇게 낮은 걸까?

한마디로 '빨리 부자 되고 싶은 마음'에 대단히 공격적으로 투자하는 성향을 보이기 때문이다. 6연발 리볼버 권총 안에 실탄 한 발을 집어넣고 방아쇠를 당기는 '러시안 룰렛'에 돈을 거는 도박이 있고, 살아남을 때마다 1,000달러를 준다고 가정하자. 이 미친 짓에 수천 명이 도전하면 그중 한두 명은 분명 수십 번 방아쇠를 당기고도 죽지 않아 수만 달러를 벌어들일 거다. 그렇다고 해서 우리가 그를 우러르고 부러워할 필요가 있을까?

소위 작전주라든가 테마 주식에 투자하는 것과 러시안 룰렛 도박 사이에 무슨 차이가 있나? 그냥 행운을 빌며 자신의 생명 같은 돈을 허공에 뿌린다는 측면에서는 동일하지 않을까? 특히 유별나게 행운이 따르는 사람이라면 모를까, 과거에 행운이 크게 따르지 않았는데 앞으로 행운이 터질 것이라 믿을 이유가 있는가? 그러니 여기서 추천하는 여러 참고 도서를 읽어 보고, 특히 한국 사회가 어떤 곳인지 살면서 체득한 다음 시작할 것을 권하는 바이다.

아무튼 잔소리는 이 정도로 마무리하고, 본격적으로 주식 투자를 고민하는 사람들을 위한 추천 도서 리스트를 공개한다.

직접 투자의 기본을 알려 주마
『주식시장을 이기는 작은책』

조엘 그린블라트의 『주식시장을 이기는 작은책』을 제일 먼저 소개하는 이유는 이 책이 '투자의 기본'을 아주 잘 설명해 준다는 장점을 지니고 있어서다. 누구나 동의하는 주식 투자의 기본은 '좋은 주식을 싸게 사서 오를 때까지 기다린다'는 것이다. 그럼 어떤 게 좋은 주식이냐? 이에 대한 저자의 답은 바로 '자본수익률이 높은 기업이 좋은 기업이며, 이 기업이 싸게 거래될 때 매집하라.'이다.

자본수익률이 높은 기업과 자본수익률이 낮은 기업을 비교해 보면, 자본수익률의 중요성을 알 수 있다. 한 회사는 2억 원을 투자해서 매년 1억 원의 수익을 내고(자본수익률 50퍼센트), 다른 회사는 2억의 자산을 투자해서 매년 1000만 원의 수익을 낸다(자본수익률 5퍼센트)고 해보자.

당연히 자본수익률이 높은 회사가 좋다. 먼저 자본수익률이 높은 기업은 성장성이 뛰어날 수밖에 없다. 2억을 투자해 1억을 벌어 들였기 때문에, 이익을 이용해서 더 많은 투자를 할 수 있기 때문이다. 물론 투자 규모가 확대될수록 자본수익률은 떨어지기 마련이지만, 2년 차의 자본수익률이 50퍼센트에서 40퍼센트로 떨어진다고 해도 다음해 이 기업의 수익은 1억 2000만 원을 기록해 기업의 이익 규모는 전년 같은 기간에 비해 20퍼센트 증가하는 '성장주'의 모습을 띠게 될 것이다.

자본수익률이 높은 기업이 지니는 두 번째 장점은 주가가 폭락할 가능성이 낮다는 것이다. 높은 자본수익률을 기록하는 기업의 주가 하락 상태가 지속된다면, 이 기업은 배당을 통해서 시장의 관심을 즉각 유도할 수 있다.

1985년 창립 이래 2005년까지 약 20년간 연간 40퍼센트의 수익률을 올린 전설적인 사모펀드 고담 캐피탈의 설립자이자 경영 파트너답게 그린블라트의 설명에는 흠 잡을 데가 없다.

물론, 이 단순한 전략을 실행하는 데에는 아주 많은 어려움이 따른다. 자본수익률이 높은 기업이 싸게 거래될 때에는 다 '사건'이 있기 마련이다. 새로운 경쟁자가 산업에 진입했다거나, 최고경영자가 해임되는 등 경영진 사이의 갈등이 표면화되었다거나, 또는 경쟁사에 의해 대대적인 특허 침해 소송이 제기되었을 수도 있다.

따라서 '좋은 주식을 싸게 사서 오를 때까지 보유한다'는 전략을 실행에 옮기기 위해서는 무엇보다, 그 기업의 유래에서 경영진의 능력에 이르기까지 다양한 요소에 대한 학습과 판단이 절실히 필요하다. 그래야 위기가 오거나 추문에 의해 주가가 폭락하더라도 견뎌낼 수 있기 때문이다. 따라서 『주식시장을 이기는 작은책』에 더해 주식시장의 역사를 개관하는 『시장변화를 이기는 투자』를 필독 목록에 추가하라고 권하고 싶다.

널뛰는 주식시장 변동 이해하기
『시장변화를 이기는 투자』

주식시장의 역사, 특히 비이성적인 주식시장의 변동을 이해하는 데 『시장변화를 이기는 투자』만큼 유익한 책을 찾기는 힘들다. 특히 투자서 분야 최고의 번역가 이건 선생이 우리말로 옮겨 문장이 아주 유려하다. 이 책은 존 보글이 『모든 주식을 소유하라』에서 제기했던 문제제기 '인간이 시장을 예측해서 초과수익을 안정적으로 거둘 수 있느냐'에 집중한다. 역사적인 버블의 행태와 주식시장에서의 열기, 즉 1929년의 대공황, 1970년대 초반의 니프티50,* 1980년대의 일본 니케이 붐, 1990년대의 기술주 붐 등을 자세히 설명하면서, 주식시장

● 직역하면 '멋진 50종목'이라는 뜻. 미국 S&P500지수에 편입된 종목 가운데 상위 50종목군을 일컫는 말로 쓰인다. 1970년대 초 니프티50은 사서 가지고 있기만 해도 높은 배당 수익과 주가 상승이 보장된다고 하여 기관투자가들이 가장 선호하는 우량종목이었다. 그러나 1973년 10월 미국 증시가 붕괴할 때 니프티50 종목이 가장 많이 떨어졌다.

이 얼마나 격렬한 변동성을 기록하는지 잘 보여 준다. 특히 책 중반부터 시작되는 효율적 시장 가설[*]의 출현과 CAPM(Capital Asset Pricing Model, 자본자산가격 결정모형)[**]의 성립, 그리고 이에 대한 주식시장 참가자들의 반론은 정말 읽어 볼 만한 가치가 있다.

이 책의 저자 버튼 G. 맬킬은 기본적으로 인간이 시장의 미래를 제대로 예측할 수 없다는 입장에 서 있지만, 상당히 객관적인 입장에서 효율적 시장 가설에 대한 시장의 비판을 소개한다. 특히 고배당 주식이 시장의 성과를 장기적으로 뛰어넘은 것에 대한 언급은 참으로 흥미로웠다. 나는 배당투자를 주제로 박사논문을 썼다. 그래서 배당이 매우 매력적인 투자 수단이라는 것을 잘 알고 있지만 또 배당만큼 이해하기 어려운 현상도 없다는 생각을 하는데, 맬킬 박사 역시 비슷한 고민을 했던 셈이다.

채권 지식의 핵심, 복리 수익률
『왜 채권쟁이들이 주식으로 돈을 잘 벌까?』

주식 투자 관련서를 추천한다면서 난데없이 채권 투자 책을 추천하니 당혹감을 느끼는 독자도 많을 줄 안다. 그러나 금융시장에서 투자를 고민하는 사람은 반드시 채권에 대한 기초를 다질 필요가 있다. 왜냐

---

[*] 시장이 효율적으로 정보를 주가에 반영하고 있기 때문에 시장에서 안정적인 초과수익을 거두는 것은 불가능하다는 이론.

[**] 주식의 위험과 수익은 선형적인 관계를 맺고 있어 더 많은 수익을 거두기 위해서는 필연적으로 더 높은 위험을 부담해야 한다는 이론.

하면, 복리 투자의 성과 혹은 증권의 미래 가치 등에 대한 기초지식이 없으면 결국은 투자의 한쪽 면만 보게 될 가능성이 높기 때문이다.

기업이 창출하는 이익의 미래 가치가 얼마인지를 대충이라도 추산하는 투자자와 반대로 그런 부분은 신경 쓰지 않고 주식 가격의 변화 방향을 쳐다보는 투자자들 사이에는 어마어마한 간극이 발생하기 마련이다. 물론 모멘텀 투자 전략이 무조건 틀렸다고 말하려는 것은 아니다. 다만, 이 책을 읽음으로써 주식시장에 존재하는 또 다른 세력, 즉 기업의 미래 가치를 끊임없이 예상하고 또 저평가된 주식을 찾으려는 투자자들이 존재하는 이유를 이해하는 것만으로도 많은 도움을 받을 수 있을 것이다.

특히 책의 다음과 같은 대목은 주식투자자들이 왜 채권 관련 지식을 지녀야 하는지를 잘 설명하고 있다.

> 이 책에서 중점적으로 설명하고자 하는 것들은 바로 신뢰할 수 있는 가치분석 툴에 관련된 것들로 채권을 이해하고 금리를 이해하게 된다면 가치의 척도가 무엇인지를 이해할 수 있게 될 것이다. 현재 가치에 수익률이 더해져 미래가치가 생성되고, 미래가치를 기대수익률로 할인하여 매수 가격을 구하는 워런 버핏식 가치분석 툴을 이해하기 위해서는 채권 지식의 핵심인 복리수익률 원리를 반드시 이해하고 있어야 한다.
>
> —38쪽

이 정도로 기본적 분석의 기초를 다져 주는 책은 찾기 힘든 만큼, 주식 투자를 고민하는 투자자들이 꼭 참고하기를 바라는 마음이다.

chapter 6

주식투자 하기 전에 읽자
−심화 단계

미국 주식시장의 장기 흐름 조망
『주식에 장기투자하라』

지금까지 총 6권의 주식 투자 기초 서적을 읽었으니, 이제 조금 더 심화 단계의 책들을 읽어 보자. 주식 투자에 관심을 가지고 있는 사람 중에 제러미 시겔의 『주식에 장기투자하라』를 모르는 사람은 없을 테니, 간단하게만 평가해 보겠다. 일단 이 책은 크게 봐서 두 가지 장점을 지니고 있다. 첫째, 미국 주식시장의 장기적인 흐름을 조망하는 데 아주 큰 도움이 된다. 얼마나 긴 시간 동안 주식시장이 성장했으며, 또 그 과정에서 어떤 계기로 어려움을 돌파했는지를 차근차근 밟아가노라면 '장기투자'의 철학을 깨치는 데 많은 도움을 받을 수 있다. 나는 참고로 3판부터 시작해서 이번 5판까지 모두 구입해서 읽었는데, 판이 거듭될수록 책에 담긴 내용이 깊어지는 것을 확인하며 제러미 시겔 교수가 얼마나 대단한 내공의 소유자인지 새삼 절감했다.

이 책의 두 번째 장점은 번역서임에도 불구하고 글이 매우 매끄럽다는 것이다. 번역도 번역이지만, 원서로 읽을 때에도 글이 참으로 매끄럽다는 느낌을 받았기에, 아마도 저자와 역자의 행복한 만남의 결과로 이렇게 좋은 책이 나온 게 아닐까 생각해 본다.

주식에 빠진 의사, 투자 개론서를 쓰다
『투자의 네 기둥』

제러미 시겔 못지않은 주식투자계의 유명 저자 윌리엄 번스타인의 책이 두 번째 추천서에 이름을 올렸다. 번스타인은 원래 의사였지만 주식 세계에 빠져들면서 『투자의 네 기둥』을 집필해 불후의 명성을 얻었다.

의사 출신인 그가 주식 투자 책을 쓴 이유는 무엇일까? 그를 비롯한 대부분의 의학박사는 늘 최신 의학 기술을 받아들이려 노력한다. 인간의 생명을 다루는 학문이기에 항상 배우고 익히고 또 숙련되지 않으면 안 되기 때문이다. 그런데 투자의 세계는 의학의 세계 못지않게 인간에게 중요하지만 비숙련자들이 마음대로 투자를 하다가 자신은 물론 가족과 주변 지인들의 삶까지 파괴하는 일이 일상적으로 벌어진다. 이런 현실을 개탄하며 '나라도 어떻게든 체계를 잡아야겠다'고 생각하고 쓴 것이 바로 『투자의 네 기둥』이다.

유쾌한 이코노미스트의 스마트한 경제 공부

그는 투자의 세계에 뛰어드는 사람이 알아야 할 필수적 지식을 크게 네 가지―투자 이론, 투자 역사, 투자 심리, 투자 비즈니스―로 정리했으며, 특히 방대한 데이터를 이용해 자신의 지식이 상당히 객관적임을 입증했다. 의학박사가 이런 방대한 작업을 시작할 때까지 제대로 된 투자 입문서가 없었다는 것은 어떻게 보면 참으로 부끄러운 일이다. 반성과 함께 한국에서도 『투자의 네 기둥』 못지않은 좋은 투자 개설서가 어서 빨리 출간되기를 바라는 마음이다.

주식시장의 '상식'을 검증하라
『3개의 질문으로 주식시장을 이기다』

이상의 두 권을 통해 주식시장의 역사와 투자 이론을 개략적으로 공부한 투자자들은 이제 본격적인 투자의 세계에 입문하도록 도와 줄 책 『3개의 질문으로 주식시장을 이기다』를 읽을 준비를 마쳤다고 볼 수 있다.

이 책의 저자 켄 피셔는 역시 유명한 투자자 필립 피셔의 아들로, 직접 펀드를 운용해 엄청난 부를 형성한 것으로도 유명하다. 현재 《포브스》에 칼럼을 기고하고 있으며 이 책 이외에도 수많은 책을 출간했지만, 내 생각에는 『슈퍼 스톡스』 정도가 리스트에 올라갈 뿐 나머지 책들은 자기 복제의 혐의가 짙어 강력하게 추천하지는 않는다.

이미 1부에서 상세하게 소개한 만큼, 이 책의 장점을 간단하게 리뷰하는 정도로 마칠까 한다. 무엇보다 주식시장의 '상식'을 검증한다는 것이 이 책의 장점이다. 예를 들어, '주가수익배율(PER) 같이 중요한 지표가 정말 투자에 도움 되는가?' '주식시장의 수요 공급 곡선은 직선의 형태를 띠고 있는가?' 등에 대해 매우 흥미로운 문제를 제기하며, 이런 질문을 통해서 주식시장을 바라보는 눈을 바꿔 놓는다. 즉, 항상불멸의 진리는 주식시장에 존재하지 않으며 경제의 여건과 시장 참여자의 태도 여하에 따라서 얼마든지 다른 결과가 나올 수 있음을 경고한다.

바둑의 고수는 "정석을 다 외우고 잊어버린다."라고 이야기한다. 켄 피셔의 책은 앞에 소개했던 8권의 책을 통해 얻었던 지식을 해체하고 새롭게 의문을 던지는 역할을 수행한다고도 볼 수 있다. 물론, 켄 피셔의 주장이 모두 옳은 것은 아니다. 자신의 논지에 사실을 맞춰 넣다 보니 어떤 부분에서는 간혹 억지를 느끼기도 한다. 그럼에도 불구하고 켄 피셔의 문제제기는 '경직된 사고'를 부수는 데 매우 효과적이라는 점에서 투자자들이 꼭 읽어 봐야 한다고 생각한다.

종말이 닥치는데 사과나무를 심을 수 있는가?
『안전마진』

이 책은 캐나다의 워런 버핏으로 칭송받는 피터 컨딜의 투자 인생을 다루고 있다. 피터 컨딜은 매우 철저한 가치투자 신봉자로, 자신의 펀드(올 캐나디안 벤처 펀드)에 가입한 고객들에게 다음과 같은 투자의 원칙을 밝힌다.

나의 연구와 경험에 기초해 우리 펀드는 다음 대부분의 기준을 충족

시키는 종목에만 투자할 것입니다.

1. 주가가 장부가 이하인 경우, 특히 장기부채를 차감한 순운전자본[●] 이하일 경우.

2. 주가가 전 고가의 1/2 이하인 경우, 특히 역대 최저가이거나 그 근처일 경우.

3. PER[주가수익배율＝주가/주당순이익]은 10 이하 혹은 장기 회사채금리의 역수 이하일 것(둘 중 더 낮은 PER 적용).

4. 이익을 내고 있을 것. 특히 최근 5년간 이익이 증가했으며, 그 기간 동안 적자를 기록한 해가 없어야 함.

5. 배당금을 지급하고 있을 것. 특히 일정 기간 지속적으로 배당금을 지급해 왔으며 향후 배당금이 증가해야 함.

6. 장기부채와 은행부채(부외금융 포함)는 적절하게 사용되어야 함. 필요할 경우 부채를 늘릴 여유가 있어야 함.

—41쪽

이런 기업에 누가 투자하지 않겠나 싶을 정도로 좋은 조건 목록이지만, 정작 이런 기업들이 시장에 널려 있을 때에는 막상 손이 나가지 않는다. 왜냐하면, 그런 때는 곧 '금융 위기의 시대'이니까. 가장 대표적인 경우가 1987년 10월의 블랙 먼데이와 1998년 9월에 발생한 롱텀 캐피탈 매니지먼트 사태였을 것이다. 즉, 시장 참가자 대부분이 공포로 새파랗게 질릴 때에야 이상의 조건을 만족하는 기업들이 시장에

● 유동자산에서 유동부채를 차감한 잔액으로 일상적인 영업활동에 필요한 자금을 말하며, 단기 자산의 여력이 얼마나 되는가를 판단하는 지표로 활용된다.

2부 이코노미스트와 함께하는 경제 공부

출현한다. 그리고 피터 컨딜은 이럴 때 주식을 매집했다.

> 블랙먼데이의 여명이 밝아 오자 홍콩에서 시작된 패닉이 들불처럼
> 전 세계 시장으로 퍼져 갔다. 그날 홍콩은 400포인트(20퍼센트) 하락
> 으로 장을 마감했고, 일본의 니케이지수 역시 홍콩과 비슷한 비율로
> 600포인트 하락했으며, 다우지수도 508포인트(22.6퍼센트) 하락으로
> 장을 마감했다. (…) 반면 피터는 여유 있고 자신만만했다. 그는 블랙
> 먼데이로 출현한 저가매수 기회를 찾는 데 골몰했다. 아래는 그날 쓴
> 일기장의 한 대목을 발췌한 것이다.
> "현재 국면에서 우리는 상대적으로 유리한 위치에 있다. 블랙먼데이
> 에도 불구하고 금융 시스템이 완전히 붕괴하지는 않을 것이다. 이 위
> 기에 대처하고 신속하게 유동성을 투입하는 매우 조직적이고 체계화
> 된 국제적인 노력이 있을 것이다. 우리는 1930년대 케인스가 전해 준
> 교훈을 잘 알고 있다. 그럼에도 불구하고 이전에 낙관적이었던 사람
> 일수록 더 비관적이 되고 있다."
>
> —122~123쪽

왜 이 책을 추천하는지 이해가 될 것이다. 앞의 8권을 통해 주식 투
자의 이론을 배우고 익히고, 켄 피셔의 책을 통해 그 이론이 정말 현
실에 통용되는지를 점검하고, 마지막으로 피터 컨딜의 사례를 되짚어
봄으로써 '정녕 행동에 옮길 용기가 있는가?'라는 질문을 던져 보는
것이다.

chapter 7

'합리적' 시장의 신화를 깨는 행동경제학

폴 크루그먼은 2009년 9월 《뉴욕 타임스》에 기고한 장문의 칼럼 "경제학자들은 어쩌다 그렇게 잘못된 길을 가게 되었는가?"를 통해 인간은 합리적이고 또 시장은 효율적이라는 가정 아래 성립했던 이론들이 2008년 금융 위기를 통해 어떻게 파산했는지를 날카롭게 지적한 바 있다.[19]

일례로, 2000년대 중반에 대부분의 주류 경제학자들은 경기 불황을 예방할 수 있으며, 더 나아가 앞으로 '대안정'의 시대가 펼쳐질 거라는 낙관론을 설파했다.

지금은 믿기 어렵지만, 불과 얼마 전까지 경제학자들은 자기 영역에서의 성공을 자축하고 있었다. 그들의 성공은(혹은 그들이 성공이라 믿었던 것은) 이론적인 동시에 실용적이었으며, 경제학의 황금시대를 견인했다. 경제학자들은 이론적인 면에서 학계 내부의 갈등이 해소되었다고 생각했다. (…) 시카고 대학의 로버트 루카스 교수(1995년 노벨 경제학상 수상자)는 2003년 전미경제학협회 회장 취임사에서 "불황을 예방하기 위한 핵심적인 난제가 해결되었다."라고 선언했다. 2004년 당시 프린스턴 대학 교수이자 지금은 FRB의 의장이 된 벤 버냉키는 과거 20년간에 걸친 경제적 성과에서 '대안정 시대'를 이룬 것을 축하하며 개선된 경제 정책에 그 공을 돌렸다.

2008년 금융 위기가 발생한 후, 경제학자들의 이런 주장이 한낱 신기루에 불과했음이 분명해졌다. 그러나 일부 경제학자들은 2008년 위기를 해결하고 완화하기 위해 미국 연준이 부실 금융기관에 유동성 자금을 지원하고 대규모의 재정지출 확대 정책을 시행한 것에 대해 강력하게 반발하는 등 전혀 자신들의 과오를 뉘우치지 않았다.

위기가 터지자, 잘못을 저지른 경제학자들은 이전보다 더욱 목소리를 높였다. 시카고 대학의 루카스 교수는 오바마 행정부의 경기부양 정책이 "싸구려 경제학"이라고 비난했으며, 그의 대학 동료인 존 코크란은 현 정권의 정책은 이미 엉터리로 판명된 동화에 기반을 두고 있다고 빈정거렸다.

대체 왜 일부 경제학자들은 1929년 대공황과 같은 재앙을 막기 위한 정책 당국의 노력을 그렇게 반대하고 비아냥거리는 걸까? 폴 크루그먼은 그 이유를 '인간이 빠지고, 대신 수학으로 대체된 잘못된 전제'에서 찾는다.

> 내가 보기에, 경제학자들은 (집단적으로) 수학의 아름다움과 진실을 혼동하면서 길을 잃게 되었다.
>
> 대공황이 발생하기 전까지, 경제학자 대부분은 자본주의가 완벽하거나 거의 완벽한 시스템이라는 생각에 사로잡혀 있었다. 그들은 대공황으로 대규모 실업이 발생하자 그런 생각이 오산이었음을 깨달았다. 그러나 세월이 흘러 대공황이 기억에서 사라져 가자 이성적인 경제 주체들이 완전한 시장에서 상호작용한다는 낡고 비현실적인 믿음이 다시 경제학자들을 사로잡게 되었고, 이번에는 멋진 수학으로 무장한 형태로 나타났다.

수학으로 무장한 경제 이론이 매우 자기완결적이며, 아름다운 내적 구조를 가지고 있는 것은 사실이다. 그러나 우리는 1부에서 이미 유색인종에 대한 비합리적인 차별이 노동시장에서 지속되고 있으며 나아가 이 문제의 해결을 시장에 그냥 맡겨 둘 이유가 없음에 관해 이야기한 바 있다. 시장은 결코 합리적인 방향으로만 흘러가지 않는다. 그리고 우리는 그것을 세상 곳곳에서 확인한다.

그럼에도 불구하고, 많은 경제학자들이 왜 이런 사실에 귀를 닫을까? 나는 이 문제를 최근 부상하는 '행동경제학'의 관점에서 해석할 필요가 있다고 본다. 즉, 동의를 강하게 요구하는 '집단주의적 편향'이 이런 현상을 심화시켰다는 게 내 생각이다. 행동경제학 분야의 베스트셀러 『넛지』에 다음과 같은 대목이 나온다.

결론적으로, 사람들은 자신이 말하는 광경을 타인이 보게 된다는 사실을 알고 있을 경우에 동조하는 경향이 더 높아진다는 얘기다. 심지어 사람들은 다른 사람이 모두 실수했다고 생각하는 혹은 확신하는 경우에도 집단에 동조하는 경향이 있다. 이런 점에서, 만장일치로 의견이 수렴되는 집단은 가장 강력한 넛지를 가할 수 있는 셈이다.

—『넛지』, 95쪽

학위를 따고 또 좋은 저널에 논문을 써야 하는 경제학도들 입장에서 학계를 주도하고 있는 주류 경제학자들의 뜻을 거스르기란 쉽지 않을 것이다. 특히, 인간 특유의 '패턴 찾기' 성향도 이런 편향의 위험을 더욱 가중시켰을 거라 본다.

왜 있지도 않은 패턴을 발견하는가
『머니 앤드 브레인』

상황이 이러하니 투자자들도 이제 행동경제학의 연구 성과를 조금이나마 파악해 놓을 필요가 있다. 행동경제학에 입문할 때 제이슨 츠바이크의 『머니 앤드 브레인』은 빼놓을 수 없는 책이다. 특히 아래 인용한 내용은 나에게 정말 큰 충격을 주었다.

당신과 내가 동전 던지기를 한다고 하자. (여섯 차례 던지고, 앞면이 H, 뒷면은 T라는 약자로 기록하여 결과를 종합한다.) 당신이 먼저 던져 HTTHTH가 나왔다. (…) 다음 내가 던져 HHHHHH가 나왔다. 앞면만 연속으로 나와 우리 두 사람 다 놀라게 되며, 나는 동전 던지기의 천재가 된 듯한 기분을 느낀다.

그러나 진실은 훨씬 평범하다. 동전을 6번 던질 때 HHHHHH가 나올 확률과 HTTHTH가 나올 확률은 같다. 양쪽의 배열은 64대 1 혹은 1.6퍼센트의 확률이다. 그러나 우리는 한 사람이 HTTHTH가 나온 것을 무시하는 반면, HHHHHH가 나올 때는 놀란다.

이런 무작위의 수수께끼에 대한 해답은 우리의 두뇌 깊은 곳에 있는 부위와 인류 종의 먼 과거 역사 속에 있다. 인간은 단순한 패턴을 감지하여 해석하는 놀라운 능력을 가지고 있다. 그 능력은 원시의 조상들이 포식자들을 피하고, 식량 및 안식처를 찾아내고, 나중에는 연중 적당한 때에 농작물을 심는 것을 가능하게 함으로써 위험이 많은 원시의 세계에서 살아남는 것을 도와주었다. (…)

그러나 투자의 경우 패턴을 찾는 우리의 뿌리 깊은 습성 때문에 흔히 질서가 존재하지 않는 곳에 질서가 존재하는 것으로 가정하게 된다.

—88~89쪽

'1월이 강하면 1년이 좋다.' '5월에는 주식시장을 떠나라.' 등등 주식시장에는 수없이 많은 격언이 회자되고, 대개는 시장의 패턴을 보고 판단하여 나온 것들이다. 그러나 예전에는 몰라도 최근에는 이런 패턴이 전혀 성립하지 않는다. 이런 걸 우리는 '머피의 법칙'이라고 한다. '내가 사면 하한가, 내가 팔면 상한가' 현상이 나타나는 이유를 제이슨 츠바이크는 다음과 같이 설명한다.

평균 수익률보다 훨씬 높은 수익률을 보이는 주식이나 펀드는 조만간

거의 반드시 평균치를 향해서 뒷걸음질 친다. (…)

시간이 흐름에 따라 상황이 반전하는 이런 경향을 우리는 '평균으로의 회귀(regression to the mean)'라고 부른다. 이런 현상이 없다면 기린은 대를 이어서 점점 더 커지다가 마침내는 심장과 엉덩이가 과도한 긴장으로 파열되고 말 것이다. (…) 키가 큰 사람들은 항상 자신보다도 더 큰 자손을 보게 마련이므로, 이런 상황이 대를 이어 계속되다 보면 어느 누구도 머리를 숙이지 않고는 2미터 70센티미터 높이의 현관을 통과할 수 없는 상황이 될 것이다.

평균으로의 회귀는 투자를 포함하는 모든 경기에서 경기장 바닥을 평평하게 만들어주는 대자연의 방식이다. 그러므로 당신이 매우 높은 (또는 낮은) 투자 수익이 계속되는 도박을 할 때마다 승산은 당신에게 절대적으로 불리하다.

─311~312쪽

즉 평균으로의 회귀에 돈을 걸어야지, 그 반대에 돈을 걸면 결국 실패한다. 나는 경제학자들이 비현실적인 가정, 특히 시장 참가자들이 공개된 모든 정보를 다 받아들이고 또 가격에 즉각 반영한다는 '효율적 시장 가설'을 수용하게 된 이유가 결국은 지난 70년에 걸친 시장의 안정을 '패턴'으로 인식한 탓이 아닌가 짐작해 본다. 1990년의 소련 해체, 1998년 롱텀 캐피털 매니지먼트 파산, 2000년 정보통신 거품 붕괴 등 수많은 사건 속에서도 시장이 꾸준히 안정 흐름을 보이고 선진국 경제의 성장세가 이어지면서 자신의 모형과 가정에 대한 자신감이 너무 과도해졌다는 이야기다.

앞에서 이야기했듯, 집단 속에 있을 때 안도감을 느끼는 인간 특유의 본능도 이런 심리를 더욱 강화했음은 물론이다.

동물들의 집단은 "포식자들을 탐지하는 눈과 귀와 코를 더 많이 가지고 있다"고 UCLA 생태학자 대니얼 블럼스타인은 지적한다. 일반적으로 집단을 이룬 동물들은 혼자 고립된 경우보다 위험을 더 예민하게 탐지한다. 동물들이 모인 집단이 클수록 위험으로부터 더 신속하고 빠르게 도망치는 경향이 있다. 따라서 두려워해야 할 대상이 없는 경우에만 다수가 안전하다. 무리의 일부가 되는 데 따르는 편익은 순식간에 사라질 수 있다. (…)

사람들이 독자적인 견해에 따라, 동배집단의 전체 의견과 반대의 추측을 했을 때 뇌 스캔은 편도체가 강렬한 빛을 내는 것을 발견했다. (…) 독자적인 추측을 했을 때는 그런 패턴이 나타나지 않았다. 이는 인간의 동배집단 압력이 매우 강해서 개인이 독자적인 생각을 하기 어렵다는 것을 보여준다. 이 연구를 지도한 신광과학자 그레고리 번스는 이런 편도체의 강렬한 빛의 발산이 "자기 소신을 지키는 데 따르는 감정적 부담"의 표시라고 말했다. (…) 간단히 말해서 사람들은 의식적인 선택에 의해서가 아니라 거역할 경우 고통스럽기 때문에 집단의 뜻을 따른다.

—244~245쪽

그럼에도 불구하고 경제학계에도 희망은 있다고 본다. 라구람 라잔 같은 아웃라이어들이 여전히 존재하기 때문이다. 행동경제학 책을 읽는다고 해서 라잔 박사처럼 탁견을 가질 수 있다는 것은 아니지만, 적어도 먼 미래의 위기를 예측하고 또 이를 대비한 전략을 이야기할 수

2부 이코노미스트와 함께하는 경제 공부

있는 기회를 잡을 수 있으리라.

과거의 실적은 미래의 실적을 보장하는가
『탐욕과 공포의 게임』

『머니 앤드 브레인』은 매우 좋은 책이지만, 지금 소개하는 이용재의 『탐욕과 공포의 게임』과 함께 보면 더욱 좋을 것이다.

특히 이 책에 소개된 '핫 핸드(Hot Hand) 편향'은 투자자들에게 매우 의미심장한 내용을 전달한다. '핫 핸드'는 농구시합에서 연속적으로 슛을 성공시킨 선수를 의미한다. 경기를 함께 뛰고 있는 동료나 관중들은 당연히 핫 핸드에게 공을 집중시키는 게 더 나은 결과를 가져올 거라고 생각한다. 그러나 학자들의 연구 결과는 정반대였다. 쉽게 이야기해, 핫 핸드는 확률적 우연의 결과일 뿐 미래의 슛 성공이 보장되지 않는 것으로 나타났다.

이와 같은 분석을 헤지펀드에 적용해 본 결과는 실로 놀라웠다. 미국의 한 연구에 따르면, 1994년부터 2000년까지 752개 헤지펀드를 분기마다 수익률 순으로 분류하고 상위 376개는 이긴 펀드(핫 핸드), 하위 376개 펀드는 진 펀드로 간주해 투자자들의 자금 쏠림을 관찰했더니 농구에서와 같은 '핫 핸드' 현상을 확연하게 관찰할 수 있었다. 그리고 연승(시장을 계속 이긴) 펀드에 가입하고 연패한 펀드에서 자금을 빼는 식으로 거래해 본 결과 다음 분기에 얻을 수 있는 평균 수익률은 4.46퍼센트로 중립적인 펀드 선택(벤치마크) 수익률 6.31퍼센트보다 크게 떨어지는 것으로 나타났다.

이러한 발견은 한층 무서운 문제를 제기한다. 즉 최근 성과가 좋았던 종목이 미래에도 성과가 좋다는 보장이 없다. 그렇다면 과거에 성적이 좋았던 펀드를 쫓아간다고 해서 미래의 성과가 좋다는 보장이 없다는 이야기다. 왜냐하면 이전 성과가 좋았던 펀드일수록 자신들이 과거에 뛰어난 성과를 기록할 수 있게 도와줬던 종목을 선호할 가능성이 높기 때문이다. 그리고 이런 자금 쏠림 현상은 우리 인간들이 '운과 실력을 구분'할 능력이 전혀 없음을 고백하는 일이라고도 할 수 있다.

따라서 이상과 같은 아이러니한 행태재무론(Behavioral Finance)의 연구 결과를 읽어보는 것만으로도, 잘못된 편견을 제거하는 데 도움을 받을 수 있으리라 생각한다.

2부 이코노미스트와 함께하는 경제 공부

chapter 8

한국인의 한이 맺힌 시장, 부동산

부동산시장만큼 한국 투자자들이 한 맺힌 시장도 없을 것이다. 1970년대 강남 개발에서부터 불기 시작한 부동산 투기 광풍으로 나라가 줄곧 들썩였다. 역대 정권들마다 입버릇처럼 부동산시장 안정을 캐치프레이즈로 내걸었지만 부동산 가격이 싸다고 느껴진 적은 거의 없었다. 그런데 문제는 이런 '한 맺힘'이 정상적인 판단을 방해한다는 것이다. 앞에서 행태재무론을 다루며 이야기했듯, 사람이 어떤 대상에 대해 너무 많은 관심을 투사하는 경우에는 정상적인 판단이 어려워진다. 이런 면에서 현재 KB국민은행 자산관리본부에 근무하는 박원갑 박사의 책 『한국인의 부동산 심리』는 부동산 투자에 관심 있는 독자에게 상당히 큰 도움을 준다.

시세를 자주 볼수록 투자는 나락으로

『한국인의 부동산 심리』

부동산 시세를 매일 쳐다보는 사람과 1년에 한 번 재산세 낼 때 들여다보는 사람이 있다고 하자. 둘 중에 누가 더 행복할까? 내 생각에는 재산세 낼 때나 한 번 보는 사람이 훨씬 행복할 것 같다. 왜냐하면, 시장의 자산가격은 늘 끊임없이 변동하기 때문에 시세를 쳐다볼 때마다 시시각각 희로애락을 겪을 가능성이 높다. 특히 인간은 가격 상승이 주는 기쁨보다 가격 하락이 주는 고통을 훨씬 크게 느끼기 때문에 하루도 빠짐없이 오르는 기적이 일어나지 않는 한 시세를 자주 들여다볼수록 불행을 느끼는 빈도도 올라갈 수밖에 없다.

박원갑 박사는 『한국인의 부동산 심리』에서 이와 비슷한 이야기를 들려준다.

> 요즘 이런 생각을 해본다. 집값 하락 때문에 부부 싸움을 한다면 단독주택에 사는 부부가 많이 할까, 아니면 아파트에 사는 부부가 많이 할까? 아파트 부부라는 생각이 들었는데, 이는 나만의 생각은 아니었다. 주변 사람들에게 질문을 해보니 대부분이 같은 대답을 했다. 왜 그럴까?
>
> 가장 큰 원인은 한마디로 아파트는 쉽게 가격을 알 수 있기 때문이 아닐까 싶다. 언제든지 앉은 자리에서 컴퓨터나 스마트폰으로 가격을 즉각 확인할 수 있다. 이 모든 것이 정보기술의 혁명 덕분이다. 하지만 정보기술 혁명에도 불구하고 상품 자체가 균질화되지 않은 단독주택은 가격을 알기 어려운 구조다. 가격을 알아내기 위해선 돈을 들여

별도의 감정평가 절차를 거쳐야 하고 시간도 제법 걸린다.

이런 수고를 하지 않고 단독주택 가치를 파악하는 길은 1년에 한 번 발표되는 단독주택 공시 가격에 의존할 뿐이다. 그것도 번거롭게 단독주택 공시 가격 조회 사이트를 따로 찾아서 들어가야 한다. (…)

접근하기 좋은 포털 사이트나 부동산 사이트에서는 단독주택 시세를 아예 취급조차 하지 않는다. (…)

그렇지만 성냥갑 형태의 한국 아파트는 상품 자체가 라면이나 통조림처럼 표준화, 규격화되어 있다. 그 덕에 정보 데이터의 계량화가 쉽고 가격도 쉽게 포착된다. 우리나라에서는 전 세계적으로 보기 드물게 매주 아파트 시황이 발표된다. (…) 잦은 정보 공개는 평소에 모르던 사람까지 관심을 갖게 한다.

—25~26쪽

가격을 자주 확인하면 할수록 불행해지며, 그리고 불행해지면 잘못된 거래를 하게 된다. 부동산은 기본적으로 매매에 많은 비용이 드는 자산이며, 더 나아가 깔고 앉아서 살고 있으면 상당한 사용가치(주거)를 제공하는 자산이다. 따라서 장기 투자 하기 쉬운, 어떻게 보면 개인투자자들에게 가장 적합한 자산이라고도 할 수 있다. 그런데, 이런 장기 투자 전용 자산을 쉴 새 없이 사고팔게 만들어 결국은 중개업자와 정부만 좋은 일 시키는 짓이 바로 '시세 확인'이다.

여기서 잠깐 사용가치에 대해 이야기해 보면, 결국 자기 집에 거주하는 사람들은 일종의 '월세'를 절감하는 셈이다. 참고로 서울 지역의 연간 월세 수익률은 6퍼센트에 약간 못 미치는 수준이다. 게다가 주택은 물가에 연동되는 특성을 지니고 있다. 주택을 깔고 앉아 있으면

저 정도 월세에 물가상승률만큼 돈을 버는 셈이다. 여기서 박원갑 박사의 이야기를 조금 더 들어 보자.

> 네덜란드의 운하도시 암스테르담에는 1625년에 지은 헤렌흐라흐트라는 오래된 마을이 있다. 이곳에 대리석으로 지은 고풍스러운 집들은 그동안 개보수를 거쳐 옛 모습을 그대로 유지하고 있다. 흥미로운 것은 약 390년간의 헤렌흐라흐트 주택 지수가 주택학계에서 널리 활용되고 있다는 점이다. 헤렌흐라흐트 지수는 1629년부터 1972년까지 명목 주택 가격으로 20배 올랐다. 그러나 실질 주택 가격으로 따지면 오름세가 거의 없다. 3년 뒤인 1632년을 기점으로 1972년까지 실질 주택 가격으로 볼 때 상승률은 제로다. 따라서 아주 긴 세월로 보면 주택 가격은 물가 상승률만큼 상승한다고 볼 수 있다. 주택이 물가 상승에 대한 헷지 기능이 있다는 것이다. 거꾸로 이야기를 하면 주택 가격은 올라 봐야 물가상승률 이상 오르기 힘들다고 볼 수 있다. 결국 주택 가격이 상승한다면 그것은 물가에 대한 보상 행위다.
>
> ─283쪽

매우 흥미로운 이야기다. 연간 물가상승률만큼 집값이 오르는 특성을 지니고 있기에, 집값이 오랜 기간 동안 인플레 수준을 따라잡지 못했을수록 미래 집값의 상승 가능성은 높아진다. 그렇다면, 내 고향 고령의 농가 주택처럼 수요가 완전히 망가진 상황이 아닌 바에야, 집값이 상승하지 못한 것을 기뻐하는 태도를 가져야 마땅하지 않을까?

부동산에 대해 공부하려는 사람은 제일 먼저 이 책을 읽기를 바란다. 2012년 부동산시장의 약세 국면에 쓰인 책임에도 불구하고 밸런스가 매우 잘 잡혀 있고, 또 투자에 있어 우리가 얼마나 심리에 잘 휘둘리는지 보여 준다는 측면에서 강력 추천한다.

제목만 빼면 완벽한 부동산 입문서
『부동산은 끝났다』

두 번째 추천 도서『부동산은 끝났다』는 제목 빼면 거의 모든 게 완벽한 부동산 입문서라 생각한다. 제목을 왜 이렇게 지었는지 책을 읽는 내내 신기했을 뿐, 그것 말고는 참 훌륭한 책이다. 아마도 출판사에서 마케팅 목적으로 이렇게 지은 것 같은데, 별 다섯 개를 줘도 아깝지 않은 책에 누를 끼친 것 같다.

이 책의 최대 장점은 '검증된 책'이라는 점이다. 책의 한 대목을 인용해 보자.

> 따라서 일부에서 우려하는 일본식 장기 거품 붕괴는 나타나지 않을 것이다. 이는 앞에서 설명한 대로 인구 구조가 아직 정점에 도달하지 않았다는 것 외에도 전반적인 주거 수준이 선진국에 비해 낮기 때문에 어느 정도 가격 하락 시에 수요가 회복될 저지선이 있다는 것. 특히 우리나라 특유의 전세제도로 인해 LTV(주택담보인정비율)이 낮기 때문에 은행 부실과 그에 따른 연쇄적 가격 하락이 나타날 가능성이 거의 없다는 점 등이 이유이다.
>
> 다만 중기적으로 하락은 불가피한데, 전체적으로 보자면 향후 3~4년 정도의 주택가격 하향 안정 추세가 계속될 것으로 예상된다.

저자 김수현 교수(세종대 공공정책대학원)는 부동산 가격 안정을 위해 불철주야 노력했던 참여정부 당시 부동산 정책 입안자였다. 그런 그가 수도권 중심으로 가격 하락이 확산되던 2011년에 이렇게 이야기했다면, 상당한 예측력을 소유한 것으로 봐야 하지 않을까?

즉 자신의 정치적 입장이 어떻든 간에 저렇게 냉정하게 평가할 수 있다는 것은, 그리고 당시 부동산 멸망론을 부르짖는 책들이 베스트셀러가 되는 분위기였음을 감안할 때, 이 책이 이미 '검증'을 통과했다고 봐도 좋을 것이다. 특히 아래 부분은 이 책의 백미라 해도 과언이 아니니, 조금 길게 소개해 본다.

> 부동산은 분명 시장에서 사고 팔리는 상품이다. 그러나 부동산은 라면이나 볼펜, 배추와 근본적으로 다른 속성을 지니고 있다. 무엇보다 중학교 시절 배웠던 수요-공급 곡선의 원리가 쉽게 확인되지 않는 상품이다. 예를 들어 라면을 누군가 사재기해서 가격이 오를 기미가 있을 경우, 대체품도 있거니와 공장을 밤새 가동하면 금세 가격 안정을 찾을 수 있다. (…) 그러나 부동산은 이보다 균형에 도달하는 시간이 훨씬, 훨씬 오래 걸린다. 토지나 주택은 수급불균형이 발생했다고 해서 며칠, 또는 몇 달 만에 공급이 뒤따라 갈 수 있는 상품이 아니기 때문이다. 대규모 아파트 단지의 경우 시장의 신호(즉, 가격 상승)를 받아서 실제 공급이 이뤄지기까지 몇 년씩 걸리는 것이 보통이다. 우리가 소비하는 상품 중 생산 기간이 가장 오래 걸린다.
> 이처럼 부동산이 수급 균형을 찾는 데 오랜 시간이 걸리는 근본적인

이유는 바로 그 이름에 답이 나와 있다. 움직일 수 있는 물건(不動産)이어서, 부족하다는 이유로 다른 곳의 물건을 가져 올 수 없기 때문이다. (⋯)

다음으로, 부동산은 소비재이면서도 투자재다. 성격이 복합적인 것이다. 일반적으로 자동차는 사용할수록 값이 떨어진다. 다른 물건들도 마찬가지다. 소모되어 아예 없어지는 소비재도 많다. 그러나 부동산은 경우에 따라 쓰면 쓸수록 오히려 값이 올라가는 경우가 허다하다. (⋯) 더구나 부동산은 그 자체가 담보 제공이 가능하기 때문에, 소비재를 넘어 투자 수단이 되는 속성도 가지고 있다.

—40~41쪽

이렇게 부동산의 정체를 잘 정리한 책은 처음 보는 것 같다. 특히 부동산이 주문에서 공급까지 시차(리드타임)가 긴 상품이라는 부분을 지목한 것은, 부동산시장을 이해하는 데 가장 중요한 포인트라고 생각한다. 앞에서 경기순환과 관련해 이야기한 '돼지 사이클'을 잊지 않았다면, 부동산의 리드타임이 긴 것이 부동산시장의 순환에 어떤 영향을 미치는지 금방 이해할 수 있을 것이다.

리드타임이 길수록 사이클이 길어지며 또 격렬해진다. 뿐만 아니라 부동산이 일종의 '담보'로 작용해 부동산 가격 등락을 더욱 키운다. 따라서 부동산은 장기 투자의 자세를 가져야 하며, 특히 수요와 공급 불균형이 심할 때를 포착하는 눈을 길러야 한다. 그러지 못한다면 자산 투자의 관점을 버리고 그냥 자신의 자금 수요와 라이프 사이클에 따라 주택을 매매하는 게 차라리 훨씬 나은 결과를 가져올 것이다.

정부 정책을 세심히 살펴라
『부동산의 보이지 않는 진실』

앞의 2권의 책을 읽은 후『부동산의 보이지 않는 진실』을 읽으면 부동산시장이 어떤 곳인지 대략 감을 잡게 될 것이다. 그다음부터는 경매든 아니면 상가주택 매매든 상세한 절차와 방법을 알려 주는 '실용서'를 읽으면 된다.

이 책을 추천하는 첫 번째 이유는 '디테일'이 매우 강해서다. 수많은 부동산 관련 책들은 부동산시장에서의 정부 역할을 무시하는데, 이 책은 그렇지 않다. 저자는 부동산을 볼 때에는 항상 가장 먼저 정부가 어떤 태도를 취하고 있는지 관찰하라고 이야기한다. 왜 정부의 태도를 면밀하게 살펴야 하는가? 그 이유를 들어 보자.

영어 'Real Estate'가 부동산을 지칭하게 된 것은 처음 미국의 캘리포니아 지역을 차지했던 에스파냐 사람들이 부동산을 'real'로 표현했기 때문이다. 그 땅은 왕실 소유라는 뜻이었다. 그 후 캘리포니아를 점령한 영국은 부동산을 'estate'로 불렀다. 나중에 이 두 단어가 합쳐져 영어권에서는 'Real Estate'가 부동산을 지칭하는 용어로 정착했고, 일본이 이를 '부동산'으로 번역해 쓰면서 우리에게도 전해졌다. 부동산이란 결국에 개인 소유가 아닌 왕실 소유라는 의미에서 유래되었다고 할 수 있다. 과거와 달리 지금은 부동산 개인 소유권이 인정되어 국가로부터 구입할 수도 있다. 이처럼 이제 부동산은 왕실이나 국가의 것이 아닌 자기 것이라고 믿으며 살아가고 있는 사람들에게 절망적인 소식을 전하면, 여전히 부동산은 국가 소유물이란 사실이다.

부동산은 누구도 건드리지 못하는 내 고유의 순수한 자산이라 믿어도 말이다. 부동산을 매수할 때 취득세를 내야 하고 매도할 때 양도소득세를 내야 한다는 점에서 우리는 깨닫게 된다.

이뿐만 아니라 부동산을 보유하면 1년에 한 번 재산세를 납부해야 하고 주택의 가격이 일정 금액 이상일 때는 종합부동산세까지 납부해야 한다. 사고팔 때뿐만 아니라 보유만 하고 있을 때조차 세금을 내야만 하는 사물이나 자산이 얼마나 될까. 부동산은 보유하고 있다는 사실만으로도 세금을 내야 할 뿐만 아니라 세금을 내지 않으면 공매 처분되어 자산을 빼앗기기도 한다.

그러므로 정부가 늘 부동산에 관심을 갖고 주시하며 각종 정책을 펼치는 것이 당연하다. (…) 매매하는 사람도 대출을 받고 전세 사는 사람도 대출을 받는다. 이런 현실을 무시하면 안 된다. 대대로 토지와 가옥은 지켜주는 사람 것이었다. 지금도 각 국가의 정부에서 개인의 부동산을 지켜주는 것은 마찬가지다. 정부의 부동산 정책을 늘 주시하고 눈여겨보며 대처해야 하는 이유다. 정부 정책을 역행하는 사람은 주인인 국가로부터 따끔한 벌을 받는다.

—28~29쪽

한국 사람들은 뭔가 조금이라도 맘에 안 들면 쉽게 '정부 탓'을 한다. 그런데 왜 부동산을 매매하고 또 가격을 예측할 때에는 정부 정책을 예상하지 않을까? 그건 아마 희망과 전망을 구분하지 못하기 때문일 것이다. 주택을 팔고 나면 주택 가격이 더 이상 오르지 않기를 희망하고, 반대로 막 주택을 매입하고 나면 주택 가격이 급등하기를 바라는 것은 어찌 보면 당연하다. 그런데 이런 '희망'에 압도된 나머지,

유쾌한 이코노미스트의 스마트한 경제 공부

주택 가격의 방향을 결정짓는 가장 중요한 변수인 정부의 태도는 종종 무시하는 것이다.

한국 경제는 정부의 역할이 대단히 크기 때문에, 이 책의 저자들이 주장하는 것처럼 항상 정부의 정책 방향에 시선을 고정해야 한다. 그런 면에서 볼 때, 우리 정부는 주택 가격을 올리는 데 관심이 있을까, 아니면 주택 가격을 떨어뜨리는 데 관심이 있을까? 이 질문을 통해 미래 주택시장의 방향을 예측하는 데 큰 도움을 받을 수 있으리라 생각한다.

이 책을 추천하는 두 번째 이유는 '밸런스'에 있다. 대부분의 부동산 관련 책들은 인구 문제 등 주택의 '수요'에만 포커스를 맞춘다. 그런데 모든 시장이 그렇듯, 그리고 김수현의 책 『부동산은 끝났다』에서 지적했듯, 주택시장은 수요보다 오히려 공급이 더 큰 영향을 미친다. 특히 1990년대 일본의 주택 가격 하락을 주택 공급에 포커스를 맞춰 분석한 아래 내용은 이 책의 압권이다.

주택가격을 결정하는 요소는 많지만 그중에서 주택의 수요와 공급이 제일 중요한 요소다. 한국의 경우에도 노태우 정부 시절 200만 호 건설 후 몇 년 동안 주택가격은 안정화되었다. (…) 이처럼 공급은 주택가격에 상당히 큰 영향력을 미친다.

일본에서 1986년에서 1989년까지의 버블로 상승했던 주택가격이 1990년부터 떨어지기 시작해서 다시 오르지 못했던 이유가 단순히 일본 사람들이 '이제는 주택이 필요 없다'고 느꼈기 때문이 아니었다. (…) 이뿐만 아니라 주택가격을 올리기 위해서는 공급을 줄여버리면 간단하다. 공급 감소는 1~2년 내로 발생하진 않는다. 인허가 받고 착공해서 준공까지 2~3년 시간이 걸린다. 공급을 줄여버리면 되었지만 일본은 그런 정책을 펼치지 않았다. 한국의 국토교통부에 해당하는 일본의 MLIT(Ministry of Land, Infrastructure, Transport and Tourism), 즉 국토교통성에 따르면 폭락이 시작된 1990년 이후에도 주택 공급은 전혀 줄지 않았다.

주택 착공 기준으로 보면 1992년에 약 140만 호가 공급되었다. 1996년에는 약 160만 호로 공급을 더욱 늘렸다. 그 후 지속적으로 공급 물량이 줄었지만 2008년에 약 109만 호가 착공되었을 정도로 계속적으로 100만 호 이상이 공급되었다. 단 한 번도 주택 착공 숫자가 줄어들지 않고 유지되었다. 2009년 약 79만 호 착공이 이뤄지면서 드디어 100만 호 밑으로 공급이 줄어들었다.

그 후 2010년 81만 호, 2011년 83만호, 2012년 88만호, 2013년 98만 호, 2014년 89만 호로, 1992년부터 2008년까지 거의 20년 동안 주택 공급을 줄이지 않았다. 한국의 경우를 보더라도 공급이 늘고 경제가 악화되면 공급 물량이 해소될 때까지 한동안은 신규 공급이 제한된다. 그런데 일본은 분명히 주택가격이 폭락했는데도 착공은 전혀 줄지 않고 꾸준했다.

아무도 주택 구입을 하지 않는데 이토록 주택 공급을 계속 할 필요가 있었을까?

—89~91쪽

일본 정부가 이런 바보짓을 한 이유는 잘 알고 있다. 1부에서 살펴보았듯 일본 정부가 디플레이션 압력을 물리치기 위해 재정을 쏟아부었기 때문이다. 그런데 문제는 이 재정지출의 상당 부분이 지방의 건설·토목 사업에 투입됐다. 다시 말해, 당시 일본 자민당 정부의 족의원이 문제였던 것이다. 여기서 족의원이란, 말 그대로 대를 이어서 지방에서 꾸준히 당선된 토호를 의미한다. 그리고 이들 토호들은 자기 지역에 건설이나 부동산 등 다양한 사업체를 운영하고 있었기 때문에 정부 지원을 받는 데 주력했다. 물론 그 결과는 '공급 과잉'에 따른 추가적인 주택 가격의 폭락이었던 것이고.

결국, 경제 문제는 정치와 매우 밀접한 연관을 맺고 있음을 보여 주는 좋은 사례라고 하겠다. 모든 경제 문제가 그러하듯, 부동산도 정책과 정치에 많은 영향을 받는다는 사실을 알아야 한다. 그런 면에서 매우 귀한 진실을 보여 주고 있는 『부동산의 보이지 않는 진실』은 충분히 필독할 가치가 있다.

chapter 9

인구 변화와 세계경제

부동산 이야기를 했으니, 이어서 인구 문제를 다룬 책들을 살펴보자. 한국의 노령화 문제는 '부동산 멸망론자'들이 즐겨 드는 가장 핵심적인 근거이기도 하다. 그런데 나는 인구에 관련된 책도 쓰고 논문도 쓰면서 공부를 하면 할수록 인구 문제가 그렇게 호락호락한 것이 아님을 뼈저리게 느꼈다.[20] 이 장에서 소개하는 세 권의 책을 읽고 나면 인구 문제를 가지고 아무데나 가져다 붙이면 큰 실수를 저지르기 쉽다는 것을 깨닫게 되리라 생각한다.

대한민국 인구 문제 들여다보기
『인구 변화가 부의 지도를 바꾼다』

『인구 변화가 부의 지도를 바꾼다』는 내가 2006년에 쓴 책이지만, 지금 읽어도 인구 변화가 경제에 미칠 영향을 잘 설명하고 있다. 물론, 10년 전에는 부동산 경기가 활활 타오르고 있던 시기여서 부동산시장에 대해 비관적인 태도를 취했던 것은 조금 감안하고 읽으면 좋을 것이다.

이 책에서 2006~2007년 사이에 미국 부동산시장이 침체될 가능성이 있다고 예측했는데, 그 이유는 1946~1964년에 태어난 7000만 베이비붐 세대가 은퇴 연령에 도달했기 때문이다. 즉, 은퇴 연령에 도달한 베이비붐 세대의 일부라도 주택을 매도하는 순간 주택시장의 수급 균형이 깨질 수 있다고 봤던 것이다. 물론, 내 예상은 정확하게 들어맞았지만 그 디테일에서는 완전히 빗나갔다. 나는 베이비붐 세대의 주택 매도 공세가 부동산 가격의 하락을 촉발시킬 것이라고 봤지만, 정작 미국 부동산시장을 붕괴시킨 것은 2-28 서브 프라임 모기지였다. 자세한 내용은 1부에서 『폴트 라인』을 다루며 충분히 소개했으니 이 정도로 넘어가자.

게다가 나는 이 책에서 2015년이 지나면 한국 자산시장이 점차 어려움에 처할 것으로 예상했었다. 왜냐하면 1950년대 중후반부터 시작해 1960년대에 태어난 약 1300만 명의 베이비붐 세대가 은퇴를 시작하기 때문이었다. 실제로 2015년을 고비로 주택 및 주식시장의 상승 탄력이 조정을 받는 것을 보면, 이 전망이 잘 들어맞는 것도 같다.

그러나 이는 기초적인 분석에 불과하다. 즉, 베이비붐 세대의 은퇴

가 경제의 성장 탄력을 떨어뜨리고 부동산 등 일부 자산에 대한 매도 압력을 부각시키는 것은 분명한 사실이다. 그러나 디테일에서는 몇 가지 차이가 발생했다.

그중 하나는, 앞에서 소개한『부동산의 보이지 않는 진실』에서 잘 지적한 것처럼, 주택시장의 공급 증가가 뚜렷하지 않다는 것이다. 즉 결혼과 분가 등으로 연 30만 호 가량의 꾸준한 신규 주택 수요가 발생하는 상황에서 주택 공급이 이를 따르지 않는다면, 베이비붐 세대의 은퇴로 인한 매도 압력이 시장에 미치는 영향이 제약될 수 있다.

또한 나는 1950년대 중반에 태어난 베이비붐 세대가 60살이 되면 은퇴할 것으로 계산했지만, 최근의 경제난 속에서 베이비붐 세대 대부분은 은퇴를 미루고 있다. 실제로 최근 발표된 고용노동부 통계를 보면, 60대 이상 인구 특히 60대 남성의 취업률은 상승 흐름이 지속되고 있다.[21] 게다가 최근 주택연금(역모기지론)이 빠르게 활성화되면서 베이비붐 세대의 주택 매도 압력이 누그러진 것도 시장에 큰 영향을 미치고 있는 것으로 보인다.

결국 2006년 나의 전망은 대부분 빗나간 셈이지만, 인구 관련 문제의식을 파악하고 또 한국의 인구 구성이 어떤지 파악하는 데에는 충분히 기여할 책이라 생각한다. 거기에다 꽤 많이 팔린 책이라 중고서점에서 쉽게 구할 수 있으니 책값 부담을 덜 수 있을 거란 점도 추천 이유 중 하나임을 고백해 본다.

기계적인 인구론에 반기를 들다

『다가올 10년 세계경제의 내일』

클린트 로렌의 『다가올 10년 세계경제의 내일』은 기계적인 인구론에 정면으로 반기를 드는 책이다. 쉽게 말해, 젊은 인구 많다고 그 나라 경제가 좋아지고 반대로 노인 인구 많다고 경제가 어려워진다는 식으로 생각해서는 안 된다는 이야기다.

그럼 무엇이 가장 중요한가? 바로 교육을 받고 구매력을 갖춘 인구의 변화를 집중해서 봐야 한다. 아무리 인구가 많은들, 그 인구가 제대로 교육받지 못하고 나아가 아이는 많이 낳는데 제대로 교육시키지 않고 내팽개쳐 둔다면 그 인구가 무슨 소용이 있느냐는 것이다.

> 무엇이 무엇의 원인이 되느냐는 문제는 차치하더라도 성인 인구의 교육 개요와 출생률 사이에는 분명히 강한 반비례 관계가 존재한다. 교육 수준이 향상될수록 출생률은 가임 여성 1천 명 당 40명에 이를 때까지 감소한다.
>
> 인구의 연령대가 높은 일부 국가에서는 출산에 대한 태도 변화가 나이 많은 여성들의 출산증가로 인해 출생률이 오히려 상승한다는 사실에 주목할 만하다. 그러나 젊고 가난한 지역, 특히 교육 수준이 비교적 낮고 출생률이 높은 사회는 교육 수준의 개선이 가정의 우선 순위와 기대치를 바꾸어놓음으로써 향후 출생률 감소에 기여할 것이다.
>
> ―124~125쪽

교육받은 인구가 중요한 첫 번째 이유는 바로 자연스러운 인구 구

유쾌한 이코노미스트의 스마트한 경제 공부

조 변화를 유도한다는 것이다. 그리고 이보다 더 중요한 이유는 바로 교육받은 인구의 비중이 곧 그 나라 경제성장의 원동력이 된다는 데 있다.

> 교육 개선이 근로자 1인당 생산성에 대체로 긍정적인 영향을 끼치고, 더 나아가 가계소득과 삶의 질 향상에도 기여한다는 것은 반가운 소식이다. 그러나 안 좋은 소식도 있다. 현재 교육지수 200 미만인 여러 지역과 국가는 단기간에 노동인력의 생산성이 획기적으로 개선되지는 않을 것이라는 사실이다.
> 대부분의 지역과 국가에서 교육지수 200에 도달하기까지 대략 그 정도의 시간(20년)이 소요되기 때문이다.
>
> —126~127쪽

즉, 어떤 변화가 지금 나타난다고 해도 그 효과가 나타나기까지는 적어도 20년에 가까운 시간이 필요하다는 이야기다. 그리고 인도처럼 교육 투자를 소홀히 한 나라는 이런 부분에서 아주 큰 문제에 봉착하게 된다. 〈도표32〉는 중국과 인도에서 노동인구의 연령별 교육 수준을 보여 주는데, 2032년이 되어도 인도는 현재 중국의 교육 수준을 따라잡지 못함을 쉽게 알 수 있다.

결국, 이 책이 하려는 이야기는 명확하다. 어떤 나라의 인구를 볼 게 아니라, 그 나라의 교육받은 인구를 보라는 이야기다. 이런 관점에서 한국을 보면 어떨까? 절대적인 인구는 줄어들지 모르지만, 교육받은 인구는 오히려 더욱 증가하게 된다. 왜냐하면 1950년대 후반에 태어난 한국 베이비붐 세대는 대부분 교육받은 기간이 6~12년 내외인

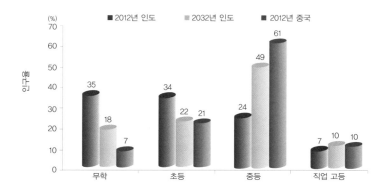

반면, 이후에 태어난 세대의 평균적인 교육 연한은 12~16년에 이른다.

단순한 인구수가 아니라 구매력을 갖춘, 잘 교육받은 인구가 어떤 나라의 미래를 예측할 때 훨씬 중요한 요소라는 주장은 한국에도 그대로 적용되어야 하지 않을까?

인구 감소와 노령화가 품은 기회
『100억 명』

인구와 관련해서 추천하는 세 번째 책은 대니 돌링의 『100억 명』이다. 이 책은 '인구 장사' 혹은 '공포 장사'를 하지 않는 몇 안 되는 인구 관련 서적이라는 점에서 일단 점수를 줄 수 있다. 특히 이 책은 인구의 본격적인 감소가 세계경제에 어떤 영향을 미칠지 의문을 제기한다는 점에서도 흥미롭다. 다들 인구가 줄어드는 노령화의 시대가 경제에 큰 충격을 미칠 거라고 겁주기 바쁜데, 이 책은 이런 변화가 세계경제에 새로운 기회로 작용할 수도 있다는 입장을 취한다.

> 우리가 비관할 필요가 없는 이유는 많다. "지금의 인구 폭발은 2050년 전후에 끝날 것이고, 세계 인구는 90~100억 명 수준을 유지할 것이다"라는 말을 쉽게 내뱉을 수 있게 된 것은 최근의 일이다. (…) 세계 인구의 대다수는 젊다. 지금 살아 있는 사람들의 대다수가 2050년에도 살아 있을 것이다. (…)
>
> 인구 증가 속도가 걷잡을 수 없이 빨랐다가 느려진 것은 최악의 비관주의를 잊어버리게 하는 이유 중 하나에 불과하다. 희망의 또 다른 징후는 대다수의 사람이 글을 읽고 쓸 줄 알게 되었다는 점이다. (…) 많은 사람들이 글을 읽을 수 있게 된 것은 불과 60여 년 전의 일이다. (…)
>
> 그 밖에도 희망적인 징후들은 더 있다. 거의 모든 지역에서 처음으로 여성이 남성보다 더 오래 살게 되었다. 여성은 남성보다 더 건강하다. 그러나 가부장제와 출산에 대한 관심 부족으로 지금까지 조기 사망률이 남성보다 더 높았다. (…)
>
> 오늘날 대다수의 사람이 종교, 국가, 사상을 위해 전쟁을 하지 않을 것이라고 역사상 처음으로 선언했다. 또한 지금 세대는 역사상 처음으로 대다수가 도시에 살고 있고, 대다수가 선거권을 갖고 있다. 지구상 거의 대부분의 지역에서 이런저런 투표를 실시한다.
>
> ―16~18쪽

앞에서 소개한 『다가올 10년 세계경제의 내일』에서 했던 이야기와도 상당 부분 겹친다. 즉, 과거와 달리 현재 그리고 앞으로의 노인 상당수가 교육을 잘 받은 세대라는 것이다. 더 나아가, 남자보다 여자들이 더 오래 살기 때문에 전 세계 인구에서 차지하는 여성의 비중이 늘어난다는 점도 경제와 사회 전반에 큰 영향을 미칠 요인이라는 이야기에는 새삼 놀라게 된다.

여성이 다수를 이루는 사회에서 예전처럼 전쟁이 일반화될까? 그리고 교육 잘 받은 다수가 민주적인 투표에 참여하는 나라에서 20세기 중반처럼 극단적인 세력이 득세할 수 있을까? 또 인구 대다수가 도시에 집중되어 함께 늙어가는 사회가 예전처럼 에너지를 펑펑 쓸까?

이외에도 수많은 여러 가지 변화가 발생할 것이다. '인구가 감소하면 나라 망한다'는 류의 공포팔이 장사꾼들은 이런 생각을 한 번도 해보지 않았겠지만, 그런 사람들보다 이 책의 저자 대니 돌링의 문제제기야말로 우리 미래에 훨씬 더 중요한 이야기가 아닐까?

아무튼 이 책 한 권으로 우리가 가지고 있던 기존의 편견이 모두 사라지지는 않겠지만, 적어도 상식이 정말 통용될 것인지를 고민해 보는 데에는 충분하지 않을까 싶다. 부디 앞으로 더 좋은 책들이 나와서 인구 관련 논쟁이 풍요롭고 구체적으로 이뤄지기를 기대해 본다.

chapter 10

한국 경제의 성패
냉정하게 바라보기

한국 경제가 어떻게 성공할 수 있었는가에 대한 질문을 던지면 반발이 만만찮으리라는 걸 잘 안다. '헬조선'이라는 말이 유행할 정도로 한국 사회에 대한 비관론이 유례없이 득세하고 있으며, 인터넷 세상에서 한국은 금방이라도 망할 나라로 취급받는 것도 잘 알고 있다.

그러나 세계사적인 관점에서 보면, 한국은 2차 세계대전 이후 독립한 나라 중에서 대만과 함께 유이하게 산업화에 성공한 나라이다. 참고로 홍콩과 싱가포르는 2차 세계대전 이전에 영국의 식민지가 되어 이미 선진국의 문화와 경제 구조를 이식받은 도시국가라는 점에서 전혀 차원이 다르다.

유엔개발계획(UNDP)에서 매년 발표하는 인간개발지수(Human Development Index)*에서 항상 최고 수준에 오른다는 점을 생각하면,

〈도표 33〉 1960년 이후 1인당 국민소득 변화
출처: 세계은행 데이터베이스

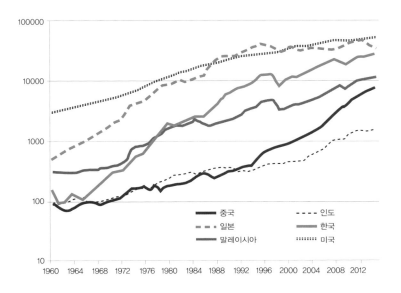

한국 경제에 대한 비관론이나 폄하는 언뜻 이해가 잘 되지 않는 부분
이기도 하다.

이 지수가 조작되었다면 모르겠지만, 세계적인 연구기관들은 모두
한국을 산업화에 성공한 선진 국가로 간주한다. 가장 대표적인 사례
가 국제통화기금(IMF)이 될 텐데, IMF가 매년 세 차례 발표하는 '세계
경제전망'에는 한국을 선진국에 분류해 놓았다.

● 　유엔개발계획이 매년 각국의 교육 수준, 국민 소득, 신생아 사망률, 문해력, 평균 수명 따위를
　　주요 지표로 삼아 국가별 삶의 질 수준을 나타낸 지수.

그렇다면 한국 사람들, 특히 젊은 청년들이 해외의 평가와 달리 한국에 대해 지극히 비관적인 생각을 갖는 이유는 무엇에서 비롯했을까? 더 나아가 한국 사회와 경제는 지금 어느 방향으로 나아가고 있는 것일까?

이번 장에서는 이와 같은 의문을 해소하는 데 도움을 주는 책 여섯 권을 소개한다. 뒤로 갈수록 조금씩 어려워지긴 하지만, 앞에 소개한 책들을 섭렵한 독자라면 그리 어렵게 느껴지지만은 않을 것 같다.

상업이 전 세계에 확산된 경위를 좇다
『설탕, 커피 그리고 폭력』

현재 캘리포니아 어바인 대학 교수로 재직하고 있는 케네스 포메란츠 박사는 세계적인 동양사학자로, 특히 『대분기(The Great Divergence)』라는 책을 통해 18세기까지 동양이 서양에 비해 더 앞서 있었으며 제도적인 측면에서도 산업화를 추동할 충분한 잠재력을 가지고 있었다고 주장해 일대 센세이션을 일으킨 바 있다. 한국에는 아직 번역되지 않은 게 아쉽지만* 대신 『설탕, 커피 그리고 폭력』으로 포메란츠 교수의 흥미로운 주장을 간접적으로나마 접할 수 있다.

이 책은 '동양사' 또는 '서양사' 하는 식으로 지역에 따라 역사를 구분하는 게 아니라, 상업이 어떤 식으로 세계적인 포괄 범위를 가지고

● 얼마 전인 2016년 3월에 『대분기』(에코리브르)라는 제목으로 국내 출간되었다.

점점 더 확산되었는지를 보여 준다는 점에서 한국의 역사, 특히 한국 경제사를 이해하는 데 큰 도움이 된다. 또한 포메란츠 교수가 잡지에 연재한 글을 모은 책이라 내용이 무척 쉽고 흥미를 끈다는 점에서 경제사에 입문하는 독자들에게도 매우 좋은 개설서가 될 것이다.

조선은 어쩌다 '근대화 골든타임'을 놓쳤나
『동아시아, 해양과 대륙이 맞서다』

포메란츠 교수의 책을 통해 세계사가 어떤 식으로 형성되었는지 감을 잡았다면, 이제 동아시아 역사 차원에서 한국이 어떤 특수성을 지니고 있는지 살펴볼 차례다. 김시덕의 『동아시아, 해양과 대륙이 맞서다』는 내용이 아주 쉬운 편은 아니지만, 대항해시대에 관해 감을 잡은 사람들이 그다음 순서로 읽기에는 아주 적합하다. 특히 임진왜란 이후 일본이 어떻게 성장했는지, 그리고 중국의 화폐개혁(일조편법)이 교역 구조에 어떤 영향을 미쳤는지 등에 대한 이야기를 읽노라면 조선이 어쩌다 '근대화를 위한 마지막 골든타임'을 놓치게 되었는지 이해할 수 있을 것이다. 이 책의 성격을 아주 명확하게 보여 주는 다음 대목을 조금 길게 인용해 본다.

> 서로 밀고 밀리는 경쟁 관계였던 한인(漢人)과 비한인 집단이 있었으나, 중국 '주변' 지역의 집단 가운데 이 경쟁에 참여하지 않은 집단이 둘 있었다. 그 하나가 한반도의 한민족이고 다른 하나가 일본열도의 일본인이다. (…)

한민족의 이 같은 역사에 대해, 조선시대 후기의 학자 이익은 『성호사설』 권9 「인사문」에 16세기 조선인 임제의 말을 전한다. 임제는 자신의 임종 때 아들들이 슬퍼하자 "이 세상의 모든 나라가 황제를 일컫지 않는 자 없는데, 유독 우리나라만이 예부터 그러지 못했으니 이와 같은 누추한 나라에 사는 신세로서 그 죽음을 애석히 여길 것이 있겠느냐?"라며 곡을 하지 말라고 했다는 것이다. (…)

한편, 일본열도 세력은 임진왜란 이전에도 백제 구원군이 당나라와 충돌하고 왜구가 명나라의 해안 지역을 약탈하는 등 두 차례에 걸쳐 중국 세력과 충돌했다. 그러나 원양 항해 기술이 발달하지 않았고 대규모의 군대를 동원해서 해외로 보낼 만큼 정치적 통일성이나 원동력도 없었기 때문에, 다른 비한인 집단과는 달리 한인 국가를 근본적으로 위협하는 일은 없었다.

임진왜란은 이러한 상황에 근본적인 변화가 생겼음을 보여준 전쟁이었다.

—42~43쪽

이 대목에서 나는 사이다 한 컵 들이켠 기분이었다. 한국 관점에서 세상을 보면 수많은 민족이 한국 땅을 간절히 원한 것처럼 생각하기 쉬우나, 우리나라가 동아시아사에 중요한 위치에 오르게 된 것은 일본의 대두 때문이었다는 이야기다. 청나라가 '병자호란' 이후에도 조선을 독립 제후국으로 내버려 둔 것, 그리고 몽고가 고려를 '부마국'으로서 어느 정도 자치권을 지닐 수 있게 놔둔 이유가 여기서 밝혀지는 셈이다.

조선이 유교국가가 된 이유는 따로 있다
『중종의 시대』

17세기 이후 동아시아의 다른 나라들이 열심히 저마다의 길로 달려 나가기 시작했을 때, 조선에 어떤 일이 벌어졌는지를 잘 설명해 주는 책이 『중종의 시대』라 생각한다. 일각에서는 일본이 조선과 교역하려는 서양 범선을 가로막았다고 주장하지만, 사실 조선이 마음만 먹으면 서양과 교역할 길이 열려 있었다. 제주도에 표류했던 네덜란드 사람 하멜 등이 대표적인 사례가 될 것이다.

그럼 왜 조선은 폐쇄된 소중화의 나라가 되었을까? 이 책은 조선 중종 무렵에 나타난 정치적 변화를 주목함으로써, 조선이 유럽 국가와 같은 부국강병의 길을 걷는 대신 성장보다 분배에 치중하는 유교적 도학 국가의 길을 가게 된 철학적 사상적 배경을 설명한다.

> 왕이 자연적인 죽음을 맞았을 때 그의 뒤를 이어 어떤 왕자가 어떤 원칙에 따라 왕위에 오를 것인가는 왕조의 안정과 권위의 계승에 결정적으로 중요한 요소이다. 무력을 통한 정변으로 권력을 잡아 스스로 왕위에 오르거나 다른 왕자를 왕위에 옹립할 경우에도 사람들이 쉽게 수긍할 수 있는 명분을 제시해야만 새 정권이 정통성을 확보하고 안정을 취할 수 있다. 그런데 조선이 건국된 지 100년이 넘은 16세기 벽두에 11대 왕위에 오른 중종의 입장에서 선왕들의 운명을 보면, 조선의 왕좌는 현재 우리가 생각하는 것보다 훨씬 더 불안했다. 국왕의 절대권위는 고사하고 왕위의 안정조차 제대로 확보하지 못했던 것이다. (…)

게다가 타의로 왕위에서 물러난 이 네 명〔태조, 정종, 단종, 연산군〕가운데 노산군(단종)과 연산군 두 명(50%)은 권좌에서 물러나는 것으로만 그치지 않고, 유배를 당한 뒤 그곳에서 의문의 죽음을 당했다. 이뿐 아니라 중종 당대의 시점에서 볼 때 열 명의 선왕 중 묘호를 받지 못한, 즉 종묘에 들어가기 못한 왕이 공정왕(연안군, 정종), 노산군, 연산군 등 무려 세 명(30%)이었다. 이런 수치는 세종대왕이라는 걸출한 인물 뒤에 가려져 그동안 큰 관심을 받지 못했던 15세기 조선의 국왕 자리가 얼마나 불안했는지를 분명하게 보여준다.

—40~41쪽

이 흥미로운 글에서 우리는 두 가지 사실을 알 수 있다. 하나는 조선이 유교의 깃발을 높이 들고 세워졌지만, 본격적인 유교 국가가 아니었다는 사실이다. 권력을 잡은 사람들이 전왕의 목숨을 파리처럼 날려 버리는, 어쩌면 법가의 나라였다고 할 수 있다. 다른 하나는, 가뜩이나 왕위가 불안정한데 쿠데타 세력이 옹립한 중종 입장에서는 어떻게든 살길을 모색해야 하는 상황이었다는 것이다. 그리고 중종이 선택한 것은 바로 '사대의 길'이었다.

명나라에 대한 진하* 관련 연평균 수를 장기적으로 비교해 봐도 중종 대의 특징은 분명히 드러난다. (…) 또한 1519년 기묘사화 이후 중종 대에는 이전의 어떤 왕대와도 비교가 안 될 정도로 기사의 빈도가

●　어떤 사건이 벌어졌을 때, 강녕 여부를 묻기 위해 번국이 보내는 사절.

크게 두드러지는 현상을 한눈에 알 수 있다. (…) 따라서 중종 때에 이르러 명-조선 관계에, 좀 더 정확하게 말하면 조선 조정에서 명나라를 바라보는 인식과 태도에 주목할 만한 변화가 발생했음이 분명하다. 이 점을 좀 더 확인하기 위해 몇 가지 사례를 구체적으로 살펴보자.

1521년(중종 16년) 명나라에서는 정덕제가 죽고 그의 사촌인 가정제가 즉위했다. 이때 조선 조정에서는 가정제의 생일이 4월이라는 설과 8월이라는 설이 분분함에 따라 황제의 생일을 축하하는 성절사의 파견 문제를 놓고 논란이 벌어졌는데, 때는 이미 7월이라 모든 신료들은 성절사 파견에 부정적이었다. (…) 그렇지만 중종의 강력한 의지에 따라 때늦은 성절사를 파견했다. (…)

1536년(중종 31년) 가정제는 2년여의 공사 끝에 북경에 구묘를 완공하고, 홍무제를 비롯해 9명의 조종을 새롭게 부묘했으며, 생존해 있는 두 명의 태후에게도 존호를 추증하고 하례를 받았다. 마침 북경에 가 있던 동지사*의 보고를 통해 이를 알게 된 중종은 그에 대한 진하사 파견을 기정사실로 하고, 다만 공문을 받지 않은 상태에서 미리 앞서 진하를 올려도 무방한지 고례를 상고하도록 승문원에 명했다.

그러나 이 조치는 즉각적으로 승문원, 승정원, 대간의 반대에 부딪혔다. 주요 반대의 이유는 (명나라의) 부묘에 대해 외국이 진하한 전례가 없다는 점, 그리고 이번 부묘는 그 자체가 예법에 어긋나는 일이므로 부묘가 불가능하다는 것이었다. (…) 그러나 긴 논쟁의 와중에 좌의정 김안로와 우의정 윤은보가 사대함에는 일의 옳고 그름을 따질 필요가

● 　겨울에 문안 인사 여쭙는 사신단.

없다는 논리를 앞세워 중종의 뜻에 동조했다.

—82~89쪽

문제는 이렇게 시작된 사대 혹은 모화의 길이 임진왜란 때 입은 은혜, 즉 재조지은(再造之恩)으로 인해 더욱 심화되면서 흘러갔다는 것이겠지만, 아무튼 법가에 가까운 실용주의 국가였던 조선이 성리주의로 무장한 유교 국가로 변신해 가는 과정을 실감나게 묘사했다는 측면에서 꼭 한 번 읽어 볼 것을 권한다.

유교가 단단히 뿌리 내린 '소농사회'
『미야지마 히로시, 나의 한국사 공부』

미야지마 히로시는 일본 교토대에서 박사학위를 받은 후, 2002년부터 성균관대 동아시아학술원 교수로 재직 중인 명망 있는 한국사 연구자이다. 1996년에 나온 그의 주저 『미야지마 히로시의 양반』은 한일 양국에서 출간되어 큰 반향을 일으켰으며, 특히 그의 『나의 한국사 공부』는 나의 오랜 고민을 일거에 풀어 준 책이다.

나는 『중종의 시대』를 읽은 후 한 가지 의문을 가지고 있었다. 임금이 아무리 '사대'의 깃발을 높이 올렸다 해도, 그리고 임진왜란에서 명나라의 은혜를 입었다 해도, 명나라가 망한 다음에도 조선의 선비들이 만력제를 위해 기도하고 제사 지내며 자신을 스스로 '소중화'라고 자칭한 데에는 뭔가 다른 이유가 있었을 것 같았다. 이에 대해 미야지마 히로시는 '소농사회론'이란 답을 제시한다.

소농사회라는 것은, 자신의 토지를 소유하거나 다른 사람의 토지를 빌리거나 간에 기본적으로 자신과 그 가족의 노동력만으로 독립적인 농업경영을 행하는, 그러한 소농의 존재가 지배적인 농업사회를 지칭하는 말이다. (…) 이러한 소농사회는 얼핏 보면 시대와 지역에 상관없이 극히 보편적인 존재라고 생각되지만, 17~18세기의 동아시아에서처럼 소농이 압도적인 비중을 차지하는 사회는 오히려 예외적이다. (…) 다른 농업사회와 비교할 만한 특징으로는 다음의 두 가지를 꼽을 수 있다. 하나는, 중세와 근세의 유럽에서 전형적으로 나타났던 것과 같은, 영주 계층의 대토지 소유에 기초를 둔 직영지 경영이 존재하지 않았다는 것이다. (…)

동아시아 소농사회의 또 다른 주요한 특징 중 하나는 농업노동자 계층, 좀 더 넓게 말하자면, 스스로는 독립적인 경영 주체라고 할 수 없는 농업 종사자 계층이 거의 존재하지 않는다는 것이다. (…) 동아시아에서는 자신이 토지를 소유하지 않더라도 소작농으로서 경영 주체가 되는 것이 일반적이며, 이러한 점에서 동남아시아나 인도의 농촌 구조와는 결정적으로 다르다.

—49~50쪽

논농사가 주를 이뤘던 것은 마찬가지이나, 고려 말과 달리 대농장 노비를 이용한 경영이 조선에는 일반적이지 않았다는 이야기다. 이게 정녕 사실일까?

한국 촌락의 과반수는 15세기에서 18세기 사이에 성립되었다고 추정되는데, 이 시기에 성립한 촌락의 대다수는 산간지 평탄면에 위치해 있고 촌락의 개척자는 대부분 양반 계층이었다.

〔촌락이 형성된〕 또 하나의 방향은 전라도, 충청도, 경기도, 황해도 등 서해안 지역을 간척하는 것이었다. (…) 이러한 간척의 추진자는 권세 있는 양반계층이었고, 그들은 정치적인 힘을 이용하여 광대한 지역의 간척권을 국가로부터 부여받아 노비나 일반 농민을 사역하여 간척을 행했다. (…)

일본국토면적(지조개정이 행해지지 않았던 홋카이도와 오키나와 제외)의 29.2만 제곱킬로미터〔에도시대 기준〕의 약 4분의 3의 국토(22만 제곱킬로미터)밖에 되지 않는 한국이 식민지적 '개발'이 시작되기 이전에 근대 초기의 일본과 거의 같은 경지 면적을 가지고 있었던 것으로, 이것은 조선시대 농업 발전의 방향이 경지의 외연적 확대에 역점을 둔 것이었음을 보여주고 있다.

—60~64쪽

한국 촌락의 역사를 개별적으로 조사해 보면 거의 대부분 15~18세기에 점진적으로 만들어졌다는 이야기다. 현존하는 촌락 대부분이 왜 그때 만들어졌을까?

한국의 농업 발전이 중국이나 일본에 비해 집약화의 방향보다도 경지의 외연 확대에 중점을 둔 최대 원인은 그 자연 조건에 있었다고 생각된다. 중국의 강남이나 일본과 달리 한국에서는 '관계이식형' 수도작의 가장 중요한 작업인 모내기 시기에 물을 안정적으로 확보하기가 곤란했기 때문에 막대한 수리 시설에 대한 투자를 하기보다는 물의 공급이 불안정한 조건 아래에서도 가능한 수도작(논농사) 기술을 개발하는 방향으로 나아갔다. 이것을 상징적으로 보여주는 것이 조선시대에 들어와서부터 도작에 있어서 고도로 발달했던 건답직파법*이나 밭못자리 기술(못자리를 만든 후에 물을 대지 않고 모를 기르는 방식)이다. 이 두 가지 기술은 모내기에 있어 물의 확보가 어려울 때의 위험방지책으로 개발되었던 것이다. (…)

〔간척 등의〕 개발이 일단락되면서 농업의 발전이 집약화의 방향으로 나아감에 따라, 이 계층〔개간을 주도했던 왕족 등〕은 점차 농업 경영으로부터 멀어져갔다. 집약화를 실현하기 위해서는 종속적인 노동력을 이용하여 대규모의 직영지를 경영하는 것보다는 소농에게 토지를 빌려주고 그들에게 경영을 맡겨서 지대를 받아내는 게 훨씬 더 생산성 향상이라는 면에서 나았기 때문이다.

—65~66쪽

이런 식으로 소농사회가 형성됨에 따라 송나라 때 만들어진 지주의 철학, 바로 주자학이 더더욱 조선 사회에 광범위하게 퍼져 나갈 수 있었다는 것이다. 한마디로, 주자학 조선의 시작은 중종의 정치적 의도에 의한 것이었다면 본격적인 수용은 소농사회, 나아가 소규모 양반 지주 계층의 형성 속에서 이해되어야 한다.

● 물을 대지 않은 논에 직접 씨를 뿌리는 방법.

한국 산업화는 '정착형 강도' 덕인가
『기아와 기적의 기원』

『미야지마 히로시, 나의 한국사 공부』까지 읽고 나면 한 가지 궁금증이 생길 수밖에 없다. 대외 변화에 무지했고 무역도 하지 않으며 자급자족 국가를 유지했던 조선이 망한 것은 충분히 이해되는 일이나, 그 가혹한 일제 통치 이후 한국이 세계에서 유례를 찾을 수 없는 고성장을 달성해 산업국가가 될 수 있었던 원동력은 도대체 어디에 있었을까?

여기에는 여러 가설이 존재한다. 가장 대표적인 가설은 일본의 기여를 인정하자는 것이다. 즉, 식민지 근대화론으로, 일제강점 중에 이뤄진 교육 및 행정 조직 정비와 사회간접자본 투자가 한국 경제성장의 근원이라는 주장이다. 이에 맞서는 주장은 1960년대 초반 집권한 카리스마 넘치는 지도자에 의한 경제성장 전략, 특히 수출주도형 경제성장 전략이 성공의 주된 원인이라는 것.

그런데 차명수 교수는 『기아와 기적의 기원』에서 이 두 가지 주장을 모두 비판하면서, 한국이 산업국가로 도약할 수 있었던 세 가지 성공 요인을 지목한다. 하나는 일제 강점기 당시 교육 투자(주로 소학교), 둘은 수출 지향 경제성장 노선, 셋은 조선 이후 축적된 문화자본(특히 한글)의 영향으로, 저자는 이 세 가지를 무시해서는 안 된다고 이야기한다.

특히 첫 번째 성공 요인은 반박할 사람이 많을 것이다. 이에 관해 차명수 교수는 다음과 같이 주장한다.

Olson(2000)은 국가라는 이름의 '강도'에는 두 가지 유형이 있다고 보았다. 하나는 여러 지역을 돌아다니면서 강도질하는 타입(roving bandit)이며, 다른 하나는 한군데 정착해서 그 주변에 사는 사람들을 꾸준히 털어먹는 타입(stationary bandit)이다. 경제성장의 관점에서 보면 정착 강도가 이동 강도보다 덜 나쁘다. 정착 강도는 키워서 잡아먹을 생각을 하지만 이동하는 강도에게는 그런 장기적 플랜이 없기 때문이다. 돌아다니는 강도는 상대가 죽든 말든 상관 않고 빼앗아 갈 수 있는 것은 모두 빼앗고 죽이며 파괴한다. 그러나 수탈 대상이 죽어 소멸해 버리면 정착한 강도도 굶어 죽는다. 수탈 대상이 부자가 되면 빼앗아 갈 것도 많아지므로 정착한 강도는 자신의 영향권 안에 있는 사람들이 열심히 일하고 투자도 하고 새로운 기술도 개발할 수 있는 환경을 만들어 주려고 노력한다. (…)

조선 후기는 무정부 상태가 아니었다. 식민지 체제는 민주주의 체제가 아니었다. 그러나 조선 후기 정부는 이동 강도에 조선총독부는 정착 강도에 가까웠다고 할 수 있다.

위에서 설명했듯이, 조선시대 중앙 정부는 최소한의 노력을 들여 거둔 얼마 안 되는 세금을 빈약한 행정기구 유지와 왕실 소비를 위해 사용했다. 그리고 경제 성장은커녕 자신의 존속을 위해 필요한 국방이나, 나라 전체가 홍수에 떠내려가는 것을 막기 위해서 필요한 삼림 자원 유지 같은 기본적 기능조차 제대로 수행하지 않았다.

이에 비해 일본의 지배자들은 단기적이고 손쉬운 이익 추출보다는 장기간 유지 가능한 체제를 수립하는 데 초점을 맞췄다. 일본이 조선을 일회성 약탈의 대상으로 생각하기보다는 일본 제국의 영원한 한 부분으로 유지하려 했음을 잘 보여 주는 것이 조선 총독부의 삼림 정책이다. (…)

조선총독부는 토지 조사 사업과 함께 임야 조사 사업을 실시했는데, 그 목적은 (…) 임야 소유권을 확정하는 데 있었고, 그 결과 무주공산에 대한 경쟁적 약탈이 중단되었다. 아울러 조선 총독부는 나무를 심는 사람에게 숲에 대한 소유권을 인정하는 정책을 실시했고 이를 통해 빠른 기간에 삼림을 회복시킬 수 있었다.

—196~197쪽

즉, 일본이 착해서 한국에 교육 투자도 하고 지방 말단까지 행정조직을 건설한 것은 아니지만 이게 결과적으로 한국 경제의 산업화에 큰 도움이 되었다는 이야기다. 즉, '의도'와 상관없이 긍정적인 부분은 인정하자는 이야기다. 그럼 왜 일본 제국주의는 정착형 강도로서 조선에 왔을까?

두 가지 이유가 있는데, 하나는 일본이 한일합방을 처음부터 돈벌이 사업으로 보지 않았다는 것이다. 일본은 무엇보다 러시아의 군사적 위협에 대응하기 위해 조선을 영토의 일부로 흡수했다[즉, 일본 본토 진공을 막기 위한 방파제 역할]. 또 다른 이유는 우리나라가 정착 강도가 활동하기에 적합한 조건을 제공했다는 것이다.

유럽 제국주의의 경우를 보면 이동 강도로 행세하기도 하고 정착 강도 노릇을 하는 경우도 있었다. 어떤 제국주의 나라는 착하고 악한 제국주의 나라는 따로 있는 것일까?

아세모글루(Acemoglu 등, 2001)에 따르면, 유럽 여러 나라의 식민 지배 방식은 식민 본국의 속성보다는 피식민 지역의 자연적 조건에 따라 결정되었다. 사망률이 높아 정착하기 어려운 곳에서 유럽의 식민 지배자들은 원주민 노동력과 현지의 자원을 가능한 빨리 수탈해서 유럽으로 가지고 돌아가려 했다. 그래서 그에 적합한 제도를 세웠다. 반면 사망률이 낮았던 곳에서는 사적 재산권과 같은 장기적 경제 발전을 위해서 필요한 제도들을 이식시켰다.

유럽 나라의 지배를 받은 후진 지역을 상대로 한 아세모글루 등(2001)의 설명은 일본의 지배를 받은 우리나라의 경우에도 잘 들어맞는다. (…) 그들에 따르면 식민지 지배 방식에 따라 식민지에 형성되는 제도가 상당히 달라진다. 그렇기 때문에 식민지 지배 방식은 식민지 지배가 끝난 뒤에 과거 식민지였던 지역에서 일어난 경제 발전 속도에 커다란 영향을 미쳤다.

—203~204쪽

한국과 대만만이 2차 세계대전 이후 선진국으로 올라선 유이(唯二)한 나라가 된 이유는 결국 일본을 위한 '본토 진공의 방파제' 역할을 담당하고, 또 일본인이 이주해 살기 좋은 자연환경을 가지고 있었기 때문이라는 이야기가 된다.

어쩌다 '헬조선'이 되었나
『한국형 시장경제체제』

정착형 강도를 불러들일 수 있는 '온대기후' 덕분에 한국이 경제성장을 할 수 있는 토대를 상대적으로 쉽게 만들었고, 여기에 강력한 수출 위주의 경제성장 전략 덕분에 산업화에 성공한 것까지는 이해했다 쳐도, 왜 지금 우리 한국인들이 이토록 상대적인 박탈감을 누리는가에 대해서는 답을 얻지 못했다.

이 의문에 답하는 책이 바로 『한국형 시장경제체제』이다. 이 책은 서울대경제연구소와 삼성경제연구소 그리고 한국개발연구원 등 한국을 대표하는 연구소 핵심 인력들이 두 차례 심포지엄을 거쳐 만들어 낸 결과물을 모은 책으로, 책 한 권이라기보다 총 11개 논문을 읽는다는 생각으로 펼쳐 들자.

논문집이라고 하니 어렵지 않을까 하는 걱정이 앞설 수 있지만, 내가 보기에 논문의 수준이 고르고 또 앞에서 소개한 차명수 교수의 책 『기적과 기아의 기원』을 읽은 사람에게는 쉽게 느껴질 정도로 난이도도 잘 조절되었다. 특히 한국 경제를 매우 다양한 각도에서 살펴 보고 있어서, 관심 있는 주제(내 경우는 '한국 기업들의 혁신 능력') 위주로 읽어도 아주 좋다.

이제 처음 고민으로 돌아가서, 왜 한국 사람들이 이렇게 불행해졌는지 그 이유를 찾아 보도록 하자. 이 책 저자들이 지목하는 가장 중요한 원인은 바로 '숙련 편향적인 기술 진보'에 있다. 이게 무슨 말인고 하면, 2000년 전후 정보통신 혁명의 결과로, 기술 수준이 높고 또 인터넷 등 신기술을 빠르게 습득할 능력을 가진 사람들만 소득이 증가하고 다른 기술을 가진 사람들은 일자리를 잃거나 도태되는 현상을 지칭한다.

다른 나라들은 사회 안전망이 잘 갖춰져 있고 또 사회 변화 속도가 더딘 편이지만, 한국은 1960년대 이후 불과 50여 년간 빠른 속도로 성장하다 보니 사회 변화 속도가 너무 빨라 많은 사람들이 '숙련 편향적인 기술 진보'로 인한 충격을 받았다. 특히 신속하게 반응하기 어려운 고령자들이 가장 큰 피해자가 되었음을 보여 주는 다양한 통계 자료를 제시하고 있어 인상적이다.

> 분석결과는 2001~2010년 발생한 〔급격한 산업화와 첨단산업 중심으로의〕 산업구조의 변화가 고령근로자의 고용안정성을 낮추는 방향으로 이루어졌음을 보여 준다. (…) 2000년 이전의 20년 동안에도 산업구조의 변화는 평균적인 노동시장 잔존확률을 낮추는 역할을 하였다. (…) 선진국의 역사적인 사례는 기술의 변화가 대체로 고령 인력의 노동시장 퇴출 압력을 높이는 방향으로 진행되었음을 보여준다.
>
> ―225쪽

젊은이들이 한국 사회를 '헬조선'으로 지칭하지만, 사실은 고령 인력들이 겪는 고통이 더욱 크다는 것을 여실하게 보여 주는 대목이다. 특히 이 책의 저자들은 기술 변화뿐 아니라 한국 근로자들의 노동 공급 행태에도 중요한 변화가 있었다고 지적한다.

> 1980년 이후 고령인력에 대한 상대적인 수요가 감소했음에도 같은 기간 고령자들의 상대적인 고용이 증가했다는 사실은 고령자들의 상대적인 노동공급이 증가했다는 것을 강하게 시사한다. (…) 그렇다면 한국 고령자들의 노동공급이 증가하는 원인은 무엇일까? 첫 번째 정황적인 증거는 전통적인 노인부양 방식이 점차 약화해온 반면, 공적연금을 비롯한 근대적인 노후보장제도는 아직 완비되어 있지 않다는 사실이다.

가족이 해체되는 가운데 노후를 아무도 챙겨 주지 않는 상황이 고령자들을 낮은 임금과 불안한 처우에도 불구하고 일을 그만둘 수 없게끔 몰아가고 있다. 특히 급격한 산업화 속에서 한국인의 '물질주의' 성향이 강해지면서 이러한 고령층 문제를 더욱 악화시키고 있다.

한국인의 물질주의 정도는 세계적으로 유례 없을 정도로 높은 것으로 평가된다. 한국인의 높은 물질주의는 많은 사람들이 삶의 목표를 물질의 획득과 축적에 두게 하며, 그 결과 (…) 경쟁이 심화된다. 즉 사회를 구성하는 다수의 구성원이 같은 목표를 가지고 있으면, 이것을 획득하기 위한 경쟁은 더욱 치열해질 것이다.

물질주의와 이를 위한 경쟁은 1960년대 이후 한국이 중진국으로 발전하는 데 크게 기여한 것으로 평가된다. (…) 그러나 한국이 중진국에서 선진국으로 진입하는 데는 역설적으로 물질주의와 이를 위한 경쟁은 오히려 방해가 되고 있다. 선진국은 높은 신뢰와 낮은 부패 수준, 질 높은 제도에 기초하는 반면, 한국에서는 이를 이루는 데 있어 가장 걸림돌이 바로 물질주의 가치관인 것으로 판단된다.

물질주의적 가치관과 이를 위한 지나친 경쟁은 타인을 신뢰하기보다 경쟁상대로 간주하게 한다. 그리고 물질주의가 심할수록 부패가 증가하고 사회 갈등을 심화할 가능성이 높다. 이는 경제적 비효율성의 증가로 이어져 경제성장을 저해한다. (…) 경제성장 위주의 제도적 구성, 세계화의 영향으로 수입된 제도, 전통적 제도 등이 상호 충돌하는 현장이 바로 한국 사회다. 여기에다 단기성과 위주의 정부정책과 기업경영, 국민의 감정을 자극해 시청률과 구독률을 올리려는 일부 언론과 문화계의 선정주의, 그렇게 형성된 여론의 압박을 받는 정부와 정치권은 제도의 상호 정합성을 숙고할 시간조차 갖지 못한 채 인기몰이식, 땜빵식 제도를 난립시켜 혼란을 가중시키는 것이다.

—358~359쪽

결국 조선 후기부터 내려오는 교육에 대한 집중적 투자 관습, 그리고 집단주의 문화가 한국 경제 산업화에 크나큰 공헌을 한 것은 사실이나, 이제는 그것들이 우리 경제의 발목을 잡는 요인이 되고 있다는 이야기다. 더 나아가 이런 문제가 해결되지 않는 한, 추가적인 경제성장은 물론 사회 구성원의 행복 증진은 앞으로도 많은 난관에 봉착할 수밖에 없다는 생각이 들어 마음이 편치 않다.

3부

먹고 읽고 사랑하라

: 경제 넘어 세상 보는 눈을 밝히는 책들

이코노미스트라고 맨날 어려운 경제 책만 읽을 거란 편견은 버려 주시라! 3부에서는 경제학에서 벗어나 다양한 분야에 걸친 책들을 소개한다. 글쓰기부터 다이어트, 연애, 역사에 이르기까지 잡식성 독서광이 사랑한 책들과 세상 사는 이야기를 풀어 놓으려 한다.

경제학을 전공하고 주식시장 이코노미스트로 일하다 보니 2부는 아무래도 어깨에 힘이 좀 들어갔다. 이코노미스트를 꿈꾸는 대학생들이나 경제에 관심 많은 일반인들로부터 "경제 공부에 도움 되는 책을 추천해 주세요!"라는 질문을 끊임없이 받아 왔기 때문에 나름대로 오랫동안 준비한 추천 도서 목록을 만들고 싶었다.

그러나 3부는 다르다. 글쓰기만 해도 그렇다. 나는 실용적인 글쓰기에는 어느 정도 단련되어 있지만 문학적인 글쓰기라면 초보에 불과하다. 지난 22년간 숱하게 보고서를 썼고, 특히 지난 3년 동안은 공공

함께 읽는 즐거움

부문에서 문서를 작성한 터라, 누구를 설득하기 위한 글쓰기는 매우 익숙하다. 그러나 나보고 시를 써보라 하면 두 손 번쩍 들고 '항복!'을 외칠 수밖에 없다. 따라서 3부에서 추천하는 책들은 말 그대로 '참고 도서'이다. '필수 도서'가 절대 아니다!

전공도 아닌 분야 책을 추천하는 이유는 '생활인'으로서 감명 깊게 읽은 책을 공유하고 싶은 순수한 마음에서다. 내가 살면서 큰 도움을 받았고 또 인생 항로를 결정하는 데 영향력을 미친 책이라면 남들에게도 어느 정도 도움을 줄 수 있지 않을까 싶어서 용기를 냈다. 보너스라면 보너스요, 어쩌면 독자와 더욱 친근하게 소통할 수 있는 부분이 지금부터가 아닐까 싶다.

특히 교육이나 글쓰기 같은 분야 글들은 내가 오랫동안 고민한 영역을 다루고 있기에 추천하는 책들이 아주 허무맹랑하지는 않을 것이다. 또 내 블로그를 구독하는 독자 수만 3만 명을 넘어서다 보니, 내 전공이 아닌 분야 책을 소개하면 해당 분야 전문가들이 댓글을 달아 내용을 수정하거나 시각을 시정해 준 적이 한두 번이 아니다. 채식에 관한 책을 읽고 서평을 남겼을 때에는 많은 전문의들이 문제제기를 남기기도 했다. 따라서 3부에서 소개하는 책들은 일종의 '집단지성' 의 결과로 봐도 좋겠다.

서설은 이 정도로 마무리하고 본격적으로 비경제 분야 책들 이야기를 시작해 보자.

chapter 1

어떻게 쓸 것인가

이 책까지 모두 일곱 권을 출간해 본 입장에서 감히 이야기하자면, 글을 쓸 때는 밑그림과 밑천이 가장 중요하다. 즉, 본인이 쓸 내용을 충분히 쌓아 놔야 한다. 어떤 글을 쓸 생각이 있다면 관련된 글들을 사전에 부지런히 스크랩할 필요가 있다. 이때 주제에 따라 분류를 해두면 더 좋다.

예를 들어 '자산배분 전략'에 관한 글을 쓴다면, 이에 관련된 글을 읽을 때마다 따로 주제를 분류해서 모아 두는 거다. 나는 특별히 감명 깊은 부분이 있으면 조금씩 살을 붙여 블로그에 포스팅하는 식으로 관리한다. 이렇게 좋은 글을 모으고 또 흐름을 살피다 보면 자연스럽게 자기만의 글 흐름이 만들어진다.

이제 목차를 구성한다. 목차 구성에 너무 힘을 들일 필요는 없다.

글을 쓰다 보면 처음에 잡았던 목차가 수정되는 일은 비일비재하기 때문이다. 따라서 목차 작성은 글의 전체적 얼개를 구상하는 단계 정도로 생각하는 게 좋다.

목차를 잡은 다음에는 서문을 쓴다. 얼마 전 출간된『환율의 미래』를 집필할 때 서문을 제일 먼저 썼는데, 목차를 뼈대 삼아 내가 책에서 다루고 싶은 내용을 덧붙이는 식으로 작성했다. 1장에서는 환율이 무엇인지에 관해 이야기하고 2장에서는 고정환율제와 변동환율제가 어떻게 다르고 또 어떤 결과를 초래하는지에 관해 쓰겠다는 식으로 계획을 밝히는 거다. 특히 서문에는 그 책을 쓰는 목적을 담기 마련이라, 다시 한 번 글을 쓰는 이유를 명확하게 할 수 있다.『환율의 미래』를 쓸 때는 서문을 열 번 이상 고친 기억이 난다. 그만큼 서문은 중요한 작업이며 또 항상 수정할 자세를 가지고 있어야 한다.

이렇게 하면 어떤 내용을 담고 또 어떻게 구성할지 대충 정리된다. 숨이 긴 글, 특히 출간을 계획하고 있다면 명망 있는 출판사에 글을 보내 보는 것도 좋은 방법이다. 출판사 편집자들은 책을 만들 뿐 아니라 가장 많이 읽는 사람들인지라 귀한 조언을 해줄 가능성이 높기 때문이다.

물론 "조앤 K. 롤링의 명작『해리 포터』를 놓친 수많은 편집자들은 뭐냐?" 하고 반문하는 사람도 있겠지만, 나는『해리 포터』를 건진 사람이 대단하지 그걸 놓친 사람을 바보라고 부르고 싶지는 않다. 조앤 롤링의 글도 편집 과정에서 수없이 수정되었을 것이다. 적어도『해리 포터』1권, 특히 초반부는 극히 지루했기 때문이다. 따라서 시간에 쫓기는 수많은 편집자들이『해리 포터』를 놓쳤다 해도 그다지 비난 받을 만한 일은 아닌 것 같다. 그런데 여기서도 책의 도입부가 얼마나 중요한지 다시 확인된다. 따라서 서문을 충분한 시간을 들여 작성하고 더 나아가 이에 대해 평가를 꼭 들어 보자.

출판사에 글을 보내기 뭣할 때에는 많은 사람이 볼 수 있는 곳에 글을 공개하는 것도 방법이다. 내가 쓴 글이지만 공개된 공간에서 읽는 순간 새롭게 해석되는 경우를 참으로 많이 경험했다. 직업이 직업이다 보니 가끔씩 대중매체에도 글을 쓰는데, 몇 번을 반복해서 읽고 넘긴 글도 지면에서는 너무 다른 느낌으로 다가온다. 그러니 블로그를 만들어 글을 올리는 습관을 들여 보자.

글을 올리면서 언제까지 다음 편을 올리겠다고 약속하는 것도 내가 자주 쓰는 방법이다. 나는 나를 믿지 않기 때문이다. 돌이켜 생각해 보면 출판사에 약속한 기한 내에 글을 완성한 적이 없으며, 결국 편집자의 재촉을 받은 다음에야 원고를 마무리한 기억뿐이다. 편집자에게 언제까지 글을 쓰겠다고 약속하고 나서도 다시 재촉 전화를 받는 부산한 과정을 거친 후에야 글이 완성되곤 했다. 결국 나는 내가 생각하는 것보다 훨씬 게으르며, 의지도 박약한 존재임을 인정할 수밖에 없었다. 물론 나보다 더 성실한 독자들은 이렇게 하지 않아도 된다. 그러나 글을 잘 쓰고 싶고, 특히 업무와 관련된 글을 어떻게든 써내고 싶은 사람은 공개된 곳에서 약속을 하고 그것을 지키는 과정이 '완성'으로 가는 매우 효과적인 절차가 될 수 있다.

내가 글 쓰는 요령은 이 정도로 마무리하고, 본격적으로 글쓰기에 도움을 주는 두 권의 책을 소개한다.

많이 읽고 쓰는 데 당할 장사 없다
『유혹하는 글쓰기』

첫 번째는 스티븐 킹의 『유혹하는 글쓰기』다. 이 책은 다음과 같이 망설이는 이들의 출발을 자극한다.

> 재능은 연습이라는 말 자체를 무의미하게 만들어버린다. 자신에게서 어떤 재능을 발견한 사람은 (그것이 무엇이든지 간에) 손가락에서 피가 흐르고 눈이 빠질 정도로 몰두하게 마련이다. 들어주는 (또는 읽어주는, 또는 지켜보는) 사람이 아무도 없어도 밖에만 나가면 용감하게 공연을 펼친다. 창조의 기쁨이 있기 때문이다. 환희라고 해도 좋다. 그 것은 악기를 연주하거나 야구공을 때리거나 400미터 경주를 뛰는 일 뿐만 아니라 독서나 글쓰기에서도 마찬가지다. 여러분이 정말 독서와 창작을 좋아하고 또한 적성에도 맞는다면, 내가 권하는 정력적인 독서 및 창작 계획도—날마다 4~6시간—별로 부담스럽지 않을 것이다. 아마 여러분들 중에는 벌써 실천하고 있는 사람도 있을 것이다. 그러나 만약 여러분이 누군가에게서 그렇게 마음껏 책을 읽고 글을 써도 좋다는 허락을 받고 싶다면 지금 이 자리에서 내 허락을 받았다고 생각하라.
>
> 독서가 정말 중요한 까닭은 우리가 독서를 통하여 창작의 과정에 친숙해지고 또한 그 과정이 편안해지기 때문이다. 책을 읽는 사람은 작가의 나라에 입국하는 각종 서류와 증명서를 갖추는 셈이다. 꾸준히 책을 읽으면 언젠가는 자의식을 느끼지 않으면서 열심히 글을 쓸 수 있는 어떤 지점에 (혹은 마음가짐에) 이르게 된다. 그리고 이미 남들이

썩먹은 것은 무엇이고 아직 쓰지 않은 것은 무엇인지, 진부한 것은 무엇이고 새로운 것은 무엇인지, 여전히 효과적인 것은 무엇이고 지면에서 죽어가는 (혹은 죽어버린) 것은 무엇인지 등등에 대하여 점점 더 많은 것을 알게 된다. 그리하여 책을 많이 읽으면 읽을수록 여러분이 펜이나 워드프로세서를 가지고 쓸데없이 바보짓을 할 가능성도 점점 줄어드는 것이다.

—182~183쪽

너무 당연하지만 자주 잊어버리는 진리를 만날 수 있었다. 좋은 글을 쓰고 싶으면 일단 읽으라, 그리고 부지런히 글을 쓰라. 글쓰기의 환희를 아는 사람은 글쓰기를 중단할 수 없다. 그러나 그 환희는 거저 얻어지지 않는다. 어떻게든 책을 읽고 글을 많이 써야 느낄 수 있다. 이게 무엇보다 중요하다.

한때 나도 소설가가 되고 싶었더랬다. 아마 어려서 너무 재밌게 읽은 책 『장길산』 때문이었을 것이다. 주인공들에게 흠뻑 빠져서 못해도 열 번은 넘게 읽었다. 사실 책 많이 읽기로는 어디 가서도 빠지지 않는데, 그러나 아직 소설가가 되지 못했고 사실 글을 잘 못 쓴다. 왜 그럴까? 이 책 『유혹하는 글쓰기』를 읽고 그 이유를 알아 버렸다. 그렇다. 많이 안 썼던 것이다. 어릴 때는 내가 쓴 글이 꼴도 보기 싫었다. 내가 읽는 글들에 비해 수준이 너무 떨어졌기 때문이다. 이렇게 수준 떨어지는 글을 도대체 왜 쓰고 있단 말인가? 학교에서 강제로 작문 숙제를 내주면 그렇게 선생님들이 미웠다. 왜 내게 이런 고문을? 그러다 아예 글쓰기를 접어 버렸던 것이다.

물론 요즘은 글쓰기가 너무 즐겁다. 회사에서 쓰는 보고서, 블로그에 올리는 포스팅, 나중에 출판을 생각하면서 쓰는 글… 모두 즐겁게 쓴다. 쓰다 보면 종종 '환희' 비슷한 것에 빠지기도 한다. 글을 쓰는 주체가 '나'임을 잊어버리는 순간을 맞이하는 것이다.

아직도 내가 처음 쓴 책을 읽으면 얼굴이 붉어지지만, 시간이 지날수록 거기에 '처녀작'의 장점이 모두 담겨 있음을 깨닫는다. 이후 내가 쓰는 책들의 '단초'가 거기에 다 담겨 있다. 그 단초를 계속 눈덩이처럼 굴려 나가고 있는 게 아닐까 하는 생각도 든다. 물론 요새 쓴 책들은 훨씬 매끄럽고 읽기도 편하다. 글을 많이 쓰다 보니 아무래도 구력이 늘 수밖에 없을 텐데, 학창시절에 좌절하지 않고 좀 더 빨리 글을 썼더라면 좋았을걸 하는 아쉬움이 진하게 든다. 그래서 말인데, 초기에 쓴 글에 대해서는 스스로 너그러운 평가가 필요하지 않을까?

오래 남는 이야기는 무엇이 다른가
「스틱」

칩 히스와 댄 히스 형제가 쓴 책 『스틱』도 무척 유용하다. 이 책은 오래 살아남는 이야기의 특징을 여섯 개 단어로 축약해 'SUCCESs'라는 원칙을 제시한다. 짧게 정리하자면 다음과 같다.

- **단순성**(Simplicity) 무엇보다 메시지가 간명해야 하며,
- **의외성**(Unexpectedness) 다소 의외성을 갖추는 게 흥미를 더 돋우며,
- **구체성**(Concreteness) 구체적인 사례를 들어 지식의 저주를 깨뜨려야 하고,

유쾌한 이코노미스트의 스마트한 경제 공부

- **신뢰성**(Credibility) 근거를 제시해 내 말을 믿게 만들고,
- **감성**(Emotion) 감성을 자극하는 내용이 포함되면 더 좋으며,
- **스토리**(Story) 마지막으로 일관된 스토리를 구성해야 한다.

SUCCESs의 힘을 보여 주는 가장 좋은 사례가 책에 소개되어 있다.

애프론은 아직도 첫 언론학 수업을 기억하고 있다. (…) 학생들이 타자기 앞에 자리를 잡자, 교사는 첫 번째 과제를 내주었다. 신문 기사의 첫 번째 문장, 즉 리드를 쓸 것. 교사가 기사의 토대가 될 사실들을 나열하기 시작했다.

"오늘 비벌리힐스 고등학교의 케네스 L. 피터스 교장은 다음 주 목요일 비벌리힐스 고등학교의 전 직원이 새크라멘토에서 열리는 새로운 교수법 세미나에 참석할 것이라고 말했다. 이 세미나에는 인류학자 마거릿 미드, 시카고 대학 학장 로버트 메이너드 허친스 박사, 캘리포니아 주지사 에드먼스 팻 브라운 등이 강연자로 참석할 예정이다."

미래의 기자들은 열심히 타자기를 치며 생애 최초의 리드를 작성했다. 대부분의 학생들이 주어진 사실들을 모아 한 문장으로 압축했다. "어쩌고저쩌고……."

교사는 학생들의 리드를 재빨리 훑어보았다. 그런 다음 종이를 옆으로 밀쳐놓고 잠시 말없이 앉아 있었다. 마침내 그가 입을 열었다.

"이 이야기의 리드는 '다음 주 목요일 휴교'다!"

애프론은 이렇게 회상한다. "바로 그 순간, 나는 언론학이란 단순히 사실들을 재구성하는 것이 아니라 요점을 파악하는 것임을 깨달았다."

—118~119쪽

대중의 예상을 뛰어넘는 의외성을 담을 때 사람들은 그 이야기를 오랫동안 기억하게 된다. 우리가 힘들게 글을 쓰는 이유는 '자기만족' 때문이긴 하지만, 자기 생각을 남에게 전달하고 싶다는 마음이 없다면 애초에 시작하지도 않을 것이다. 따라서 어떤 글을 제대로 쓰기 위해서는 무엇보다 자기 글을 남에게 효과적으로 전달하는 방법에 항상 관심을 기울여야 한다.

유쾌한 이코노미스트의 스마트한 경제 공부

chapter 2

어떻게 먹을 것인가

나는 식탐이 굉장하다. 어릴 때는 입이 짧아서 쭉정이처럼 비쩍 곯았었고 매일같이 어머니에게 밥 좀 더 먹으라는 말을 듣고 살았지만, 서울에서 홀로 자취 생활을 하면서 완전히 식습관이 바뀌었다. 지금도 신촌 로터리에 있는 식당 '구월산 순대'가 나를 바꿔 놓았다.

대학 시절 일주일에 3일은 11시까지 서점에서 아르바이트를 했다. 11시가 지나고 나면 배가 고파 죽을 지경이었다. 그런데 돈은 없고. 특히 월말이 다가와서 아르바이트로 받은 돈이 거의 다 떨어질 때가 되면, 어떻게든 싸고 양 많은 음식을 먹어야 한다는 강박관념 같은 게 생겼다. 그때 학교 선배가 데려간 식당이 바로 순대국밥집이었다.

당시만 해도 입이 정말 짧기 때문에 돼지 내장으로 가득한 순댓국을 질색했었다. 특히 그 시뻘건 국물이라니! 매운 음식도 잘 못 먹는

나 같은 사람에게 순대국밥은 최악의 음식이었다. 그런데 그날은 달랐다. 일단 배가 말도 못하게 고팠고, 선배가 사준다는데 그게 독약이라도 먹을 준비가 되어 있었다. 있는 용기 없는 용기 긁어모아 국밥을 한 숟갈 떠서 입에 넣은 순간, 내 앞에 신세계가 펼쳐졌다. 내가 왜 지금껏 이렇게 맛난 음식을 안 먹었는지 이해가 안 될 정도로 맛있었다. 들깨가루가 적당히 냄새를 억제해 주고 푸짐한 돼지 내장이 식탐을 더욱 자극했으니까.

그날 이후 나는 '육식동물'이 되었다. 냄새 때문에 돼지고기라면 질색하던 나는 사라졌다. 삼겹살에 족발, 심지어 그렇게 싫어하던 수육까지 거침없이 탐식했다. 물론 뱃살을 얻긴 했지만, 대신 더 많이 움직이고 더 많이 생각하는 데 필요한 에너지를 충분히 공급받을 수 있었다. 이렇게 각성한 이후 나는 어디를 가도 음식에 대해 스트레스를 받지 않는다. 중국 본토 식당에서 나는 고수 냄새에도 개의치 않고, 프랑스 식당을 가득 채운 버터 냄새도 문제없다.

일단 편견을 가지지 말고 여러 나라의 음식을 맛보자. 그리고 한 번만 맛보지 말고 다양한 식당에서 맛을 보자. 왜냐하면 요리하는 사람에 따라 음식 맛은 얼마든지 달라질 테니까.

이런 생각을 가지니 여행이 매우 즐거운 행사가 되었다. 왜 이 나라 사람들은 이런 식으로 조리해 먹을까? 우리는 안 먹는 식재료를 먹는 이유는 뭘까? 왜 우리는 버터나 치즈 같은 유제품 문화가 발달하지 못했을까? 등등 식문화에 대한 관심이 다른 나라의 문화와 역사에 대한 관심으로 이어졌다. 특히 일본에서 나온 재미있는 만화 『맛의 달인』을 사 모으면서부터 식탐은 더욱 심화되었다. 각 음식에 얽힌 다양한 에피소드를 읽고 있노라면, 그 음식을 맛보지 않고는 견딜 수 없는 지경에 이르게 되었으니까.

　어떤 음식이 맛난지, 더 나아가 어떻게 맛을 봐야 하는지에 관한 관심을 채우는 데에는 독서가 제격이다. 특히 『맛의 달인』 중에 틀린 내용이 꽤 많음을 직접 경험으로 체득하면서부터, 훨씬 더 많은 정보를 전달해 주는 '미식' 관련 책에 대한 관심이 나날이 높아졌다. 이 자리에서 소개하는 두 권은 나에게 큰 영향을 준 책들로, 독자들이 꼭 읽어 보기 바란다. 음식에 대한 잘못된 편견을 없애고 더 나아가 다른 나라의 문화를 즐길 수 있는 여유를 줄 것이다.

MSG는 안전하다고!
『진짜 식품첨가물 이야기』

먼저 추천하는 책은 『진짜 식품첨가물 이야기』다. 이 책을 쓴 저자 최낙언은 페이스북에서도 유명하다. 매우 친절하게 음식 관련 각종 괴담을 깨부수고 있으니 직접 방문해 보는 것도 좋겠다. 저자가 이 책뿐만 아니라 페이스북에서도 한결같이 말하는 요지는 이렇다.

　"인류가 이 지구상에 출범한 이후 식품에 관한 한 오늘날처럼 안전했던 적이 없는데, 지금처럼 불안해하는 적도 없다."

　밖에서 음식을 사 먹는 사람들을 가장 불안하게 만드는 대표적인 '적'이 MSG일 것이다. MSG는 (정확하게는 생산 방법이) 일본에서 개발되었고, 일본은 지금도 세계에서 가장 많은 MSG를 섭취한다. 그런데 MSG가 그렇게 위험하다면 일본 사람들은 어떻게 세계 최고 장수 국가가 되었을까? 이에 대해 저자는 다음과 같이 설명한다.

외국에서는 1960년 미국에서 한 의사의 편지로 제기된 '중국음식증후군'을 계기로 〔MSG의〕 안전성에 대한 논란이 시작되었다. 그리고 몇 가지 논란이 더 있었으나 1970년대에 JECFA(유엔 합동 식품첨가물 전문가 위원회) 등에 의해 사실이 아님이 밝혀졌다. 그리고 세계적인 기관들이 수십 년에 걸친 연구의 결과를 종합하여 안전하다고 최종 정리했다. 1987년 JECFA는 'MSG는 건강에 해를 끼칠 가능성이 전혀 없다'고 판단하였고, 1995년 미국 식약청(FDA)도 "현재 조미료로 사용하고 있는 수준에서 인체에 해를 준다는 증거나 이유는 없다"고 발표했다. 우리나라 식품의약품안전처도 2010년 MSG는 평생 섭취해도 안전하다는 공식 입장을 밝혔다.

―166쪽

평소에는 그렇게 다른 나라, 특히 미국 사람 말이라면 잘도 믿는 한국 사람들이 왜 MSG에 관한 이야기는 믿지 않을까? 앞에서 소개한 책 『스틱』을 통해 우리는 이미 그 답을 잘 알고 있다. MSG 괴담은 SUCCESs의 여섯 가지 요소를 모두 다 갖추고 있기 때문이다. 예를 들어, 나는 "중국음식점만 다녀오면 속이 불편해." 같은 이야기가 사람 마음을 쏙쏙 잡아당기는 거다. 수많은 학자가 대조군 실험을 통해 MSG가 인체에 문제를 일으키지 않는다고 이야기해도, '경험담' 하나로 이 모든 연구는 설명력을 상실한다. 그러나 연구자들은 소금만 가지고 간을 하는 것보다 MSG를 소량 첨가하는 게 훨씬 더 건강에 좋다고 이야기한다.

MSG가 이미 우리 몸에 존재하는 가장 흔한 아미노산 그대로라는 사실만 알아도 쓸데없이 글루탐산의 독성까지 따질 필요가 없지만, 굳이 독성에 대해 알아보더라도 다른 식품보다 매우 낮은 수준에 불과하다. 소금의 독성을 1이라고 하면 MSG는 1/7에 해당하고 흔한 산미료나 비타민 중에서도 안전하다는 비타민C 보다도 오히려 독성이 적다. 그리고 소금의 하루 평균 섭취량이 12그램인 데 비하여, MSG는 2그램으로 1/6 수준으로 적게 먹는다. 따라서 소금보다 40배 안전한 수준으로 섭취하고 있다.

—167쪽

물론 이렇게 이야기해도 의심을 거두기가 쉽지 않겠지만, 이처럼 다양한 근거를 들며 설득력 있게 설명하는 책도 쉽게 만나기 어려울 것 같다. 나는 이 책을 읽고 나서 기꺼이 '몸에 좋은 식품 많이 먹기보다 다양한 음식을 골고루 먹는 쪽'을 선택하기로 했다.

육즙은 가둘 수 없다
『외식의 품격』

다음은 음식평론가 이용재의 『외식의 품격』이다. 음식에 관한 여러 잘못된 정보를 일거에 깨부수는 책이자, 음식 묘사가 매우 구체적이라 말도 못 하게 식욕을 끌어올리는 책이니 되도록 공복에는 읽지 말자.

잡지 에디터: 작가님, 그런데 고기의 겉면을 지지면 정말 육즙을 가둘 수 있나요?

나: (분개해서 얼굴이 벌게진다) 네? 누가 아직도 그런 말도 안 되는 이 야기를 하고 다니죠? 실험을 통해 사실이 아닌 것으로 밝혀진 지도 80년이 넘는데.

잡지 에디터: 그렇죠? 요리 전문 채널에서 봤거든요. '먼저 겉을 지져 육즙을 가둬준다'고 이야기는 하는데, 그 와중에도 구워둔 고기에서 육즙이 스멀스멀 스며 나오더라구요.

(…) 문제는 자칭 전문가, 즉 셰프나 요리연구가들이다. 그들도 철석 같이 그렇게 믿고 있다. 그러니 음식이 맛있을 리 없다. 맛집 프로그 램에 등장하는 전문가나 스테이크의 달인이 육즙 가두는 이야기를 읊 는 것을 보고 분통이 터진 게 여러 번이다. (…) 악화가 양화를 구축 한다고 했다. 스테이크에 대한 진실도 그렇다. 이미 실험을 통해 검증 된 진실이 엄연히 존재한다. 따라서 반론을 제기하는 것 자체가 무의 미한데도 믿으려 들지 않는다.

—188~189쪽

스테이크의 '육즙을 가둔다'는 이야기는 마치 상식처럼 통하는 이 야기다. 그런데 이게 말짱 헛소리라는 걸 알고 나니, 나름 요리를 좀 안다고 생각해 온 나는 그야말로 '멘붕'에 빠지고 말았다. 그럼 어떻 게 해서 이런 이야기들이 퍼지게 된 것일까? 그 유래는 이렇다.

1850년대, 독일의 화학자 유스투스 폰 리비히가 가설을 제기했다. 고 기를 끓는 물에 삶으면 단백질인 알부민이 겉에서 안으로 굳으면서 껍데기를 형성해 수분의 침투를 막는다. 따라서 같은 이치로 내부의 육즙 또한 밖으로 스며 나오지 않는다는 주장이었다. 얼핏 듣기에 그럴싸한 논리라 요리사나 요리책 필자들 사이에서 빠르게 퍼져 나갔다. (…)

그만큼 막강했던 영향력의 가설이 깨진 건 80년 뒤인 1930년대였다. 아주 간단한 실험 덕분이었다. 같은 부위와 무게의 고기 두 덩어리를 준비해 하나만 겉을 지진다. 그런 다음 직화든 오븐이든 원하는 조리법을 택해 내부가 같은 온도에 이를 때까지 익힌 후 무게를 달아본다. 리비히의 가설이 사실이라면 육즙이 빠져 나가지 않을 테니, 겉을 지진 고기가 더 무거워야 한다. 물론 결과는 그렇지 않았으니 두 덩어리의 무게는 여전히 똑같았다.

—190쪽

이 책의 장점을 일목요연하게 보여 주는 대목이라 생각한다. 그렇다면 겉을 지진 스테이크는 왜 맛있을까? 육즙을 가두었기 때문이 아니라 열을 통해 탄수화물이나 아미노산이 반응해 검정색에 가까운 갈색으로 변하고, 그 색깔만큼 맛이 드는 '마야르 반응' 때문이라는 것.

잘 지져 마야르 반응으로 끌어낸 맛, 바삭한 껍데기와 부드러운 속살의 질감 대조가 스테이크의 핵심이다. 따라서 스테이크하우스의 솜씨는 일단 겉만으로도 판단할 수 있다. 우리 음식의 기준으로 보았을 때 '이래도 되나?' 싶을 정도로 지져야 제대로다. 태운 것 아니냐고? 진짜 그런 항의를 듣는 경우도 종종 있다고 들었다. 물론 아니다. 또한 그 정도로 걱정한다면 외식을, 그것도 스테이크로 할 필요가 없다. 어차피 쾌락을 위한 끼니 아닐까? 건강을 좇는다면 다른 음식을 먹을 일이다.

―192쪽

이 책은 우리가 음식에 대해 대충 생각하고 믿어 왔던 것을 조목조목 짚어 준다. 게다가 음식을 어찌나 구체적으로 서술하는지 읽는 사람 눈앞에 그 음식이 있는 것 같은 환상까지 일으킨다. 다만 위와 같은 실상을 듣다 보면 (제목과 달리) 외식에 대한 의지는 다소 사그라든다. 국내에서 스테이크를 아주 맛있게 하는 집을 찾기 어려운 것이 이런 잘못된 정보에 기댄 요리법 탓도 있지 않을까? 앞으로도 스테이크는 집에서 겉면을 잘 지진 다음 적당히 데워 놓은 오븐에 고기를 넣고 3~4분 조리하는 식으로 먹어야지 하고 생각했다.

『진짜 식품첨가물 이야기』와 『외식의 품격』을 통해 더욱 많은 사람이 마음 편히 즐거운 미식 생활을 누렸으면 좋겠다.

chapter 3

살은 왜 이렇게 안 빠질까

순대국밥으로 시작된 미식 생활 덕분에 항상 과체중과 비만 사이를 맴돌았다. 딱 한 번 지금으로부터 10년 전에 10킬로그램 가까이 살을 빼면서 대학생 시절 몸매를 잠깐 되찾은 적도 있었지만, 지금은 다시 후덕한 몸매를 자랑하고 있다.

나는 평소에 아침 5시 반에 일어나 6시까지 회사에 출근하고 또 매일같이 책을 읽고 글을 쓰는 등 남들에게 '매우 부지런하다'는 평을 듣는다. 나름 의지력 면에서는 남부럽지 않은 내가 왜 다이어트에는 번번이 실패하는 것일까?

유레카, 다이어트 필패 원인을 찾았다!

『브레인벨리 솔루션』

이 의문에 대한 답을 『브레인벨리 솔루션』에서 찾았다. 이 책을 통해 처음으로 '인슐린'에 대해 공부할 수 있었는데, 비만의 원인을 다음과 같이 설명한다.

> 소화기관에서 흡수된 양분은 간에서 당으로 변화된 후 혈관을 타고 흐르면서 몸의 각 세포에 당을 전달해 주는데, 이때 인슐린이란 호르몬이 있어야 각 세포가 문을 열고 당을 받아들인다. (…) 음식을 섭취해 새로운 당이 생기면 그것이 세포로 들어갈 수 있는 여유 공간이 있어야 하는데 세포라는 창고가 이미 꽉 차 있는 상태라면 아무리 인슐린이 있다 해도 세포에 당을 집어넣을 수가 없게 된다. (…) 그래도 억지로 우겨넣게 되면 세포가 커지게 되고 인체가 급히 창고를 늘리게 되는 것이다. 이렇게 창고가 늘어나는 게 비만의 시작이다.
>
> —36~37쪽

인슐린의 역할, 그리고 비만이 새로운 세포가 생겨서가 아니라 세포가 커져서 생기는 현상이라는 이야기에 눈이 번쩍 뜨였다. 그럼 인슐린은 어떨 때 수치가 높아질까? 그 답은 바로 혈당에 있다.

> 인슐린은 지방을 저장(높은 인슐린 수준)하거나 방출(낮은 인슐린 수준)하라는 명령을 내리는 일 외에도 한 가지 더 중요한 임무를 맡고 있는데, 그것은 바로 혈당을 낮추는 일이다. (…) 특히 많은 양의 정제된

탄수화물이야말로 '공공의 적'이다. 정제 탄수화물을 소비한 이후에는 밀려오는 포도당의 쓰나미 때문에 인슐린 레벨이 과도하게 높아지는 문제가 일어난다.

—39~40쪽

　결국 빵이나 백미 같은 고혈당 음식 섭취로 인해 혈액 내 혈당 농도가 급증하고, 그 결과 인슐린이 분비되고 지방이 축적된다는 이야기이다. 중요한 대목에 도달했으니 조금만 더 인용해 보자.

　문제는 음식을 먹고 포도당이 생성되어 혈액이 우리 몸의 세포들에게 열심히 당이라는 영양분을 배달하는데도 불구하고 어느 순간 세포들이 당을 수취 거절해 버린다는 것이다. (…)
　"현재 온몸에 영양분이 충분하므로 더 이상의 영양분을 보내지 마라. 받아들일 곳이 없다."
　세포들이 보내는 이런 메시지가 계속해서 쌓이면 인체는 췌장에 인슐린의 생산을 중단하라는 명령을 내리게 된다. 뇌가 이런 명령을 내리기까지는 앞서 설명한 복부비만의 방치가 꽤나 오래된 상태일 것이고 인체의 세포는 인슐린에 대한 반응이 저하된 상태이다.
　이것을 한 단어로 정의한 것이 '인슐린 저항성'이라는 현상의 실체다. 몸을 잘 움직이지는 않으면서 정제된 탄수화물류의 섭취가 많다 보니 몸에 당, 즉 양분이 넘치고 그에 따라 인슐린은 과도하게 분비된다. (…) 결국 인체의 사령탑이 궁여지책으로 인슐린 생산을 중단해버린다. 그러니 당뇨병 환자들이 겪는 인슐린 부족은 당뇨의 원인이 아니라 결과다. 인체가 그만큼 수요와 공급이 맞지 않는 한계에 도달했기

　　　　　3부 먹고 읽고 사랑하라

때문에 몸이 인슐린 생산을 중단한 것이다.

—42~43쪽

인슐린의 역할을 알고 나면 다이어트가 실패할 수밖에 없는 이유를 알 수 있다. 인간의 신체가 '기아' 상태라고 느끼면 인슐린 분비가 상시적으로 촉진되기 때문이다. 결국, 모든 다이어트는 살을 빼는 데 효과가 있는 게 아니라, 거꾸로 살을 찌우는 결과를 초래한다.

"비만이든 비만이 아니든 인체는 원래 체중을 꾸준히 유지하려는 경향이 있다. 지방 저장을 제어하는 시스템이 실험을 위해 과식 혹은 영양 부족으로 도전을 받으면 에너지 지출은 대항력으로 변해 변화에 '저항'한다. 과하게 먹은 사람은 지방 저장고가 느는 동시에 더 많은 칼로리를 연소시키는데, 그것은 지방 덩어리가 그 이상 축적되는 것을 막는 브레이크로 작용한다. 반대로 체중 감량에는 반작용이 일어나 저장 체지방 감소가 칼로리 연소 감소로 이어진다."

오랜 다이어트 실험 끝에 록펠러 대학교의 연구자인 줄스 허시가 내린 결론이다. 물론 개중에 다이어트에 성공하는 사람들도 있었다. 하지만 그 비율은 0.5퍼센트에 불과했다. 100명 중 겨우 1명도 성공할까말까한 현실이라는 것이다.

—48쪽

우리는 눈으로 먹는다

『나는 왜 과식하는가』

그럼 어떻게 해야 다이어트에 성공할 수 있을까? 여기에 힌트를 준 책은 『나는 왜 과식하는가』이다. 다양한 심리학적 분석을 다이어트에 적용한 책으로, 자신이 다이어트를 한다는 것을 모르게 다이어트를 해야 성공한다고 강조한다.

> 예를 들어 200그램의 햄버거를 늘 먹던 사람은 100그램의 햄버거를 받으면 그것을 먹고도 배가 차지 않는다. 그렇지만 롤스 박사의 연구에서 밝혀진 바로는 같은 공복의 사람에게 100그램의 햄버거에 상추와 토마토, 양파를 넣어 200그램의 햄버거와 같은 크기로 보이게 해서 내놓으면 그 사람은 그것을 먹고 배가 부르다고 느낀다는 것이다. (…) 이것은 생리학이나 기초 대사를 다루는 학자들을 곤혹스럽게 하는 이야기겠지만, 다이어트 실천자들에게는 굉장한 소식이다. 고기나 치즈의 양을 절반으로 줄여도 야채를 늘려 똑같은 크기의 햄버거로 보이게 하면, 실제 그만큼의 분량을 먹은듯한 포만감을 느낀다는 것이다. (…)
>
> 수십 사례의 연구에서, 우리는 보통 매일 또는 매끼마다 거의 같은 양의 음식을 먹는다고 증명하고 있다. 롤스의 연구에서 특히 강조하는 것은 먹는 양이 여느 때보다 적다고 생각하면 공복감을 느낀다는 사실이다. (…)
>
> 바꿔 말하면 양이 칼로리를 압도한다는 것이다. 우리는 원하는 양을 먹는 것이지 원하는 칼로리를 먹는 것은 아니다. 만일 같은 양의 음식

을 칼로리만 두 배로 늘린다 해도 사람들은 먹을 수 없다고 호소하지 않을 것이다. 마찬가지로 양은 똑같고 칼로리만 절반으로 줄였다 해도 사람들은 여전히 배가 고프다고 불평하지 않을 것이다. 사람은 칼로리를 먹는 것이 아니라 양을 먹는다.

—54～55쪽

다이어트에 성공하고 싶으면 제일 먼저 그릇부터 바꾸라는 이야기가 여기에서 나왔다고 할 수 있다. 우리는 눈으로 '양을 볼 뿐', 내용물에 대해서는 잘 모른다. 어떻게든 '많이 먹는 것처럼' 포장할수록 살을 뺄 가능성이 크다는 이야기가 되겠다. 뭐 이런 책 아무리 소개해도 다이어트 업체에 돈을 가져다주거나 다이어트 식품을 사 먹는 사람이 줄어들지는 않겠지만, 우리 인간의 신체 구조, 특히 인슐린과 뇌의 의사결정 과정에 관한 책을 읽는 편이 다이어트에는 더 효과적이지 않을까?

chapter 4

연애 한 번 하기 어려운 세상,
그래도…

글쓰기에서 미식으로, 그리고 다이어트로 연결된 이야기는 결국 '연애'로 이어지고 만다. 나를 포함해 대부분 남자에게 모든 이야기는 '여자 이야기'로 귀착된다. 내가 음흉해서 그렇다고 생각할 수 있지만, 남자는 원래 그렇게 생겨 먹은 동물이다. 그래서 미안하지만 이번 장에서는 남자 관점에서 이야기를 풀어야 할 것 같다. 양쪽을 포괄해 이야기하기에는 내가 여전히 이쪽으로는 영 젬병이기 때문이다.

　나는 미인 많기로 유명한 대학교에서 학창 생활을 했지만, 제대로 된 연애는 한 번도 못 했다. '연애'에 대해 전혀 몰랐기 때문이다. 젊은 여성들은 대체 무엇에 관심이 있는지 알 수 없었고, 그들이 나 같이 어리바리하게 생겨 먹은 남자에 관심을 보여 줘도 왜 그러는지 도무지 이해할 수 없었다. 우여곡절 끝에 연애하고 결혼해 두 명의 아이를 낳고 살지만 지금도 여자 마음 이해하기란 난제 중에 난제라 할 수 있다. 그런데 최근에 읽은 진화심리학 책들이 처음으로 연애를 이해할 힌트를 제시해 주었다.

시대착오적인 '신호' 체계
『욕망의 진화』

데이비드 버스의 『욕망의 진화』는 진화심리학적 입장에서 인간의 연애 감정과 결혼 등을 분석한 역작이다. 대학 시절 이 책을 읽었더라면, 나는 아마 전혀 다른 연애사를 가졌을지 모른다. 물론 결혼한 다음에라도 이 책을 읽은 덕분에 아내와 관계가 더욱 돈독해지는 부수적 효과는 충분히 누리고 있지만 말이다.

이 책의 문제의식은 바로 '생존에 부정적인 영향을 미치는 짝짓기 전략이 왜 그토록 일반적인가?'에 맞춰진다.

> 1세기 훨씬 전에 찰스 다윈이 짝짓기의 미스터리에 대한 혁신적인 설명을 제시했다. 그는 동물들이 자신의 생존 가능성을 떨어뜨릴 것 같은 형질을 종종 발달시킨다는 사실에 커다란 흥미를 느꼈다. 많은 동물들이 드러내는 화려한 깃털, 커다란 뿔, 그리고 다른 이채로운 특질들은 생존이라는 점만 놓고 보면 손해만 끼칠 것처럼 보인다.
>
> —20쪽

수컷 공작은 왜 그토록 화려한 깃털을 지니는가? 이유는 분명하다.

암컷이 좋아하기 때문에 깃털이 화려한 수컷은 자손을 더 많이 본다. 그러면 암컷은 왜 화려한 수컷을 좋아할까? 화려한 깃털을 가진 수컷 공작이 더 건강하고 기생충 감염 위험이 낮기 때문이다. 즉, 수컷 공작의 화려한 깃털은 일종의 '신호'이다. "나는 일단 건강해. 게다가 이런 화려한 무늬에도 불구하고 성체로 성장한 것을 보면 얼마나 운동 능력이 뛰어날지 짐작 가지 않아?"라는 메시지를 온몸으로 웅변하고 있다는 것이다.

여성들이 키가 큰 남성에게 끌리는 것은 일종의 본능에 기인한 행동이지만, 이는 어떻게 보면 오랜 진화의 역사를 통해 체득한 일종의 '신호 파악 방법'이다. 물론 현대사회에서는 키가 중요한 신호가 되지 못한다. 예전에야 큰 키가 좋은 부모 만나 어려서부터 충분히 영양을 공급받았으며, 나아가 전쟁과 사냥에서 다른 경쟁자에 비해 우위에 설 수 있음을 보여 주는 신호가 되었을 것이다. 그러나 지금은 전혀 다른 요소로 경쟁한다. 키가 아니라 지적 능력이 더 중요하며, 특히 신체적인 강건함 못지않게 화술이나 용모가 중요하다. 그런데도 현대 여성들은 여전히 키 큰 남성을 선호한다. 오랜 진화의 산물로서 본능에 각인되어 있기 때문이다.

물론 여성 역시 마찬가지 어려움에 부딪힌다. 남성은 젊고 피부가 곱고 대칭적인 얼굴을 지닌, 그리고 허리가 날씬한 여성을 선호한다. 예전과 달리 여성의 출산 횟수가 많지 않고 의학 기술 발달로 출산 중 사망 위험이 크게 낮아졌음에도 남성들은 지속해서 '임신 가능성'을 보여 주는 여성 몸의 신호에 집중한다. 현대사회에서는 이런 요소보다 더 중요한 특성과 자질이 있지만, 남성은 긴 머리를 나부끼는 어려 보이는 여성에게 본능적으로 이끌린다. 게다가 이미지 처리 기술이

3부 먹고 읽고 사랑하라

워낙 발달해 아름다운 여성 사진에 점점 더 많이 노출되는 오늘날 전 세계 차원의 미용 경쟁이 벌어지게 된다. 결국 우리는 모두 이런 덧없는 경쟁 속에서 불행해질 뿐이다.

그럼에도 불구하고 왜 우리가 이런 경쟁에 몰두하는지 이유를 모르면 불행의 원인을 제거할 방법도 없다는 점에서 이 책은 꼭 읽어 볼 가치가 있다.

첫 데이트에 돈을 쏟아부어라
『짝찾기 경제학』

다음으로 추천하는 폴 오이어의 『짝찾기 경제학』은 중학생 아들 녀석에게 읽혔더니 아주 좋아하는 걸로 봐서 굉장히 쉬운 편이라 할 수 있다. 책의 주제와 풀어가는 방식도 무척 흥미롭다. 이 책은 데이트 시장의 변화와 남녀의 사랑, 인생의 동반자 찾기 과정 등을 경제학적 관점으로 들여다본다. 특히 온라인 데이트 사이트에서 사람들의 행동을 결정하는 요소들을 관찰하는데, 이야기를 푸는 과정에서 미시경제학의 여러 이론을 이용하고 있어서 경제학 지식이 있는 사람은 더 재미있게 읽을 수 있는 책이다.

『욕망의 진화』를 통해 여자들이 키 크고 돈 많은 남자를 좋아하는 이유를 파악했다면, 남자들은 이제 어떻게 행동해야 할지 궁리할 차례다. 돈 없고 키 작으면 그냥 연애를 포기하고 혼자 살아야 할까? 물론 우리가 일부다처제 사회에 살고 있다면 키 작고 돈 없는 남자는 연애와 결혼을 포기해야 할지도 모른다. 그러나 안타깝게도 여성들이 좋아하는 특질을 지닌 남성은 결혼 적령기 남성의 1퍼센트도 채 안되기 때문에 나머지 99퍼센트 남성에게 충분한 기회가 존재한다. 그럼 어떻게 대응해야 할까? 그 답을 이제 찾아 보자.

평범한 온라인 데이트 사이트에서 신호를 보내 첫 데이트를 성사시키기는 매우 어렵다. 관심이 있다는 신호를 믿게 할 방법이 따로 없기 때문에 모든 게 빈말로 여겨진다. 하지만 일단 첫 데이트가 성사되면 그때부터는 신호 보내기가 제대로 작용할 수 있다. (…) 당신은 부를 과시해야 한다. 비싼 옷을 걸치고, BMW를 몰고 나타나 상대를 고급 식당에 데려가고 직접 계산을 해야 한다. 물론 처음 한두 번은 분수에 넘치게 돈을 쓰며 상대를 속일 수 있다. 하지만 그러려면 많은 비용을 치러야 한다. 그 비용으로 인해 진짜 부자와 가짜 부자를 구분할 수 있게 된다.

—99~100쪽

즉, 처음에는 '가짜 신호'라도 보여 주라. 허세 떨며 사기 치라는 게 아니라, 상대에게 관심이 있다는 신호를 분명하게 보여 주라는 이야기다. 데이트 전에 깔끔하게 단장하고 가지고 있는 옷 중에서 가장 세련된 옷을 입고 나가라. 일단 호감을 가져야, 그 다음 스텝이 가능한 것 아니겠는가?

여자들은 매우 신중하게 상대를 고르려 하기 때문에 남자들이 알게 모르게 보내는 '신호'에 주목한다. 비싼 레스토랑에서의 데이트는 상대방에게 그만한 비용을 지불할 능력이나 의지가 있음을 보여 주는 '신호'다. 그러나 계속 값비싼 데이트를 지속할 수는 없다고 해도 거

3부 먹고 읽고 사랑하라

기서 끝나는 게 아니다. 물론 상위 1퍼센트 여성들이야, 키 크고 잘생기고 이미 능력 있는 남성만 찾을 것이다. 그러나 99퍼센트 여성들은 당장의 전망뿐 아니라 미래의 전망에도 관심이 많다. 특히 『욕망의 진화』에서는 다음과 같은 여성의 선호를 지적한다.

> 모든 〔성공 처세〕 전술들 중에서 열심히 일하기가 과거와 앞으로의 수입과 승진 여부를 가장 잘 예측하는 요인 가운데 하나임이 밝혀졌다. 자기가 열심히 일한다고 말한 사람들, 그리고 실제로 그가 열심히 일한다고 배우자도 인정한 사람들은 열심히 일하지 않는 사람들보다 더 높은 학력과 더 높은 연봉, 더 높은 예상 연봉과 승진을 얻었다. 근면하고 야망에 찬 남자들은 게으르고 동기부여가 안 된 남자들보다 직장에서 더 높은 지위를 차지했다.
>
> —『욕망의 진화』, 75쪽

즉, 여성들은 현재의 자산과 키만 보는 게 아니라 미래 전망도 열심히 관찰한다는 이야기다. 이런 경향은 기업들도 마찬가지다.

> 고용주들은 뛰어난 사람들을 식별해내 그들을 고도의 전문직에 배치할 수 있다. 그렇다면 고용주들은 어떻게 재능 있는 사람들을 식별해낼 수 있을까? 재능 있는 사람들만이 대학을 졸업할 수 있다고 가정해보자. 아무 재능 없는 사람들도 원하면 대학에 입학할 수는 있지만 강의가 너무 어려워 중퇴할 것이다. 이들은 자신들에게 재주가 없다는 걸 알고, 대학을 포기한 뒤 그렇고 그런 시시한 일자리를 받아들인다. 하지만 재능 있는 이들은 대학을 졸업함으로써 자신들의 재능을

증명해 보인다. 그들은 비록 대학에서 쓸모 있는 지식을 못 얻었을지라도 이를 통해 자신이 재능 있다는 걸 고용주들에게 입증하고 고도의 전문직에 채용될 자격을 얻게 된다. (…)

최근 나는 시멘트벽돌 제조회사를 운영하는 한 최고경영자를 만났는데, 그와의 대화를 통해 교육의 가치를 신호 개념으로 이해하는 사람들이 실제로 있다는 사실을 깨달았다. 그는 특정 직책에 대학 졸업자를 채용하는 이유를 설명하면서 이렇게 말했다. "대학 졸업자가 더 똑똑하다는 뜻은 아닙니다. 하지만 그건 그가 4년 동안 많은 어려움을 견뎌내고 어떻게든 학업을 마무리할 수 있었다는 뜻입니다."

—『짝찾기 경제학』, 101~103쪽

솔직히 나는 우리나라 대학에서 많은 것을 배운다고 생각하지는 않는다. 그렇다고 학점을 잘 따기 쉬운 것도 아니다. 높은 학점을 받으려면 일단 부지런해야 하고, 치열하게 경쟁해서 성과를 내야 한다. 그러나 집안 사정이 넉넉하지 않은 학생들은 비싼 등록금과 생활비를 댄다고 아르바이트 하느라 공부할 시간을 충분히 내기 어렵다. 그의 능력과 무관하게 학점 경쟁에서 불리한 입장에 놓인다. 그렇다면 등록금 비싼 사립대학과 높은 학점은 집안의 뒷받침과 부유함을 손쉽게 보여 주는 신호가 될 수 있다. 즉, 대학과 학점 등의 '라벨'은 나에 대해 알 길이 없는 그들(연애 상대나 취업하려는 회사)에게 유용한 '신호'로 작용할 수 있다.

나는 분명 이 사회에 문제가 참 많다고 생각한다. 학벌이 세상을 좌지우지하고 처음부터 좋은 직장을 잡는 게 이후 미래를 결정하기도 한다. 따라서 뒤늦게 철 든 사람 입장에서는 너무나 불합리한 사회라는 것, 인정한다.

다만, 짝짓기와 교육 등의 사례를 통해 '신호'의 힘을 인식하고 나면 현실에서 왜 이런 관행이 생겼고 쉽게 없어지지 않는지 한 번쯤 냉정하게 돌아보게 된다. 우리 건너편에 있는 사람들, 즉 충분한 정보를 지니고 있지 않은 사람들에게는 이와 같은 '신호'가 굉장히 중요하다는 사실도 염두에 둘 필요가 있지 않을까?

chapter 5

우리 아이도 공부를 잘했으면

네이버 블로그 닉네임마저 '채훈우진아빠'라고 정한 두 아이의 아빠로서 교육에 관한 관심은 사실 남들 못지않다. 그러나 한국 사회에서 아빠들의 교육 참여도는 매우 낮은 게 현실이다. 일단 새벽같이 일어나 출근하고 밤늦게 들어오니 아이 교육에 대한 '발언권'이 제약될 수밖에 없고, 아이 엄마와 논쟁을 벌여 봤자 결국 혼나고 조용히 입 다무는 게 우리 아빠들 현실 아니겠는가?

아내에게 몇 번 혼나고 내가 한 일은 역시 책을 읽는 것이었다. 아이들 친구 엄마들과 형성해 놓은 아내의 네트워크, 그리고 그 네트워크에서 형성된 여론에 맞서기 위해서는 일단 '지식'이 무엇보다 중요했기 때문이다. 차근차근 관련 도서들을 읽어 나가며 인상적이라고 느낀 책은 아내와 공유하는 과정을 거쳤다. 물론, 그런다고 아내가 교육 방침을 확연하게 바꾼 것은 아니다. 다만 예전에는 '아빠가 뭘 안다고?' 하는 시각으로 나를 봤다면, 요즘에는 '얘기해 볼 만한 상대' 정도로는 격상된 거 아닌가 싶다.

아빠와 엄마가 협업해야 하는 이유
『왜 잘사는 집 아이들이 공부를 더 잘하나?』

이 책은 아내도 읽으면서 고개를 끄덕끄덕 했던 책이다. 제목 그대로, 한국에서도 부잣집 아이들이 공부를 잘한다. 왜 그럴까? 가장 직접적인 이론은 '잘사는 집일수록 부모가 머리가 좋기 때문'이다. 학벌이 높을수록 높은 소득을 올리고, 또 학벌이 높은 남녀끼리 결혼할 가능성이 높으니 결국 잘사는 집 아이들이 공부를 잘할 가능성이 크다는 것이다. 그리고 이런 주장은 많은 연구에서 사실로 밝혀지고 있다.

> 가정 배경과 학업성취도의 관계를 다룬 국내외 선행연구의 결과들을 종합하면, 대체로 학업성취도와의 관계에 가장 크게 작용하는 변수는 아버지의 학력이고, 그다음이 부모의 사회적 지위나 소득으로 나타난다.

그런데 늘 그런 것은 아니라는 반론이 충분히 제기될 만하다. 예전에는 부잣집 아이들이 오히려 공부를 안 하고 중산층이나 그 이하 가정의 아이들이 공부를 더 열심히 한다고 하지 않았나. 이 책은 그것 역시 사실이라고 말한다.

유쾌한 이코노미스트의 스마트한 경제 공부

그러나 연구에 따라서는 소득의 영향력이 일관되지 않거나 뚜렷하지 않게 나오는 경우도 있어서, 일반적으로 소득 수준은 학업성취도에 미치는 효과 면에서 부모의 교육 수준만큼 강력하지 않은 것으로 추정된다.

—14~15쪽

흥미로운 이야기 아닌가? 아이의 부모, 특히 아버지 학력이 가장 중요한 요소임은 분명하나, 잘산다고 해서 무조건 아이가 공부를 잘하는 것은 아니라는 것이다. 그럼 어떤 요인이 부모의 학력 다음으로 중요한가? 책을 읽어 보면 가슴 아픈 대목이 나온다.

빈곤을 지속적으로 경험한 아이들은 빈곤을 경험하지 않았거나 일시적으로 경험한 아동에 비해서 지능검사 점수가 낮은 것으로 밝혀졌다. (…) 임신 중에 스트레스를 많이 받거나 가정에서 지능 발달을 위한 자극을 적게 받는 것도 빈곤 가구 아동들의 인지능력이 떨어지는 원인이라고 추론된다. 따라서 빈곤은 아동기의 인지 발달을 저해할 뿐 아니라, 청소년기의 학업 성취에도 부정적인 영향을 미친다.

—24쪽

즉, 부모가 잘사느냐 여부 자체는 중요하지 않은데 '빈곤' 여부는 굉장히 중요한 영향을 미친다는 것이다. 빈곤한 가정 아이들이 지능이 낮은 이유는 긍정적 자극(책, 여행 등)이 부족한 데다, 무엇보다 아이 건강이 나쁠 가능성이 높기 때문이라는 것이다.

그리고 이 책의 저자 신명호 교수는 긍정적 자극의 부족과 건강만 큰 나쁜 요인을 미치는 게 바로 부모의 교육관이라고 이야기한다.

> 학력과 직업적 지위가 낮은 계층의 부모들은 자녀의 교육 활동에 적
> 극적으로 개입하거나 자녀의 학업을 효과적으로 지원하지 못하며, 중
> 산층에 비해서 계층하강에 대한 위기의식이 낮아서 자녀의 교육에 대
> 한 열망이 상대적으로 약하다는 일련의 주장이 있다.
>
> ─27쪽

1부에서 했던 이야기가 반복된다. 흑인들이 왜 저임금을 받고, 또
자녀를 공부시키지 않는지를 설명하는 과정에서 나왔던 이야기다. 쉽
게 말해, 공부 열심히 시켜 봐야 무슨 소용 있는지 생각하기를 포기하
고, 이 포기가 나아가 자녀의 학업 성취도 저하로 이어지는 악순환을
일으킨다는 것이다.

반면, 중산층 이상의 가정은 다르다.

> 고학력 중산층 부모는 〔학력 자본으로서의〕 가치가 높은 상위 서열의
> 대학에 대한 집착이 강하고 이를 경쟁적으로 선취하려는 높은 교육
> 열망을 가지고 있다. 중산층 부모는 일상 속에서 기회 있을 때마다 자
> 신들이 '좋은 대학'을 얼마나 높이 평가하고 자녀가 그곳에 가기를 얼
> 마나 열렬히 바라는지 표현한다.
>
> (…) 공부 잘하기를 기대하는 중산층 부모들의 열망을 자녀들이 절실
> 하게 인식하게 되는 또 하나의 경로는 학업 성적에 대해서 부모가 보
> 이는 반응이다. 중산층 부모는 자녀의 성적과 실력을 꼼꼼히 체크하
> 고 약점을 보완하기 위해 궁리를 한다. 시험 성적표가 나올 때마다 그

결과를 놓고 어머니들은 칭찬이나 격려, 혹은 분발을 촉구하는 질책과 꾸중을 쏟아내기 때문에 언제나 성적 공개는 부모와 자녀 사이에 긴장감 어린, 감정의 상호작용이 일어나는 사건이다. 이러한 사건을 주기적으로 거치면서 자녀는 자신이 얼마나 열심히 〔공부를〕 하는가에 따라서 부모가 기쁨과 희망, 실망과 좌절의 반응을 보인다는 사실을 반복적으로 경험하고 공부의 중요성을 학습하게 된다.

—151~153쪽

이 대목을 읽은 후, 나도 요즘 큰아들 교육에 대해 발언권을 가지게 되었다. 아내만 교육에 개입해서는 이 효과를 충분히 누릴 수 없기 때문이다. 그리고 이후 나는 친구들을 만나는 데 큰아들을 종종 데리고 다니고 있다. 다양한 직업에서 일하는 친구들과 후배를 만나는 자리에 아들을 데리고 나가면, 돌아온 다음 꽤 생각할 게 많은 모양이라 나름 효과를 보는 듯하다.

우리 아이에게 추천하고 싶은 공부법
『어떻게 공부할 것인가』

자녀 교육에 관해 추천하는 두 번째 책 『어떻게 공부할 것인가』는 공부를 효율적으로 하는 방법을 소개하는 책이다. 유교식 교육에 젖은 한국 어르신들은 무조건 반복해 읽으면서 외우라고 강요하나, 이 책에서는 가장 금기시하는 교육 방법이다.

헨리 뢰디거를 비롯한 이 책의 저자들은 유명한 미국 심리학자들로, 기억력을 주제로 무려 170편이 넘는 논문을 발표한 전문가 중의 전문가라 할 수 있다. 이들은 다음과 같은 학습 방법을 추천한다.

첫 번째 공부법은 인출 연습이다. 인출 연습이란 별 게 아니라, 어떤 책을 읽을 때 반복해 읽기보다 한 번 본 다음 시험을 치는 것이다. 쪽지시험도 좋고 친구들끼리의 묻고 답하기도 좋다. 책이나 교과서를 읽고 나서 바로 바로 자신이 읽은 내용을 확인해 본다. 이렇게 하면 기억이 오래갈 뿐만 아니라, 자신이 어디서 무엇을 놓쳤는지 알 수 있어서 더 효율적으로 공부할 수 있다. 우리가 아이들을 학원에 보내는 이유가 여기에 있다. 학원에서는 각 단원이 끝날 때마다 쪽지시험을 치고 틀린 문제를 다시 푼 다음에야 집에 보내 주기 때문이다.

두 번째 방법은 시간 간격을 두고 복습하기다. 내가 가장 좋아하는 공부 방법이다. 책을 읽은 후 금방 서평을 쓰면 당장은 책 내용이 기억나나 결국엔 잊어버리기 마련이다. 그러나 색인 작업이나 디렉토리 등으로 잘 분류해 놨다가, 다른 책의 서평을 쓸 때 예전 책의 내용을 인용하는 순간 융합의 마법이 작동하는 것을 느끼곤 한다. 시간을 두고 책의 내용을 다시 확인하는 순간, 잊어버렸던 것을 다시 기억하는 것은 물론 예전에 미처 생각하지 못했던 아이디어까지 떠올리게 된다. 이걸 공부에 적용하자면, 예전에 배운 것을 잊어버릴 즈음 다시 점검하는 식으로 응용할 수 있다.

세 번째 방법은 교차 연습이다. 간단하게 말해 여러 권의 책을 한꺼번에 보면서 공부하는 방식이다.

집중 연습과 비교하여 교차 연습과 다양하게 변화를 준 연습의 현격한 이점은 맥락을 판단하고 문제를 구분하는 법을 잘 배울 수 있도록 도와주며, 수많은 가능성 중에서 올바른 해결책을 고르고 적용하도록 도와준다는 점이다.

수학 교육을 살펴보면 교과서에 아예 집중 연습이 포함되어 있다. 각 단원에 특정한 종류의 문제가 실려 있고 학생들은 그것을 학교에서 배운 다음 연습한다. (…)

하지만 기말시험이 다가오면 이럴 수가, 문제가 모두 뒤섞여 나온다. 학생은 문제를 하나하나 차례로 보면서 속으로 중얼거린다. 어떤 공식을 써야 하지? 그게 5장이었나? 6장인가? 몰아서 반복하거나 단위별로 나누어 반복하는 식으로 공부했다면 이렇게 중요한 판단 과정은 연습한 적이 없을 것이다.

—76쪽

즉, 문제의 출제 방향에 맞춰 공부하라는 것이다. 이렇게 공부하면 예상하지 못한 문제의 출제에 당황하는 일도 없고 더 나아가 교차 연습을 통해 더욱 깊게 이해하는 일이 가능해진다. 특히 지금 공부가 잘 안 되고 벽에 부딪혔다고 느끼는 사람이 읽어 보면 좋은 책이다.

chapter 6

발상의 전환에서
행복은 시작되리라

옛날에는 돈만 많이 벌면 행복해지는 줄 알았다. 그런데 이코노미스트로서 어느 정도 명성을 얻고 또 한국 사회 평균을 웃도는 소득을 올린 지 꽤 되었지만 '행복한가?'라는 질문에 쉽게 '그렇다'는 대답이 나오지 않는다. 회사에서 일에 시달리고 귀가하면 아이들은 늦게 퇴근하는 아빠를 기다리다 이미 잠들어 있다. 잠자는 아이들 모습을 바라보노라면 '무엇을 위해 맨날 바쁘게 살고 있나?' 탄식이 절로 나온다. 특히, 남들이 부러워할 만큼 좋은 일이 생겨 그로부터 얻는 행복감은 쉽게 사라지는 반면, 질시 어린 한마디로 받은 상처는 무척 오래 간다. 시간이 갈수록 조금씩 더 불행해지고 있는 것 아닌가 하는 생각마저 들었다. 그러던 와중에 읽은 두 권의 책은 나의 사고방식을 바꿔 놓는 계기로 작용했다.

사랑하는 사람과 맛난 것 먹기

『행복의 기원』

첫 번째로 추천할 책은 서은국 교수의 명저 『행복의 기원』이다. 이 책의 기본적인 논리는 '인간이 동물이라는 것을 인정하는 데에서 출발하자'는 것이다. 고귀한 이상을 달성하기 위해 우리가 이 땅에 태어난 게 아니라, 그냥 부모님 사랑의 결과 태어난 것이고 더 나아가 우리 인생 우리가 행복하게 살아갈 권리를 가지고 있다는, 어떻게 보면 지극히 당연한 이야기를 조곤조곤 설명한다.

일단 한국 저자가 쓴 글이라 그런지 무척 쉽게 읽히고, 또 분량도 적어서(208쪽!) 이 책을 읽는 모든 독자들에게 강력하게 권하고 싶다. 내가 가장 인상적으로 읽었던 부분을 소개해 본다.

먼 옛날 어떤 남자가 고기나 여자에는 전혀 관심이 없고, 오직 나무의 나이테를 셀 때만 묘한 즐거움을 느꼈다고 치자. 눈만 뜨면 밥도 안 먹고 나가서 나무를 자른다. 그는 성인까지 살아남을 가능성이 희박하다. 살아남는다 해도 '나이테 동호회'에서 어느 정신 빠진 여자를 만나기 전에는 유전자를 남길 수 없다.

우리는 이런 기이한 라이프스타일을 가진 자들의 후손이 아니다. 호모사피엔스 중 일부만이 우리의 조상이 되었는데, 그들은 목숨 걸고 사냥을 하고 기회가 생길 때마다 짝짓기에 힘쓴 자들이다. 무엇을 위해? 삶의 의미를 찾아서? 자아성취? 아니다. 고기를 씹을 때, 이성과 살이 닿을 때, 한 마디로 느낌이 완전 '굿'이었기 때문이다.

우리의 조상이 된 자들은 이 강력한 기분을 느끼고 또 느끼기 위해 일

평생 사냥과 이성 찾기에 전념했다. 이 과정에서 그들은 자신의 유전자를 남기게 된다. 유전자를 퍼뜨리겠다는 거창한 포부 때문이 아니라, 개가 새우깡을 통해 얻는 쾌감을 인간도 최대한 자주 느끼기 위해 고기와 이성에 몰두한 것이다.

—69~70쪽

난 이 대목이 너무나 맘에 든다. 그런데 문제는 한국 사람들이 이런 본능을 외면하도록 계속 교육 받았다는 점이다.

행복의 원인 중 사람들이 가장 과대평가하는 것이 돈과 같은 외적 조건이다. 이 챕터에서는 반대로 행복에 절대적인 영향을 미치지만, 대부분이 미처 생각지 않은 요인에 대해 살펴보려 한다. 어떤 것이 그렇게 중요할까? 오랫동안 행복을 연구한 석학들을 한 자리에 모아 놓고 그 질문을 한다면 대답은 거의 비슷할 것이다.

"유전. 더 구체적으로는 외향성."

유전과 정서의 관계를 오랫동안 분석한 미네소타 대학의 데이비드 리킨과 어크 텔레건 교수는 심지어 이런 문장을 썼다.

"행복해지려는 노력은 키 커지려는 노력만큼 덧없다." 다소 극단적인 표현이지만, 그래도 행복에 있어서 유전적 개입을 부인하는 학자는 없다.

—133쪽

외향적인 성격을 지니는 사람은 대체로 더 행복한 편이라는 이야기다. 특히 한국 사회의 어른들은 외향적인 아이를 억압하려 온 힘을 기

유쾌한 이코노미스트의 스마트한 경제 공부

울인다. 싸가지 없다, 밥맛이다 등등 우리가 상대를 평가하는 데 쓰이는 단어의 상당 부분이 '외향적인 사람'에게 초점을 맞춘 것이니까.

그런데 이미 내향적으로 태어났다면 우리는 행복해질 수 없는 것일까? 이에 대해 서은국 교수는 그렇지 않다고 말한다.

> 여기서 한 가지 질문이 나올 수 있다. 선천적으로 내향적인 사람도 타인과 함께할 때 더 행복할까? (…) 연구 결과는 우리의 예상과 달랐다. 내향적인 사람들도 혼자일 때보다 누군가와 함께 있을 때 더 높은 행복감을 느꼈다. (…)
>
> 그렇다면 내향적인 사람들은 왜 외향적인 사람들만큼 타인과 어울리지 않는가? 이유는 간단하다. 싫어서가 아니라 불편해서이다. (…)
>
> 이런 비유가 어떨지. 외향적인 사람이든 내향적인 사람이든 오르고 싶어 하는 산은 똑같다. 사람들이 즐겁게 모여 있는 정상. 이 둘의 차이는 얼마나 무거운 짐을 등에 지고 오르느냐다. 외향적인 사람의 가방은 가볍지만, 내향적인 사람의 가방은 어색함, 스트레스, 두려움 등으로 무겁다. (…)
>
> 행복의 관점에서 보면, 이 '가벼운 짐'은 외향적인 사람들이 가지고 태어난 큰 유전적 혜택이다.
>
> ─142~145쪽

타고난 팔자는 어떻게 할 수 없지만, '행복해지자'라고 되뇌고 추상적인 무언가를 생각할 시간에 한 명이라도 사람을 더 만나려 노력하라는 이야기가 될 것 같다. 특히 사랑하는 사람과 본능적으로 쾌감을 주는 행동을 함께 하는 것. 예를 들어 아내의 손을 잡고 맛난 디저트

를 즐기며, 아이들에 대한 이야기를 오순도순 나누는 게 행복의 극치가 될 수 있다. 부디 많은 독자들이 이 책을 읽고 행복의 세상으로 여행을 떠나기를 비는 바이다.

개인주의를 시작하자
『개인주의자 선언』

『행복의 기원』을 읽은 후, '서로 불행하게 만들기 위해 안간힘을 쓰는 한국 사람'에 대해서도 관심을 가지게 되었다. 왜 우리는 그렇게 상대의 행동에 관심이 많고 또 뭐 특별하게 해준 것도 없으면서 간섭해 대는 것일까? 문유석 판사는 『개인주의자 선언』에서 다음과 같이 이야기한다.

> 어른이 되어서 비로소 깨달았다. 가정이든 학교든 직장이든 우리 사회는 기본적으로 군대를 모델로 조직되어 있다는 것을. (…) '개인주의'라는 말은 집단의 화합과 전진을 저해하는 배신자의 가슴에 다는 주홍글씨였다. 나는 우리 사회 내에서가 아니라 법학 서적 속에서 비로소 그 말의 참된 의미를 배웠다. 그 불온한 단어인 '개인주의'야말로 르네상스 이후 현대에 이르기까지 인류 문명의 발전을 이끈 엔진이었다. 하지만 우리 사회의 경우 이 단어의 의미를 조금씩 배우기 시작한 것은 민주화 이후 겨우 한 세대, 아직도 걸음마 단계인 것이다. 왜 개인주의인가. 이 복잡하고 급변하는 다층적 갈등구조의 현대 사회에서는 특정 집단이 당신을 영원히 보호해주지 않는다. 다양한 이

해관계에 따라 합리적으로 판단하고 전략적으로 연대하고 타협해야 한다. 그 주체는 바로 당신, 개인이다.

―24~25쪽

나는 이 대목에서 바로 항복했다. 예전의 단순한 농경사회에서 공동체는 우리들에게 삶의 방향을 단순명쾌하게 알려 주었다. 연장자에게 공손하라, 나랏님 말씀을 따르라는 식으로 말이다. 그런데, 이 복잡한 현대사회에서는 그런 식의 단순함은 잘 먹혀들지 않는다.

그러나 유감스럽게도 법관으로 일해온 경험에 비춰보면, 실제 인간 세계에서 벌어지는 일들 중 상당수는 인과관계도, 동기도, 선악구분도 명확하지 않다. 신문기사처럼 몇 문장으로 쉽게 설명하기 어려운 일이 참으로 많다. 그래서 흔히들 생각하는 것과 달리 냉정한 '팩트' 집합으로 보이는 신문기사보다 주관적인 내면고백 덩어리로 보이는 문학이 실제 인간이 저지르는 일들을 더 잘 설명해줄 때가 많다.

―155쪽

결국, 우리는 세상을 제대로 이해하기 위해서라도 그리고 세상을 살아갈 힘을 얻기 위해서라도 개인주의자로서의 자신을 자각하는 일이 필요하다고 하겠다. 그리고 주변 시선에 얽매이지 않고 특히 자신의 판단에 따라, 다른 사람의 결정을 존중하는 개인주의자의 길이 곧 행복으로 가는 지름길이 아닐까.

chapter 7

회사는 내게 무엇을 원하는가

앞 장에서는 행복이 무엇인가에 대해 이야기했지만, 여기서는 '행복'과 다소 거리가 느껴지는 이야기를 해볼 생각이다. 좋은 사람과 대화를 나누고 맛난 디저트를 먹는 게 행복으로 이어지는 지름길이라는 데에 동의하는 사람은 많을 것이다. 그런데, 그런 행복한 행위를 위해서는 자본주의 사회에서 자기 밥벌이 도구를 챙겨야만 한다.

물론 창업해서 자기 사업체를 꾸리고, 그 사업체에서 오랫동안 꿈꿨던 이상을 실현시킬 수 있다면 그게 아마 제일 좋은 일일 게다. 그러나 OECD 국가 중에서 가장 자영업 비중이 높고, 더 나아가 그 자영업자들이 하루가 멀다 하고 망해 나가는 한국에서 '창업'이라는 대안은 너무나 위험하게만 느껴지는 게 현실이다.

결국 먼 미래의 창업을 위해서라도 지금 당장 자본을 일구고 경험을 쌓을 터전, 즉 직장을 다니는 것이 최우선 과제가 될 수밖에 없다고 보면, 어떻게 해야 직장에 떡하니 합격할 수 있는지 그 비법을 알려 주는 책들도 분명 필요하다.

일단 수많은 입사 면접에 참여한 사람으로서 한마디 하자면, 많은 지원자들이 '회사가 어떤 사람을 좋아하는지'에 대해 전혀 모르고 있다. 특히 남자 지원자들은 거의 백지 같은 머리 상태로 지원하는 일이 허다하다. 좋은 학벌에 유려하게 잘 쓴 지원서의 주인공이 맞는지 의심스러울 정도의 준비 상태로 면접장에 오는 거다. 우리 면접관들은 그야말로 고통스러운 선택을 할 수 밖에 없다. 모조리 불합격시키고 싶은 마음이 굴뚝같지만, 그렇게 했다가는 인사부에게 크게 혼날 테니 어쩔 수 없이 '차악'의 인물들을 뽑는다.

반대로 여성 지원자를 뽑는 일은 또 다른 어려움이다. 면접에 있어서는 남자보다 월등하게 잘하지만, 회사 생활 초기에 상당수가 퇴사하기 때문에 이 역시 신중에 신중을 기할 수밖에 없다. 왜 어렵게 들어와서 그렇게 빨리 퇴사를 할까? 한국 사회에서 여성에 가해지는 유무형의 차별이 중요한 원인으로 작용할 것이며, 남자들이 많은 세계에 잘 적응하지 못하는 것도 이유가 될 것이다. 문유석 판사가 『개인주의자 선언』에서 일갈한 것처럼, "한국의 대부분 조직은 군대의 연장선"이다. 여성들의 압도적인 초기 퇴사율은 면접관들에게 강한 부담을 주기 마련이다. 힘들게 뽑고 또 연수시킨 직원이 출근한 지 며칠 혹은 몇 달 되지 않아 퇴사하면, 회사 입장에서는 시간과 자원을 낭비한 셈일 테니까.

개인적인 경험을 조금 이야기하자면, 2005년 모 증권사 투자전략팀장 자리를 떠나게 되었던 것도 여성 신입직원이 불과 반년 만에 직장을 그만둔 것이 큰 영향을 미쳤다. 회사 입장에서 힘들게 뽑은 인재가 회사를 조기에 떠나게 된 원인을 결국 '관리자'에게 물은 셈이다.

결국, 남성 지원자든 여성 지원자든 면접관에게는 모두 힘든 선택의 압박을 가한다. 이 대목에서 내가 하고 싶은 말을 대신해 주는 책을 소개할까 한다.

회사에 잘 들어가려면
『취업의 정답』

하정필의 『취업의 정답』은 다음과 같은 돌직구로 시작한다.

> 회사는 스펙을 과감하게 버린다. 실제로 일을 하면서 능력을 발휘하는 데 이력서나 자기소개서에 기재된 객관적인 스펙은 별 역할을 하지 않기 때문이다. 아무리 소규모 회사라도 신입사원을 채용하고서 바로 일을 시키지는 않는다. 작은 조직은 통상 1개월, 대기업 같은 큰 조직은 최소 3개월에서 6개월은 지나야 맡은 일을 제대로 수행할 수 있다고 여긴다. (…)
>
> 그렇다면 회사가 진정 원하는 것은 무엇인가? 바로 인성이다. 회사는 지원자의 스펙이 아무리 뛰어나도 인성이 갖추어져 있지 않으면 같이 일을 할 수 없다고 여긴다. 반대로 스펙은 엉망이지만 바람직한 인성을 갖추고 있다면 OJT 기간을 통해서 얼마든지 업무수행 능력을 키워 훌륭한 인재로 성장시킬 수 있다고 본다.
>
> —29~30쪽

매우 정확한 지적이다. 아무리 좋은 스펙, 좋은 자격증을 가지고 있다 한들 취직하고 최소 6개월은 복사 담당 허드렛일꾼에 불과하기 때문이다. 왜냐하면 신입사원의 99퍼센트는 회사가 필요로 하는 숙련(전문 용어로는 Firm Specific Skill)을 가지고 있지 않기 때문이다. 그럼 6개월 동안 기업들은 왜 그런 일을 신입사원에게 시킬까?

그 답은 '테스트'이다. 이 사람이 정말 믿을 만한지, 또 일을 배우려는 태도는 어떤지를 점검하는 시간이라 할 수 있다. 왜 이런 일을 하냐고? 그 사람의 능력과 인성을 파악할 방법이 없기 때문이다. 그래서 기업들은 힘들게 사람 뽑아 놓은 후, 정말 잘 뽑았는지 여부를 테스트 하는 거다. 따라서 회사 입장에서 가장 좋은 입사자는 이미 취직 전에 이런 테스트가 필요 없는 '경력' 혹은 '경험'을 쌓은 사람들이다.

지원자가 어떤 사람인지 이력서상의 객관적인 정보와 스펙만 보고서는 그의 인성을 파악하기 어려워 자기소개서를 읽어보지만, 역시나 거의 모두가 구태의연한 말, 교과서적인 말, 막연한 말, 추상적인 말을 하고 있다. 이건 인간이 아니라 대량생산된 로봇이다. (…) 채용기계였던 나는 자기소개서를 읽는 데 4초 전후면 충분했다. 속독하듯 시선을 위에서 아래로 쭉 내리면 끝이다. 똑같은 자기소개서는 읽을 가치가 없다.

(…) 그런데 이게 웬일인가? 1%의 기대도 없이 죽 훑어보는데 근면, 성실, 끈기, 열정 등이 아니라 우동, 짬뽕, 탕수육 같은 단어들이 눈에 들어온다. '이건 뭐지?' 하는 궁금증으로 다시 읽어보게 된다. 이 지원자의 스펙은 어디 가서 욕이라도 듣지 않으면 다행일 정도다. 그런데 자기소개서 내용이 심상치 않다. 인사담당자는 뭔가 새롭고 눈

에 띄는 것을 찾는다. 인사담당자의 탐험정신은 직업이자 본능이다.

이 지원자는 학창시절 동안 중국집. 분식집 등에서 아르바이트를 해왔던 이야기를 구체적인 사례를 들어 진솔하게 적었다. 처음에는 힘도 들고 스트레스도 많이 받았는데 어떻게 하면 스트레스를 덜 받을 수 있을지 곰곰이 생각했다고 한다. '딱 보름 동안만 어떤 경우에도 상대방의 입장에서 생각해보리라 결심했다'고 한다. 철저하게 일을 시키는 사람 입장. 손님 입장에서 생각해보니 스트레스도 거의 받지 않고 즐겁게 일할 수 있었고, 서로 마음이 맞으니 일하기가 점점 재미있어지고 자기 때문에 단골손님이 생기자 사장이 월급까지 올려주며 계속 일해달라고 부탁했다고 한다. 식당 상호도 명시되고 에피소드까지 있는, 생생한 경험이 녹아 있는 이야기였다.

일단 거짓말은 아닌 것 같다. 어떤 지원자인지 직접 보고 싶지만, 그러기에는 스펙이 워낙 문제가 있다. 그러다 옆의 동료에게 "이런 지원자가 있는데…"라며 물어본다. 이 친구가 면접대상자가 될 확률은 반반이다. 그러나 면접을 보게 된다면 합격할 확률은 90% 이상이다. 왜 그럴까? 경험상 이런 지원자는 면접에서 어떤 질문이든 대답을 잘할 수 있기 때문이다.

—46~54쪽 발췌 재구성

취직에 목마른 몇몇 학생에게 이 책을 선물한 이유가 여기에 있다. "당신을 고용해야 할 이유가 뭔지, 설명해 보세요."라는 질문에 대답할 수 있는가? 이런 지원자는 100명에 한 명도 드물다. 나는 이런 지원자가 없으면 차라리 사람 뽑지 말자고 이야기한다. 2005년 꼴을 되풀이하고 싶지는 않기 때문이다.

3부 먹고 읽고 사랑하라

완생을 꿈꾸는 부하 생활 매뉴얼

『최강 부하』

다음 순서로, 회사를 들어간 다음에는 어떻게 해야 할까? 이미 앞에서 다 이야기했지만, 이를 보다 자상하게 설명하는 책 『최강 부하』의 인상적인 대목을 통해 이야기를 풀어 보자.

> 책을 읽고 있는 당신, 머릿속으로 잠시 생각해보자. 사원의 숫자가 많은가? 아니면 부장의 숫자가 많은가? 조금 더 극단적인 질문을 해보자. 평사원의 숫자와 임원의 숫자, 어디가 많은가? 일반적인 회사에서는 높이 올라갈수록 그 숫자가 줄어든다. (…) 사원을 위한 총 의자의 수는 100개, 관리자는 20개, 임원은 5개, 사장은 1개, 이런 식으로 의자가 있고 거기에 누가 앉느냐 하는 것은 결국 경쟁이라는 것이다.
>
> —45쪽

직장생활은 의자놀이와 같다는 저자의 주장에 동의하지 않을 수 있을까? 회사에서 자기 자리를 지켜 내고 더 나아가 높은 의자를 차지하려면 어떻게 해야 할까? 저자는 다음과 같이 이야기한다.

> 직장생활에서 모든 사람이 대체 가능하다는 것은 대단히 슬픈 진실이다. 하지만 인정해야 한다. 고통스럽지만 인정을 해야 한다. 그래야 내가 어떻게 행동해야 할지 방향을 잡을 수 있기 때문이다. (…) 〔작가가 죽은 다음 미술작품의 가격이 크게 오르는 것처럼, 직장 생활하는 당신에게도 같은 원리가 적용될 수 있다.〕 업무의 고유성이나 희소성을 가지라는

것이다. 필자가 직장을 다니던 시절, 기획실의 한 실무 담당 과장을 예로 들 수 있겠다. 해당 과장의 임무는 각 수출팀의 실적을 집계하여 담당 임원에게 그 결과를 보고하는 역할이었다. 어찌 보면 단순한 업무일 수 있다. 하지만 이 과정에서 보여준 담당 과장의 엑셀 실력은 거의 예술이었다. 각 수출 팀의 판매 추이와 계획 대비 실적 진행률은 기본이고 수많은 숫자들을 일목요연하게 정리하여 한눈에 볼 수 있도록 만들었던 것이다. (…) 필자가 2005년 TF(테스크포스) 팀에서 활동할 때, PPT의 달인과 일할 기회가 있었다. 같은 이야기를 문서에 나타낼 때에도 화면의 배색과 글씨체, 그리고 도표와 글자를 엮어서 한 장 한 장 만들어가는 그의 솜씨를 볼 때마다 열등감이 생길 정도였다.

—49~51쪽

저자 우용표의 입장에 전적으로 공감한다. 대체 불가능한 일. 다시 말해 '이 사람이 없으면 회사가 안 돌아가겠구나' 하는 생각을 들게 만들지 않으면 회사에서 각 개인은 소모품에 불과하다. 물론 경기가 좋을 때는 아무 문제가 없겠지만, 경기가 나빠지는 순간 '자리 뺏기' 게임은 언제 시작될지 모른다.

한국 사회가 앞으로 계속 호황을 누릴지, 아니면 지난 5년처럼 계속 어려움을 겪게 될지는 각자 판단해 보길 바란다. 다만 좋은 책을 많이 읽으며 지적 수준을 높여 나가고, 나아가 자신의 업무 관련해서 누구에게도 뒤지지 않을 정도의 전문성을 가지는 것. 이런 자세를 지니는 사람은 호황이 오든 불황이 오든 '자리 뺏기' 게임의 패자가 될 가능성이 매우 낮을 것이다.

chapter 8

꼬리에 꼬리를 무는
세계사 일주

내가 가장 많이 읽는 '주제'는 경제학에 대한 것이다. 명색이 증권사 이코노미스트로 일하고 있기에, 최신 경제학 책은 거의 다 산다. 물론 그중 서평을 써야겠다고 결심하는 것은 열에 한 권도 잘 안 되지만, 아무튼 거의 다 읽는다.

경제학 다음으로는 역사책을 많이 읽는다. 원래 역사학자를 꿈꾸기도 했고, 워낙 역사소설을 좋아한다. 최근 프랑스를 여행하면서 어떤 사회를 이해하려면 제일 먼저 그 나라 역사를 알아야 함을 새삼 절감했다. 나폴레옹과 그의 수많은 전투를 몰랐다면 아마도 퐁텐블로 성에서 별다른 감흥을 느끼지 못했을 것이며, 프랑스대혁명 이후의 세속화 흐름을 이해하지 못했다면 아비뇽의 교황청 건물이 왜 그토록 처참하게 파괴되었는지 전혀 이해하지 못했을 것이다.

그런 까닭에 세계사, 그중 특히 경제사 책을 많이 읽는다. 경제사는 주변에 추천도 특히 많이 하는 분야다. 크게는 인간 사회가 어떻게 지금과 같은 위치에 올라서게 되었는지를 알고, 작게는 내가 속한 집단을 포함해 다양한 사회의 특성을 이해하게 되면, 시장을 넘어 세상 보는 눈이 한층 넓고 깊어질 것이다.

이번 장에서는 흥미로운 세계사의 여러 주제 가운데서도 '서양과 동양의 기울어진 운동장'의 기원을 추적하는 연쇄 독서용 목록을 마련해 보았다.

어째서 그들은 하고 우리는 못 했나
『총 균 쇠』

목록의 제일 앞자리를 차지하는 책은 재레드 다이아몬드의 명저 『총 균 쇠』다. 한반도를 비롯해 세계 역사를 접할 때 자연스레 떠오르는 의문, 즉 '영국과 프랑스 등 서구 세력이 산업혁명을 일으키고 동양으로 쳐들어올 때까지, 왜 조선을 비롯한 동양 국가들은 이에 제대로 대처하지 못했는가?'를 해결하는 출발점 역할을 할 수 있기 때문이다. 다이아몬드는 뉴기니에서 만난 원주민이자 정치가 얄리가 그에게 던진 흥미로운 질문으로 『총 균 쇠』의 대장정을 시작한다.

> 얄리와 내가 각각 대표하고 있던 두 사회 사이의 긴장 관계에 대해서 둘 다 잘 알고 있었지만, 우리의 대화는 끝까지 우호적이었다. 2세기 전까지 모든 뉴기니인은 아직도 '석기 시대에 살고' 있었다. (…) 그러

다가 백인들이 들어왔고, 그들은 중앙 집권적 정치 체제를 강요했으며 쇠 도끼, 성냥, 의약품에서 의복, 청량음료, 우산에 이르기까지 뉴기니인들도 금방 그 가치를 알 수 있는 물건들을 잔뜩 들여왔다. 뉴기니에서 그러한 물건들을 통틀어 '화물'이라고 부른다. (…) [얄리는] 번뜩이는 눈빛으로 나를 찌를 듯이 바라보면서 이렇게 물었다.

"당신네 백인들은 그렇게 많은 화물을 발전시켜 뉴기니까지 가져왔는데 어째서 우리들은 그런 화물을 만들지 못한 겁니까?"

간단한 질문이지만 그것은 얄리가 경험한 삶의 핵심을 꿰뚫고 있다. (…) 겉으로는 간단해 보여도 얄리의 질문에 대답하기란 결코 쉬운 일이 아니다. 역사학자들도 그 문제의 해답에 대해서는 여전히 의견의 일치를 보지 못하고 있으며 이제는 아예 그런 질문을 던지지도 않는 경우가 대부분이다.

—18~19쪽

이 장면에서 나는 이미 정신을 빼앗겼고, 정신을 차리고 보니 600쪽에 이르는 두꺼운 책을 다 읽은 다음이었다. 재레드 다이아몬드는 얄리에게, 그리고 나에게 서양인들이 '화물'을 만들어 올 수 있었던 이유를 다음과 같이 설명한다.

나 같으면 얄리에게 이렇게 말하겠다. 각 대륙의 사람들이 경험한 장기간의 역사가 서로 크게 달라진 까닭은 그 사람들의 타고난 차이 때문이 아니라 환경의 차이 때문이었다고. 만약 홍적세* 말기에, 오스트레일리아와 유라시아의 사람들을 서로 바꾸어놓았다면, 지금쯤 오스트레일리아 원주민이었던 사람들이 유라시아는 물론이고 남북아메

유쾌한 이코노미스트의 스마트한 경제 공부

리카와 오스트레일리아까지 차지했을 것이며, 원래 유라시아 원주민이었던 사람들은 마구 유린당하여 오스트레일리아 곳곳에 간신히 잔존하는 신세로 전락했을 것이다.

—592쪽

　일종의 지리결정론이라고도 볼 수 있지만, 이 주장을 반박하기는 더욱 어렵다. 왜냐하면 다이아몬드 교수가 지리학에서 문자의 발달에 이르는 매우 다양한 증거를 책에서 제시하기 때문이다. 특히 다음과 같은 네 가지 차이점을 이야기하는 부분에서는 그냥 '공부 더 열심히 해야겠다'는 생각밖에 들지 않았다고 할까?

　물론 인간 사회의 궤적에 영향을 미치는 환경적 요소들은 무수히 많으며, 대륙마다 제각기 그 양상이 다르다. 그러나 각 대륙의 차이점들을 모조리 나열한다고 해서 얄리의 질문에 대한 답이 되지는 않는다. 내가 보기에는 그중에서 다음 네 가지가 가장 중요한 차이점인 듯하다. 첫 번째는 가축화 · 작물화의 재료인 야생 동식물의 대륙간 차이다. 그것은 식량 생산이야 말로 잉여 식량을 축적하는 데, 그리고 아무런 기술적 정치적 이점이 없어도 순전히 그 숫자만으로도 군사적 이점을 갖는 대규모 인구로 성장하는 데 결정적이기 때문이다. (…) 그러나 대부분의 야생 동식물은 가축화 · 작물화에 부적합했다. 결과적으로 가축이나 작물이 되어 식량 생산이 이용된 종은 소수에 불과했다.

●　홍적세(洪積世, Pleistocene Epoch)는 지금으로부터 200만 년 전에 시작되어 약 1만 년에 끝났다.

가축화 · 작물화를 위한 야생 후보종의 수는 대륙마다 크게 달랐는데, 그것은 각 대륙의 면적 차이 및 홍적세 말기에 일어난 멸종의 차이 때문이었다. (…)

두 번째 차이는 바로 〔문물의〕 확산과 이동의 속도에 영향을 미치는 요인들이고, 이것 역시 대륙마다 크게 달랐다. 확산과 이동의 속도는 유라시아에서 가장 빨랐는데, 그것은 유라시아의 주요 축이 동서 방향이며 생태적 지리적 장애물도 비교적 적기 때문이었다. (…) 아프리카에서의 확산 속도는 유라시아에 비해 느렸고, 특히 남북아메리카에서는 더욱 느렸는데, 그것은 이들 대륙의 주요 축이 남북 방향이며 생태적 지리적 장애물도 많기 때문이었다.

(…) 세 번째 요인들은 바로 각 대륙 '사이'의 확산에 영향을 미치는 요인들인데, 이것들도 가축 작물과 기술을 축적하는 데 보탬이 될 수 있다. 어떤 대륙은 다른 대륙에 비해 더 많이 고립되어 있고, 따라서 대륙 간 확산의 난이도 역시 각각의 경우에 따라 달라졌다. (…)

네 번째이자 마지막 요인들은 각 대륙의 면적 및 전체 인구 규모의 차이다. 면적이 넓거나 인구가 많다는 것은 곧 잠재적인 발명가의 수도 많고, 서로 경쟁하는 사회의 수도 많고, 도입할 수 있는 혁신의 수도 많다는 뜻이다. 그리고 늘 혁신적인 문물을 도입하고 보존해야 한다는 압박감도 그만큼 커지는데, 그렇게 하지 못하는 사회는 대개 라이벌 사회에 의해 제거되기 때문이다. (…)

이상과 같은 네 가지 요인들은 환경과 관련된 크나큰 차이점들로, 객관적인 측정이 가능하며 여기에는 논쟁의 여지도 없다. (…) 그러나 역사학자들 틈에서 이 같은 환경의 차이들을 언급하기만 하면 당장 '지리적 결정론'이라는 딱지가 붙는데, 그러면 화를 내는 사람들이 생긴다. 이 명칭 속에는 어떤 불쾌감이 내포되어 있는 듯하다. (…) 물론 이런 걱정들은 기우에 지나지 않는다. 인간의 창의성이 없었다면 우리 모두는 오늘날까지도 수백만 년 전의 선조들처럼 석기로 고기를 썰어 먹어야 했을 것이다. 모든 인간 사회에는 창의적인 사람들이 있다. 다만 어떤 환경은 다른 환경에 비해 더 많은 재료를 구비하고 있으며 발명품을 이용할 수 있는 제반 여건도 한결 유리하다는 점이 다를 뿐이다.

—593~596쪽

나는 특히 네 번째 요인에 눈이 끌렸다. 인구가 밀집한 곳에서는 경쟁의 압박이 강하며, 특히 조금이라도 허약하고 혁신을 게을리 하는 나라는 금방 외적에 의해 멸망당하는 비운을 겪을 것이다. 어찌 보면 15세기 이후 동양이 서양에게 뒤처지게 된 것이 거대 제국으로 지방의 세력들이 통합되면서, 전쟁 빈도가 줄어들었기 때문이 아닌가 하는 생각에 이른다.

그럼에도 불구하고 한국이 유라시아 대륙에 속해 있었다는 것은 매우 큰 이점이었다고 다이아몬드는 역설한다.

1947년 미국 동부의 벨 연구소에서 발명된 트랜지스터가 단숨에 13000km를 건너 뛰어 일본에서 전자 산업을 촉발시킨 것은 사실이다. 그러나 그보다 가까운 자이르나 파라과이에서는 트랜지스터가 새로운 산업을 일으키지 못했다. 오늘날 신흥 강국으로 부상하고 있는 나라들도 따지고 보면 이미 수천 년 전부터 식량 생산을 바탕으로 한 옛 중심지에 편입되어 있던 지역이거나 아니면 그 같은 중심지로부터 이주한 사람들이 살고 있는 지역이다. 자이르나 파라과이와 달리 일본을 비롯한 신흥 강국들이 재빨리 트랜지스터를 이용할 수 있었던 까닭은 그 국민들이 이미 오래전부터 문자, 금속 기계류, 중앙 집권적 정치 체제 등을 갖추고 있었기 때문이었다. 그러므로 전 세계에서 가장 먼저 식량 생산을 시작한 두 중심지(비옥한 초승달 지대와 중국)가 아직도 현대 세계를 지배하고 있는 셈이다. 직계 후손들의 국가(현대 중국)를 통해서든지, 일찍이 두 중심지의 영향을 받던 이웃 지역의 국가(일본, 한국, 말레이시아, 유럽)를 통해서든지, 아니면 해외로 이주한 사람들이 지배하고 있는 국가(미국, 오스트레일리아, 브라질)를 통해서든지 말이다.

—609~610쪽

즉, 한국과 일본, 대만 등이 산업화에 성공할 수 있었던 것은 그 역사에서 이유를 찾아야 한다는 이야기가 될 것이다. 물론, 나는 이 견해에 완전히 동의하지는 않는다. 왜냐하면 공부하면 할수록 역사가 어떤 필연적인 이유 등에 의해 움직이는 것이 아니라, 수많은 우연의 집합임을 알 수 있기 때문이다.

예를 들어 임진왜란 때 이순신 장군이 없었다면 조선은 어떻게 되었을까? 특히 수륙해운의 요지인 대동강 남포항에 일본 해군이 물자를 실어 날랐다면? 아마도 도요토미 히데요시가 명나라에게 제시했던 강화안처럼, 조선 4도(경상, 전라, 충청, 강원)는 일본 수중에 떨어졌을 가능성이 높다.

다른 한편으로, 넬슨이 트라팔가르해전 막바지가 아니라 서전에 사망했다면? 과연 그렇게 철두철미하게 프랑스-스페인 연합 함대를 궤

유쾌한 이코노미스트의 스마트한 경제 공부

멸시킬 수 있었을까? 영국이 자랑하는 해상 전력이 약화되었을 때 나폴레옹의 대봉쇄령이 그렇게 쉽게 뚫릴 수 있었을까?

수많은 역사적 사건을 되돌아보더라도, 어떤 지리적 여건은 역사적 사건이 나타날 수 있는 큰 '판'을 만들어 줄 수는 있어도 각국의 역사는 수많은 우연 속에 형성되었다는 생각을 갖게 된다.

또한 정치도 빼놓을 수 없는 요인이라 생각한다. 만일 1066년 노르만 세력이 잉글랜드를 점령하고 철권통치를 하지 않았다면 그리고 소수의 지배자들이 다수의 피지배자들을 통치하는 과정에서 이뤄졌던 중앙 집권적 통치 체제가 없었더라면 과연 영국이 전쟁에 필요한 그 어마어마한 재정을 충당할 수 있었을까? 일본에서 도쿠가와 막부가 강력한 병영국가 시스템을 채택하지 않았다면 메이지 유신 이후의 근대화 작업을 그렇게 신속하게 추진할 수 있었을까?

결국 역사는 지리적 환경과 함께, 운과 정치 그리고 걸출한 인물들에 의해 만들어지는 매우 복잡한 모자이크라는 생각이 든다. 따라서 『총 균 쇠』는 어릴 적부터 가지고 있던 의문을 풀어 가는 첫 단추는 될 수 있었지만 시원한 해답을 준 것은 아니었다. 이 책은 꼬리에 꼬리를 무는 탐구의 출발점으로 간주되어야 할 것이다.

멸망한 문명의 흔적에서 배우다
『문명의 붕괴』

『총 균 쇠』 다음으로 추천할 책은 재레드 다이아몬드의 2004년작 『문명의 붕괴』다. 이 책은 융성한 문명마저 붕괴에 이르게 만들 수 있는

'생태적 한계'에 대해 설득력 있게 이야기하고 있다. 다이아몬드의 책답게 흥미진진한 역사와 문화 이야기에 페이지가 마구 넘어간다. 그리고 두껍다!

이 책에서 저자는 문명의 붕괴 요인으로 다섯 가지를 제시한다.

첫 번째 요인은 환경에 무모하게 가하는 피해. 다이아몬드는 이스터 섬을 비롯해 태평양의 수많은 섬이 겪은 환경 재앙을 통해 환경이 감내할 수 없는 수준 이상으로 인구가 증가하는 게 얼마나 무서운지 잘 보여 준다. 즉, 맬서스 트랩에 빠져드는 상황을 설득력 있게 묘사한다. 생태계가 재생할 수 없을 정도로 파괴되면 그 뒤로는 악순환밖에 없음을 보여 주는 증거가 지금의 중동 지방이다. 비옥한 초승달 지대라는 말이 무색할 지경으로, 지금의 이라크 시리아 지역은 황무지로 변해 버렸다. 그리고 그 원인은 모두 인간에 있다.

두 번째 요인은 기후변화다. 당장 17~18세기 사이 소빙하기에 얼마나 많은 왕조가 무너졌는지 이루 셀 수 없을 정도다. 이는 『대기근, 조선을 뒤덮다』라는 책을 봐도 당시 조선이 얼마나 큰 충격을 겪었는지 여실하게 느낄 수 있다. 수만 아니 수십만 백성이 굶주리고 있을 때, 조선에는 예송 논쟁이 한창이었다. 왕의 어머니가 상복을 몇 년 입어야 하느냐를 둘러싸고 치열한 논쟁이 수십 년에 걸쳐 벌어졌다. 백성이 다 굶어 죽어 가는데 무슨 상복 논쟁이냐고? 당시 송시열을 비롯한 조선 유학자들은 대재앙의 원인을 '왕의 부덕함'에서 찾았다. 즉, 조상에게 예를 다하지 않았기에 이런 심각한 기근이 조선을 덮쳤다고 본 것이다. 자연과학 지식은 부족한 와중에 '분배'를 무엇보다 중시한 유교 사회에서 자연재해는 왕의 권위가 약해지는 중요한 계기가 된다는 것을 보여 주는 좋은 사례라고 할까?

세 번째 요인은 적대적 이웃. 이건 너무 당연하다. 한국이 임진왜란으로 얼마나 많은 것을 잃었는지만 봐도 두 말할 필요가 없으니까.

네 번째 요인은 우호적인 이웃의 지원 중단 혹은 감소다. 청나라가 조선을 침공한 이유가 여기에 있었다. 광해군처럼 청나라에 지속적으로 우호 정책을 취했으면 병자호란이 일어나지 않았을 수도 있지만, 그야 우리 입장에서 본 시각일 뿐이다. 당시 청나라는 명나라와의 교역이 중단되면서 엄청난 기근을 겪고 있었기에, 보급 문제 때문에라도 조선을 침략할 수밖에 없었다는 생각이 든다.

마지막 요인은 사회 문제에 대한 주민의 반응이다. 광신적인 종교 운동이 발생한다거나 하는 일이 여기에 해당할 것이다.

이상의 다섯 가지 요인. 그중 특히 처음 두 가지 요인은 역사를 움직여 온 가장 중요한 요소가 아닐까?

유럽은 사실 '후진' 지역이었다
『왜 유럽인가』

『총 균 쇠』와 『문명의 붕괴』에 이어 『왜 유럽인가』를 추천한다. 이 책은 유라시아 한 구석의 (당시로선) 후진 지역이던 유럽이 어떻게 세계의 중심으로 부상했는지를 거시적 관점에서 조망한 역사서이자, 유럽이 19세기 이후 세계를 지배할 수 있었던 여러 조건(및 구조)을 가지고 있었다는 이른바 '장기고착이론'에 정면으로 반기를 드는 또 하나의 흥미로운 책이다. 앞의 두 '벽돌책'과 달리 분량도 너무 많지 않고 쉽게 읽혀 충분히 도전해 볼 만하다.

미국 조지메이슨 대학 석좌교수인 저자 잭 골드스톤은 다음과 같은 의문을 던지며 이야기를 시작한다. 왜 콜럼버스가 그토록 위험한 항해를 하려고 스페인 이사벨라 여왕에게 간청했는지, 그 이유를 생각해 보라는 것.

> 콜럼버스의 아메리카 발견은 유럽인들에게 아시아와의 우회무역을 가능케 해 주었다. 신세계와의 만남 이전에 유럽인에게는 글로벌 통상을 위해 내놓을 만한 가치 있는 것들이 매우 적었다. 비록 아프리카의 황금과 상아, 유럽의 모피와 유리 제품이 아시아에서 귀중하게 여겨지긴 했지만, 유럽인은 그들이 원하는 값비싼 향신료, 비단 그리고 다른 아시아 상품을 구입하기 위해 판매할 자신의 물건을 별로 가지고 있지 못했다. 그러나 콜럼버스 때문에 그들은 큰 행운을 가지게 되었다.
>
> —30쪽

시작부터 흥미롭지 않은가? 대항해 시대를 열었던 두 명의 영웅. 바스코 다 가마, 콜럼버스 등은 왜 그토록 위험한 항해에 나섰을까? 그 이유는 바로 동방의 나라들에서 생산되는 탐나는 물건들을 유럽은 생산할 능력이 없었기 때문이다. 결국 군사력과 병균을 이용해 아메리카를 정복한 다음에야 아시아와의 본격적인 교역이 가능해졌다.

> 아메리카에는 거대한 광산과 창고가 있었고 그곳에서 유럽인들은 아시아와의 통상을 크게 확대할 수 있을 만큼 충분한 황금과 은을 얻었다. (…) 원주민 인구를 급속도록 감소시킨 정복, 노예제, 질병 확산

을 통해, 유럽인들은 아메리카의 부를 수중에 넣게 되었다.

왜 유럽인들은 이런 난처한 일을 감수해야 했을까? 왜 콜럼버스의 시대에 인도와 중국은 유럽인에게 부유한 지역으로 여겨졌을까?

그 대답은 아시아가 실제로 거의 모든 면에서 훨씬 더 부유했기 때문이라는 것이다. 인도와 중국의 토지는 더욱 비옥하고 생산성이 높았으며, 그들의 생산기술이 훨씬 더 우월했다. 중국은 세계에서 처음으로 종이, 화약, 선미재〔대양 항해가 가능한 선박〕 방향키와 복수의 선실이 있는 선체를 갖춘 대양 항해 선박, 나침반, 대삼각범〔삼각돛으로 역풍에서도 항해할 수 있는 장비〕의 돛, 주철로 된 장비, 양질의 도자기를 포함한 수많은 제품을 제작한 지역이었다.

—30∼31쪽

중국을 비롯한 동양이 비단과 도자기, 차, 다양한 면직물 등 ('대포'한 품목을 제외하고는) 거의 모든 면에서 서양에 비해 우위를 지니고 있었다. 그런데 어떻게 서양이 이길 수밖에 없는 '장기적이고 구조적 요인'이 따로 있었다고 주장할 수 있는가? 저자는 동양은 서양에 비해 '원래' 뒤처지며 서양의 지배를 받을 수밖에 없었다는 식의 유럽 중심적 역사관이 성립하기 어려운 근거를 다채롭게 제시한다. 그렇다면 이 대목에서 더욱 짙어지는 궁금증—'아니, 과학기술이나 여러 면에서 앞서 있던 중국에서 왜 산업혁명이 먼저 일어나지 않았나?—에 관한 흥미로운 설명 역시 이 책을 통해 만날 수 있다. (안타깝게도 현재 절판 상태라 중고 도서로 만나야 한다는 게 함정.)

유럽의 승리는 운과 약탈 덕분
『설탕, 커피 그리고 폭력』

이 대목에서 앞서 소개한 케네스 포메란츠의 『설탕, 커피 그리고 폭력』을 잠깐만 다시 등장시키자. 이 책은 『왜 유럽인가』의 주장을 이어받아서 묵직한 돌직구를 날린다. 대서양 무역, 아니 정확하게는 아프리카 흑인과 아메리카 대륙 원주민을 상대로 한 약탈이 없었다면 유럽이 '승리'할 수 있었겠느냐고 말이다.

라틴아메리카의 어마어마한 삼림 대부분은 상품 작물, 특히 설탕을 제조하는 데 필요한 에너지 공급원으로 사용되었다. 유럽이 인구 증가로 인한 생태적인 한계(『문명의 붕괴』 참고)를 벗어날 수 있었던 가장 큰 원인이 바로 신세계에서 자행한 약탈 때문이었다고 이 책은 말한다. 나아가 그 약탈조차 서양 인구를 부양할 수 없는 한계에 봉착했을 때, 석탄 자원 개발에 필요한 '자본'을 교역을 통해 조달할 수 있었음을 잊지 말아야 한다는 것이 저자의 주장이다. 결국 유럽이 이길 수밖에 없는 어떤 내부적 요인을 가지고 있었다는 식의 '장기고착이론'은 틀렸으며, 유럽이 승리한 것은 결국 신대륙이 가까웠다는 '운' 때문이라는 말씀.

장기고착이론 vs 단기우연이론
『왜 서양이 지배하는가』

여기까지 읽은 독자의 갈증을 해소하는 책이 바로 『왜 서양이 지배하는가』이다. 이 책의 저자 이언 모리스 교수는 이상과 같은 양대 이론 (장기고착이론과 단기우연이론)을 이 책에서 종합하려 노력한다. 그리고 그 시각이 매우 객관적이라는 게 내가 생각하는 이 책의 최대 장점이다. 예를 들어 '장기고착이론'을 너무 강하게 주창하는 데이비드 랜즈의 책『국가의 부와 빈곤』조차 매우 객관적인 시각으로 소개한다.

> 데이비드 랜즈는 그의 뛰어난 저서『국가의 부와 빈곤』에서 질병과 인구 덕분에 언제나 유럽이 중국보다 결정적으로 우위에 설 수 있었다는 생각을 다시금 꺼내들었는데, 조밀한 인구는 중국에 중앙집권적 정부가 들어서는 데 유리했고 〔명나라의〕 통치자가 정화의 원정을 이용할 만한 유인을 감소시켰다고 주장함으로써 오래된 이야기를 조금 비튼다. 경쟁상대가 없었기 때문에 대부분의 중국 황제는 자신이 더 큰 부를 쌓는 것보다는 상인과 같은 탐탁지 않은 집단이 무역을 통해 부유해질 가능성을 걱정했다. 그리고 국가가 매우 강력했기 때문에 이런 우려할 만한 관행을 근절할 수 있었다. 중국은 1430년대에 원양 항해를 금지했고 1470년대에 정화의 기록을 파기했던 것 같은데, 그와 더불어 중국의 위대한 탐험의 시대도 종말을 고했다.
>
> —34쪽

즉, 단기우연이론이 매우 매력적인 것은 사실이지만 중국이 제도상 여러 면에서 서양에 비해 적극성이 부족했던 것은 인정해야 한다는 것이다. 특히 17세기 필리핀 마닐라에 모여 있던 중국 상인들이 스페인 군대에 의해 학살당했을 때에도 중국 정부 차원에서는 이들을 사실상 '버린 자식' 취급하면서 전혀 도움을 주지 않았음을 지적하는 부분 등은 참고할 만한 가치가 있다고 본다.

이언 모리스의 책은 서양의 연구자들이 우리가 잘 몰랐던 세계사에 대한 연구를 얼마나 깊게 하고 있으며, 나아가 매우 중립적인 시각에서 세계사의 원동력을 찾기 위해 노력하는지 보여 준다는 점에서도 일독할 가치가 있다.

유교의 득세를 이해하는 힌트
『맬서스, 산업혁명 그리고 이해할 수 없는 신세계』

마지막으로 소개할 세계사 책은 그레고리 클라크의 『맬서스, 산업혁명 그리고 이해할 수 없는 신세계』다. 이 책에 대해 많은 비판이 있음을 잘 알고 있다. 그래도 지금까지 소개한 세계사 책들을 읽고 나서 내용을 한 번 정리해 주는 '종합서' 차원에서 보면 좋다. 안타깝게도 지금 절판 상태이고(중고로 쉽게 구할 수는 있다), 일종의 학술서라서 읽지 않아도 사실 상관없다. 다만 '맬서스 트랩'에 관해 구체적으로 정리하고 있어서 일독할 가치는 충분하다.

> 1800년경 사람들이나 기원전 10만 년 전의 고대 인류나 사는 형편에 큰 차이가 없었다. 사실 세계 전체를 놓고 볼 때 1800년경 사람들 대다수가 고대 인류보다 더 가난하게 살았다. (…)
> 생활의 질을 가늠할 수 있는 기타 여러 가지 기준을 살펴보아도 고대인에 비해 확실하게 나아진 구석을 찾아보기 어렵다. 평균수명을 한번 살펴보자. 수렵과 채집을 하며 살았던 석기시대인의 평균수명이

30세였던 것에 비해 1800년경 사람들의 평균수명은 35세로 그다지 크게 늘어나지 않았다. 또 신장은 영양 상태나 어린이의 질병 노출 가능성을 가늠할 수 있는 척도다. 그런데 석기시대인이 1800년경 사람들에 비해 신장이 더 컸다.

—24~25쪽

기술적 진보의 속도가 바로 [맬서스 트랩의] 핵심이다. 기술적 진보가 누적되어 결과적으로 이것이 매우 강력한 영향력을 발휘하게 되었더라도 진보의 속도가 너무 더디면 물질생활 수준을 획기적으로 끌어올릴 수 없다. 맬서스 경제의 범위 내에 있는 기술적 진보는 인구 증가라는 복병의 방해를 받기 쉽다. (…)

이 모형은 1800년 이전의 세계 경제를 모든 동물 종에서 확인할 수 있는 자연 경제의 수준에서 크게 벗어나지 못한 상태로 본다. 이 수준에서는 인간과 동물 세계를 구분할 수 있는 뚜렷한 요인이 없다.

—30쪽

물론 이 대목에 대해 많은 논쟁이 있는 것은 사실이다. 세계적으로 인구 증가는 시장의 증가 및 전체적인 부의 증가를 유발함을 볼 수 있듯, '사는 형편에 큰 차이가 없었다'는 식으로 못 박는 게 가능하냐는 반론이 가능할 것이다. 그러나 이 책 덕분에 왜 유교 같은, 현대사회 구성원들이라면 헛웃음 지을 철학이 동양에서 대세를 차지했는지 이해할 수 있다.

신기술이 출현하고 상거래가 아무리 증가해도 인구 증가에 의해 결국은 먹혀 버리기 때문에 경제성장에 주력해 봐야 소용없다는 것이다. 따라서 경제성장을 일으키는 도구 따위는 접어 두고 농업을 중시하는 사회를 만들어 굶어 죽지 않게 잘 분배하는 것이 더 중요하다. 바로 이것이 유교의 기본적인 통치 이념이라는 생각이 든다. 물론 이런 철학은 분열의 시기마다 철저하게 무시되었다. 전국시대나 남북조시대처럼 사회가 갈가리 찢기고, 살아남기 위해서는 적을 섬멸해야 하는 시기가 출현하면 법가와 같은 실용적인 철학이 대세를 차지했다. 그러나 일단 중국이 통일되고 나아가 위협적인 외부의 적이 사라지고 나면 항상 다시금 유교가 중시되었다. 이러한 역사를 떠올려 봤을 때, 맬서스 이론에 관한 이해는 이 세상과 세계경제 변화를 이해함에 있어 큰 도움이 될 것이다.

기승전'책'의 기쁨

책의 에필로그를 쓰기 위해 컴퓨터 앞에 앉은 지금, 마음은 아주 편안하다. 일단 숙제를 마친 기쁨이 큰 데다, 직장을 옮기는 사이에 무려 두 권의 책을 썼다는 사실이 무척 뿌듯하다.

누가 나더러 왜 책을 쓰냐고 묻는다면, 아마도 이 충실감 때문이 아닐까 싶다. 내가 하는 일은 늘 연속적이며, 성과를 뚜렷하게 측정하기도 어렵다. 이런 종류의 일은 무엇인가를 마무리 지을 때의 충만감을 제공해 주지 않는다. 반면, 책 쓰는 일은 분명한 마무리를 짓는다는 측면에서는 완전한 '기승전결'의 구조를 가지고 있다.

책을 쓰겠다는 생각을 품는 것이 '기'에 해당한다면, 서문을 쓰고 목차를 잡는 단계는 '승'에 해당할 것이다. 그리고 나서 여러 자료를 모아 본격적으로 글을 쓰기 시작하면 '전'에 돌입하는 것이요, 편집자에게 지적당하거나 스스로 맘에 들지 않아 끙끙대며 글을 고치는 단계가 '결'이 되겠다.

이러한 네 단계를 이 책만큼 제대로 밟은 책은 없지 않았나 싶다. 지금까지 내가 쓴 책들은 다 경제에 직접적으로 관련된 책들이었기에 편집자들이 내 글에 대해 문제를 제기하기 쉽지 않았다. 그렇지만 이번 책은 경제 공부 방법론이자 어떻게 보면 독서론이나 인생론에 관한 책이기에, 편집자에게 무려 세 번이나 지적당하는 운명을 피할 수 없었다.

늘 다른 사람의 글에 대해 트집을 잡다가 반대로 잡히니, '독서는 관점 취하기의 기술'이라는 스티븐 핑커의 이야기가 매우 절절하게 느껴졌다. 그간 나에게 트집 잡혔던 RA들에게 이 자리를 빌려 사죄의 말을 전하고 싶다. 무척 힘들었을 텐데 잘 참아 줘서 고맙고, 이 책을 선물하는 자리에서 옛 이야기를 실컷 나눠 볼 수 있기를 희망한다.

난삽한 원고 정리하느라 수고한 정희용 편집장에게 감사하다는 인사를 끝으로 이야기를 마칠까 한다. 이 글 읽는 모든 독자의 가정에 만복이 깃들기를!

『100억 명: 전 세계 100억 인류가 만들어낼 위협과 가능성』
Population 10 Billion, 대니 돌링 지음, 안세민 옮김, 488쪽, 알키, 2014년

『3개의 질문으로 주식시장을 이기다』
The only three questions that count, 켄 피셔 · 제니퍼 추 · 라라 호프만스 지음, 우승택 · 김
진호 옮김, 591쪽, 비즈니스맵, 2008년

『개인주의자 선언: 판사 문유석의 일상유감』
문유석 지음, 280쪽, 문학동네, 2015년

『경영학 콘서트』
장영재 지음, 376쪽, 비즈니스북스, 2010년

『경제를 읽는 기술: 투자의 맥을 짚어주는 경제흐름 읽는 법』
Ahead of the Curve, 조지프 엘리스 지음, 이진원 옮김, 340쪽, 리더스북, 2007년

『금융 공황과 외환 위기, 1870-2000』
차명수 지음, 290쪽, 아카넷, 2004년

『기아와 기적의 기원』
차명수 지음, 500쪽, 해남, 2014년

『나는 왜 과식 하는가』
Mindless Eating, 브라이언 완싱크 지음, 강대은 옮김, 267쪽, 황금가지, 2008년

『다가올 10년 세계경제의 내일: 인구경제학을 알면 미래가 보인다』
Tomorrow's World, 클린트 로렌 지음, 강유리 옮김, 376쪽, 원앤원북스, 2013년

『당신이 경제학자라면: 고장 난 세상에 필요한 15가지 질문』
The Undercover Economist Strikes Back, 팀 하포드 지음, 김명철 · 이제용 옮김, 388쪽, 웅

진지식하우스, 2014년

『대망』
야마오카 소하치 지음, 박재희 옮김, 전12권 7850쪽, 동서문화사, 2005년

『대침체의 교훈』
The Holy Grail of Macroeconomics, 리처드 C. 쿠 지음, 김석중 옮김, 559쪽, 더난출판사,
2010년

『돈 좀 굴려봅시다: 한국형 탑다운 투자전략』
홍춘욱 지음, 392쪽, 스마트북스, 2012년

『맬서스, 산업혁명 그리고 이해할 수 없는 신세계』
A farewell to alms, 그레고리 클라크 지음, 이은주 옮김, 623쪽, 한스미디어, 2009년

『머니 앤드 브레인: 신경경제학은 어떻게 당신을 부자로 만드는가』
Your money and your brain, 제이슨 츠바이크 지음, 오성환 · 이상근 옮김, 470쪽, 까치,
2007년

『모든 주식을 소유하라: 세계 4대 투자의 거장 존 보글의 투자 법칙』
The little book of common sense investing, 존 보글 지음, 이건 옮김, 276쪽, 비즈니스맵,
2007년

『문명의 붕괴: 과거의 위대했던 문명은 왜 몰락했는가』
Collapse, 재레드 다이아몬드 지음, 강주헌 옮김, 477쪽, 김영사, 2005년

『미야지마 히로시 나의 한국사 공부: 한국사의 새로운 이해를 찾아서』
미야지마 히로시 지음, 435쪽, 너머북스, 2013년

『벤 버냉키 연방준비제도와 금융위기를 말하다』
Federal Reserve and the financial crisis, 벤 S. 버냉키 지음, 김홍범 · 나원준 옮김, 246쪽,
미지북스, 2014년

『부동산은 끝났다: 우리 삶에서 가장 중요한 곳, 다시 집을 생각한다』
김수현 지음, 400쪽, 오월의봄, 2011년

『부동산의 보이지 않는 진실』
이재범 · 김영기 지음, 232쪽, 프레너미, 2016년

『불황의 경제학: 노벨경제학상 수상자 폴 크루그먼의 세계 경제 대진단』
The Return of Depression Economics and the Crisis of 2008, 폴 크루그먼 지음, 안진환 옮김, 280쪽, 세종서적, 2015년

『브레인벨리 솔루션: 건강하고 날씬하게 아름다워지는 비결』
Feed your brain, lose your belly), 래리 맥클레리 지음, 주피터 김 옮김, 260쪽, 인라잇먼트, 2012년

『비즈노믹스: 어떠한 경제 사이클에서도 수익을 거두는 법』
Businomics, 윌리엄 코널리 지음, 이미숙 옮김, 264쪽, 한스미디어, 2008년

『사람아 아, 사람아!』
人啊, 人!, 다이허우잉 지음, 신영복 옮김, 479쪽, 다섯수레, 2005년

『설탕, 커피 그리고 폭력: 교역으로 읽는 세계사 산책』
The World that trade created, 케네스 포메란츠 · 스티븐 토픽 지음, 박광식 옮김, 심산, 484쪽, 2003년

『숫자에 속아 위험한 선택을 하는 사람들: 심리학의 눈으로 본 위험 계산법』
Calculated risks, 게르트 기거렌처 지음, 전현우 · 황승식 옮김, 420쪽, 살림, 2013년

『스틱: 1초 만에 착 달라붙는 메시지 그 안에 숨은 6가지 법칙』
Made to stick, 칩 히스 · 댄 히스 지음, 안진환 · 박슬라 옮김, 448쪽, 엘도라도, 2009년

『시장변화를 이기는 투자』
A random walk down Wall Street, 버튼 G. 맬킬 지음, 이건 · 김홍식 옮김, 512쪽, 국일증권 경제연구소, 2009년

『신호와 소음: 미래는 어떻게 당신 손에 잡히는가』
The Signal and The Noise, 네이트 실버 지음, 이경식 옮김, 764쪽, 더퀘스트, 2014년

『진짜 식품첨가물 이야기: 아무도 알려주지 않는』
최낙언 지음, 300쪽, 예문당, 2013년

『안전마진: 캐나다의 워렌 버핏 피터 컨딜의 투자 비밀』
There's Always Something to Do, 크리스토퍼 리소-길 지음, 김상우 옮김, 296쪽, 부크온, 2014년

『어떻게 공부할 것인가: 최신 인지심리학이 밝혀낸 성공적인 학습의 과학』
Make It Stick, 헨리 뢰디거 · 마크 맥대니얼 · 피터 브라운 지음, 김아영 옮김, 356쪽, 와이즈베리, 2014년

『오영수 교수의 매직 경제학』
오영수 지음, 265쪽, 사계절, 2008년

『왜 서양이 지배하는가: 지난 200년 동안 인류가 풀지 못한 문제』
Why the West rules for now, 이언 모리스 지음, 최파일 옮김, 1006쪽, 글항아리, 2013년

『왜 유럽인가: 세계의 중심이 된 근대 유럽 1500~1850』
Why Europe?, 잭 골드스톤 지음, 조지형 · 김서형 옮김, 328쪽, 서해문집, 2011년

『왜 잘사는 집 아이들이 공부를 더 잘하나?: 사회계층 간 학력자본의 격차와 양육관행』
신명호 지음, 254쪽, 한울아카데미, 2015년

『왜 채권쟁이들이 주식으로 돈을 잘 벌까?』
서준식 지음, 218쪽, 스노우볼, 2015년

『외식의 품격: 빵에서 칵테일까지 당신이 알아야 할 외식의 모든 것』
이용재 지음, 323쪽, 오브제, 2013년

『욕망의 진화: 사랑, 연애, 섹스, 결혼. 남녀의 엇갈린 욕망에 담긴 진실』
The evolution of desire, 데이비드 버스 지음, 전중환 옮김, 591쪽, 사이언스북스, 2013년

『유혹하는 글쓰기』
On writing, 스티븐 킹 지음, 김진준 옮김, 358쪽, 김영사, 2002년

『인구변화가 부의 지도를 바꾼다』
홍춘욱 지음, 252쪽, 원앤원북스, 2006년

『장길산』
황석영 지음, 창비, 전12권 4000쪽, 2004년

『주식시장을 이기는 작은 책』
The little book that still beats the market, 조엘 그린블라트 지음, 안진환 옮김, 이상건 감수,
292쪽, 알키, 2011년

『주식에 장기투자하라: 와튼스쿨 제러미 시겔 교수의 위대한 투자
철학(5판)』
Stocks for the Long Run, 제러미 시겔 지음, 이건 옮김, 520쪽, 이레미디어, 2015년

『주식투자가 부의 지도를 바꾼다』
홍춘욱 지음, 276쪽, 원앤원북스, 2007년

『중종의 시대: 조선은 어떻게 유교국가가 되었는가』
계승범 지음, 336쪽, 역사비평사, 2014년

『짝찾기 경제학: 가장 이상적인 짝을 찾는 경제학적 해법』
Everything I Ever Needed to Know about Economics I Learned from Online Dating, 폴 오
이어 지음, 홍지수 옮김, 300쪽, 청림, 2014년

『총 균 쇠: 무기 병균 금속은 인류의 운명을 어떻게 바꿨는가』
Guns germs and steel, 재레드 다이아몬드 지음, 김진준 옮김, 760쪽, 문학사상, 2013년

『최강 부하』
우용표 지음, 288쪽, 시드페이퍼, 2013년

『취업의 정답: 스펙 쌓기로 청춘을 낭비하지 않으면서도 취업에
성공하는 비결』
하정필 지음, 229쪽, 지형, 2010년

『탐욕과 공포의 게임: 주식시장을 움직이는』
이용재 지음, 264쪽, 지식노마드, 2008년

『투자의 네 기둥: 시장의 역사가 가르쳐주는 성공 투자의 토대』
The four pillars of investing, 윌리엄 번스타인 지음, 박정태 옮김, 368쪽, 굿모닝북스, 2009년

『폴 크루그먼의 경제학의 향연』
Peddling Prosperity, 폴 크루그먼 지음, 김이수 · 오승훈 옮김, 부키, 1997년

『폴트 라인: 보이지 않는 균열이 어떻게 세계 경제를 위협하는가』
Fault lines, 라구람 G. 라잔 지음, 김민주 · 송희령 옮김, 496쪽, 에코리브르, 2011년

『피터 린치의 투자 이야기: 월가의 영웅 피터 린치가 말하는 거의 모든 것의 투자』
Learn to Earn, 피터 린치 · 존 로스차일드 지음, 고영태 옮김, 332쪽, 흐름출판, 2011년

『한국인의 부동산 심리: 집을 사는 사람과 파는 사람의 마음은 왜 다른가』
박원갑 지음, 320쪽, 알에이치코리아, 2014년

『한국형 시장경제체제』
이영훈 엮음, 439쪽, 서울대학교출판문화원, 2014년

『행복의 기원: 인간의 행복은 어디에서 오는가』
서은국 지음, 208쪽, 21세기북스, 2014년

『행운에 속지 마라』
Fooled by randomness, 나심 니콜라스 탈렙 지음, 이건 옮김, 340쪽, 중앙북스, 2010년

『현명한 ETF 투자자: 상장지수펀드의 모든 것』
The ETF Book, 리처드 페리 지음, 이건 옮김, 328쪽, 리딩리더, 2012년

『호황의 경제학 불황의 경제학: 경제를 바라보는 두 개의 시선』
Abschied vom homo oeconomicus, 군터 뒤크 지음, 안성철 옮김, 365쪽, 비즈니스맵, 2009년(개정판: 『호황 vs 불황』, 392쪽, 원더박스, 2017년)

『화폐 트라우마』
Weltkrieg der Wahrungen, 다니엘 D. 엑케르트 지음, 배진아 옮김, 332쪽, 위츠, 2012년

『환율의 미래: 절대 피해갈 수 없는 '위기'와 '기회'의 시대가 온다!』
홍춘욱 지음, 256쪽, 에이지21, 2016년

유쾌한 이코노미스트의 스마트한 경제 공부

유쾌한 이코노미스트의 스마트한 경제 공부

찾아보기

1   "『사람아 아, 사람아!』의 다이허우잉 영면하다 : 암흑 속에서 솟아오른 정신의 불꽃", 오마이뉴스, 2010년 8월 25일.

2   William R. Emmons, Bryan J. Noeth(2015), "Why Didn't Higher Education Protect Hispanic and Black Wealth?", Federal Reserve Bank of St. Louis.

3   위의 글.

4   곤노 하루키, 『블랙기업 일본을 먹어 치우는 괴물』, 레디셋고, 2013.

5   Jens Manuel Krogstad And Richard(2015), "More Hispanics, blacks enrolling in college, but lag in bachelor's degrees", pew research.

6   박태주, 『현대자동차에는 한국 노사관계가 있다』, 매일노동뉴스, 2014.

7   홍춘욱, "외환위기 발생과 주가전망 – 멕시코, 동남아 외환위기의 경험을 중심으로", 교보증권 리서치센터, 1997년 11월.

8   "中증시, 겹악재에 또 '검은 금요일'…4,200선 붕괴", 연합뉴스, 2015년 6월 26일.

9   홍춘욱, 『주식투자가 부의 지도를 바꾼다』, 원앤원북스, 2007.

10   "세계 철강시장 뒤흔든 중국의 감산돌입, 이제 치킨게임 끝날까?", 매일경제, 2015년 11월 30일.

11   "꼬꼬면 열풍 등에 업고 지배구조 정리… 실적부진 경영권 승계 발목 잡아", 비즈니스포스트, 2014년 4월 7일.

12   "아이폰5 판매 부진에, 日부품업체 50퍼센트 감산", 한국경제, 2013년 1월 14일.

13   벤 S. 버냉키, 『행동하는 용기』(까치, 2015)의 서장 부분에 AIG에 대한 구제금융 과정이 자세히 설명되어 있다.

14   "中『화폐 전쟁』 저자 쑹훙빙 강연장서 투자자들에 폭행당해", 연합뉴스, 2015년 12월 24일.

15   "유명 재테크 강사의 사기극: "돈 불려주겠다" 5억 가로채… 1심 법원 4년 징역형", 매일경제, 2015년 12월 20일.

16   Daniel Kahneman, Amos Tversky, "On the psychology of prediction", *Psychological Review*, Vol 80(4), Jul 1973, 237–251.

17　Michal Kobielarz, Burak Uras, Sylvester Eijffinger, 12 March 2015, "Sovereign debt, bailouts and contagion in the Eurozone", *VOX*.

18　송인욱 · 박영규 · 이상엽 · 최영목, "연령과 투자성과: 펀드투자로부터의 증거", 증권학회지 제43권 3호, 2014년.

19　Paul Krugman, Sep. 2, 2009, "How Did Economists Get It So Wrong?", *New York Times*.

20　홍춘욱, "한국 인구구성 변화를 반영한 자산배분 전략", 재무관리논총 19권 제1호, 2014년.

21　통계청, "2015년 12월 및 연간 고용동향", 2015년 1월 13일.

유쾌한 이코노미스트의
스마트한 경제 공부

2016년 5월 2일 초판 1쇄 발행
2023년 3월 3일 초판 7쇄 발행

지은이 홍춘욱
펴낸이 류지호
편집 이상근, 김희중, 곽명진 · **디자인** 여상우, 정연남 · **사진** 최배문, 홍선미

펴낸 곳 원더박스 (03169) 서울시 종로구 사직로10길 17, 인왕빌딩 301호
대표전화 02) 720-1202 · **팩시밀리** 0303) 3448-1202
출판등록 제2022-000212호 (2012. 6. 27.)

ISBN 978-89-98602-26-0 (03320)

- 잘못된 책은 구입하신 서점에서 바꾸어 드립니다.
- 독자 여러분의 의견과 참여를 기다립니다.
  블로그 blog.naver.com/wonderbox13 · 이메일 wonderbox13@naver.com